ENSEIGNEMENT PRIMAIRE SUPÉRIEUR

A. FRAYSSE

ÉLÉMENTS D'Histoire Naturelle ET D'HYGIÈNE

Troisième Année

HACHETTE ET Cie

2 fr.

Imp. Crété.

Enseignemt prim. supr (couv. agrandi). 11-1911-30.000.

A

ÉLÉMENTS
D'Histoire Naturelle

ET D'HYGIÈNE

Troisième Année

A LA MÊME LIBRAIRIE

COURS D'ÉTUDES SCIENTIFIQUES

rédigé conformément aux programmes officiels du 26 juillet 1909

A L'USAGE DES ÉCOLES PRIMAIRES SUPÉRIEURES

FORMAT IN-16 CARTONNÉ

MATHÉMATIQUES

Bourlet (C.), professeur au Conservatoire des Arts et Métiers. *Cours de mathématiques*, 4 volumes, avec figures :

Arithmétique, en collaboration avec M. **Desbrosses**, professeur à l'école J.-B. Say, 1 vol. . . . . 3 »

Corrigé des exercices et problèmes, 1 vol. . . . . » »

Compléments d'arithmétique, 3e Année, 1 vol. . . . . . . » »

Géométrie, 1 vol. . . . . » »

Algèbre, 1 vol. 2 »

Corrigé des exercices et problèmes, 1 vol. . . . . . . » »

SCIENCES PHYSIQUES

Chassagny (M.), Inspecteur général de l'Instruction publique, et **F. Carré**, professeur au lycée Janson-de-Sailly : *Cours de physique*, 3 volumes, avec figures :

1re ANNÉE. 1 vol. 1 50

2e ANNÉE. 1 vol. . . . . » »

3e ANNÉE. 1 vol. . . . . » »

Lespieau (R.), professeur à l'École normale supérieure et à la Sorbonne, et **Ch. Colin**, professeur à l'école Lavoisier : *Cours de chimie*, 3 volumes, avec figures :

1re ANNÉE. 1 vol. 1 50

2e ANNÉE. 1 vol. 1 50

3e ANNÉE. 1 vol. 1 50

SCIENCES NATURELLES

Fraysse (A.), professeur aux écoles Turgot et Arago : *Éléments d'histoire naturelle et d'hygiène*, 3 volumes, avec figures :

1re ANNÉE. 1 vol. . . . . 2 »

2e ANNÉE. 1 vol. . . . . 2 »

3e ANNÉE. 1 vol. . . . . 2 »

70405. — Imprimerie LAHURE, 9, rue de Fleurus, à Paris.

ENSEIGNEMENT PRIMAIRE SUPÉRIEUR

A. FRAYSSE

Professeur de Sciences naturelles aux Écoles Turgot et Arago,
Ancien Préparateur à la Faculté des Sciences de l'Université de Montpellier.
Docteur ès sciences.

ÉLÉMENTS D'Histoire Naturelle ET D'HYGIÈNE

OUVRAGE RÉDIGÉ CONFORMÉMENT
AUX NOUVEAUX PROGRAMMES DU 20 JUILLET 1909
ET ORNÉ DE 298 GRAVURES

Troisième Année

PARIS
LIBRAIRIE HACHETTE ET Cie
79, BOULEVARD SAINT-GERMAIN, 79

1912

ÉCOLES PRIMAIRES SUPÉRIEURES

EXTRAIT DES PROGRAMMES DE 1909 (3e ANNÉE)

ZOOLOGIE. — **Protozoaires** (5), **Polypes, Spongiaires** (10).

Echinodermes (17).

Annélides (Lombric et Sangsue) (21). — Quelques mots sur les Vers intestinaux (24).

Articulés (26). — Insectes (27). — Métamorphoses (31). — Principaux ordres (31). — Insister sur les Abeilles (35), les Vers à soie (38), les Hannetons (32), les Mouches, Moustiques et le Phylloxera (39).

Mollusques (50). — Notions sommaires sur leur organisation (50). — Principaux groupes (51).

Vertébrés (58). — Division en classes.

Poissons (59). — Principaux groupes (63).

Reptiles (71) et **Batraciens** (67). Espèces utiles et nuisibles (69, 71).

Oiseaux (77). — Principaux groupes (81).

Mammifères (88). — Division en ordres (90). — Mammifères utiles et nuisibles (90). — Fourrures (108).

Exercices pratiques (49-58-66-77-87-107).

BOTANIQUE. — **Etude des familles** (109).

Cryptogames cellulaires (112). — Champignons vénéneux (116).

Cryptogames vasculaires (125). — **Phanérogames gymnospermes** (128). — Conifères (128). — **Phanérogames angiospermes** (131).

Etude d'un petit nombre de familles (131).

Usage des flores (153).

Exercices pratiques (124-152).

GÉOLOGIE APPLIQUÉE.

Applications à l'art des mines : gisement, nature, importance des principales mines de France : houille, fer, minerais divers (155).

Applications aux travaux publics : matériaux de construction (granites, grès, calcaires, marbres, ardoises, pierres à chaux, ciments, pierres à plâtre, sables, argiles, etc.), matériaux d'empierrement (quartz, basaltes, porphyres, etc.) (160).

Applications à l'agriculture : le sol et le sous-sol, amendements (167).

Applications à l'hygiène : notions d'hydrologie (171).

Lectures des cartes et coupes géologiques (175).

Exercices pratiques (160-171-177).

HYGIÈNE. — **L'Eau** (179). — Les diverses eaux potables (180) : eau de source (183), eau de rivière (183), eau de puits (184). — Contamination des eaux. Moyen de purifier l'eau potable (185).

L'Air (189). De la quantité d'air nécessaire dans les habitations, etc. (192). Dangers de l'air confiné (191). Renouvellement de l'air (192). Voisinage des marais (236).

Les Aliments (194). Alimentation (195). Falsifications principales des aliments usuels, solides et liquides (198).

Viandes dangereuses : parasitisme et microbes infectieux (trichinose, ladrerie, charbon ; tuberculose); viandes putréfiées (toxines, intoxication par la viande de porc, les saucisses (199).

Des Boissons : vin (206), cidre (208), bière (209), thé, café (205), alcool (212). — L'alcoolisme (214).

Les maladies contagieuses (216). — Qu'est-ce qu'une maladie contagieuse ou transmissible (217) ? Exemple : une maladie-type, dont la transmission est expérimentalement facile ; le charbon, expériences de Pasteur (218). — Moustiques et impaludisme (236).

Indication rapide des principales maladies contagieuses de l'homme, voies de transmission : l'air, l'eau, la respiration, la digestion (224).

Teigne (240), gale (241), fièvres éruptives (224), variole (224), rougeole (226), scarlatine (226), tuberculose (231). — Transmission de la tuberculose (232).

Notions de police sanitaire des animaux (260). Maladies transmissibles à l'homme. La rage, la morve, le charbon, la tuberculose (238).

Abatage, enfouissement (Loi du 21 juillet 1881 sur la police sanitaire des animaux (260).

Vaccination, Revaccination. — Loi du 15 février 1902. Mortalité par variole (259).

Prophylaxie. — Désinfection (242). — Mesures de préservation (242).

Hygiène de la personne. — Propreté corporelle (244). — Soins à donner à la peau, aux oreilles, aux cheveux, aux dents, etc. (245). — Nécessité de l'exercice physique (246).

Hygiène de la Maison. — Hygiène des vêtements (246). — Conditions de salubrité d'une maison (248). — La maison salubre, la maison insalubre (248). — Matières usées (253). — Fosses d'aisances (253).

Les maladies transmises par les déjections humaines : fièvre typhoïde (228), choléra (233).

Exercices pratiques (204).

ÉLÉMENTS
D'HISTOIRE NATURELLE
TROISIÈME ANNÉE

PREMIÈRE PARTIE
ZOOLOGIE

CLASSIFICATION DES ANIMAUX

1re LEÇON

Grandes lignes de la classification des animaux.

But des classifications. — La Zoologie a pour objet l'étude des animaux. Ces derniers sont si nombreux qu'on ne peut les étudier séparément. Aussi les a-t-on réunis en groupes d'après un certain nombre de caractères communs.

Les animaux qui ont des mamelles, le corps couvert de poils, etc., forment le groupe des *Mammifères*. Ceux qui ont le corps couvert de plumes, un bec, des ailes, etc., constituent le groupe des *Oiseaux*.

Réunir les animaux suivant leurs plus grandes ressemblances est le but des ***classifications***.

Une classification est ***artificielle*** ou ***naturelle***.

Elle est artificielle, si elle repose sur quelques caractères choisis arbitrairement : *la taille, le mode de vie, la forme du corps, le nombre et la disposition des membres.*

Elle est naturelle, si elle est basée sur tous les caractères, ceux-ci étant rangés par ordre d'importance.

Aristote, naturaliste et philosophe grec, doit être considéré comme le fondateur de la Zoologie.

Dès le IVe siècle avant notre ère, il recueillit les connaissances éparses de son temps et les coordonna scientifiquement. Il classa les animaux en animaux pourvus de sang et animaux exsangues.

Nous savons aujourd'hui que tous les animaux possèdent un liquide sanguin dont la couleur varie. Aristote avait-il déjà l'intention d'opposer, l'un à l'autre, les deux groupes des *Vertébrés* et des *Invertébrés*?

Après lui, Pline traite de la nature tout entière. Il divise les animaux, d'après le milieu dans lequel ils vivent, en *terrestres, aquatiques* et *aériens*.

Durant tout le moyen âge, on se borna à ce groupement général.

Ce n'est qu'au XVIIIe siècle que le grand naturaliste *Linné* (1707-1778) divisa les animaux en six classes, en s'appuyant sur la conformation du cœur, la couleur du sang, le mode de respiration. Il distingua les *Mammifères*, les *Oiseaux*, les *Amphibiens*, les *Poissons*, les *Insectes* et les *Vers*.

Avec *Cuvier* (1769-1832) le sens de la classification se modifie. Il montre que les *caractères* des êtres vivants n'ont pas la même importance : les uns sont très constants, les autres le sont moins.

Les premiers sont les caractères ***dominateurs***; ils permettent de définir les grandes divisions. Les seconds sont les caractères ***subordonnés***.

Cuvier crut reconnaître l'existence de 4 embranchements correspondant à 4 types d'organisation nettement distincts : ***Vertébrés***, ***Annelés***, ***Mollusques***, ***Rayonnés***.

Les bases de cette classification ont été légèrement modifiées.

On a découvert des formes nouvelles, on a pu suivre le développement des animaux et acquérir la conviction qu'il existe, entre les ***types fondamentaux*** de Cuvier, des types intermédiaires tendant à faire disparaître la ligne de démarcation que l'on croyait exister entre eux.

D'ailleurs, les idées transformistes modernes ont encore changé la signification des classifications anciennes.

Les êtres descendent les uns des autres et les naturalistes recherchent l'ordre de filiation de ces êtres.

Dans la classification actuelle, qui est l'*arbre généalogique* du règne animal, les caractères de première importance servent à établir les ***Embranchements***. D'autres caractères de moindre importance permettent de diviser les embranchements en ***classes***, les classes en *ordres*, les ordres en *familles*, les familles en *genres*, les genres en *espèces*.

Embranchement	Classe	Ordre	Famille	Genre	Espèce
Vertébrés.	Mammifères.	Carnivores.	Canidés.	Chien. (*Canis.*)	Chien domestique. (*Canis familiaris.*)

Espèce et genre. — Le nom d'*espèce* s'applique à une collection d'individus qui se ressemblent plus entre eux qu'ils ne ressemblent aux autres animaux.

On a admis pendant longtemps qu'il y avait autant d'espèces qu'il en fut créé primitivement. Cette croyance à la *fixité* des espèces a dominé la zoologie jusqu'à Darwin [1], malgré les efforts de *Buffon*, de *Lamarck* et de *Geoffroy Saint-Hilaire*, dont les nombreuses observations suggérèrent cette idée *que les espèces ne sont pas immuables*.

Les premières espèces, en effet, ont pu par des transformations successives se modifier sensiblement et donner naissance, par une lente évolution, à de nouvelles espèces. C'est la doctrine *transformiste* ou *évolutionniste* qui a fini par triompher, chez nous, de toutes les résistances et de tous les scrupules.

Or, nous avons constaté (2e année, *Paléontologie et Botanique*) que les êtres jouissent d'une certaine plasticité ; ils peuvent s'adapter à divers milieux, à d'autres régimes.

Ces adaptations modifient plus ou moins profondément leurs organes.

Les Horticulteurs, les Éleveurs, par des procédés que nous avons indiqués (2e année, page 214), créent des *variétés* nouvelles, des *races* nouvelles, des *espèces* nouvelles. Ce que l'effort de l'Homme réalise, les circonstances naturelles le provoquent ; ainsi s'expliquent, dans le temps, les successions des faunes et des flores et, dans l'espace, l'infinie variété des formes.

Il faut en conclure que le mot espèce n'a pas de signification précise.

Le *genre* est une réunion d'espèces voisines ; il n'a pas plus que l'espèce d'existence réelle.

1. Darwin, naturaliste anglais (1809-1882).

Division des animaux en embranchements et en classes. — On peut diviser les animaux en deux grands groupes : les *Protozoaires* et les *Métazoaires*.

I. Les *Protozoaires* sont les animaux les plus simples. Leur corps est constitué par une seule cellule. Ils sont en général microscopiques.

II. Les *Métazoaires* ont le corps constitué par un grand nombre d'éléments anatomiques plus ou moins différenciés.

Les uns sont *fixés* ou dérivent de formes fixées ; les autres sont *libres*.

Les Métazoaires fixés ne vont pas au-devant de leur nourriture, ils n'ont pas en général une face ventrale et une face dorsale, une extrémité antérieure et une extrémité postérieure. Ils ont une forme *massive, ramifiée* ou *rayonnée*.

Ce type de structure caractérise les *Zoophytes* (*Animaux-plantes*) ou les *Phytozoaires*.

Les Métazoaires libres se déplacent pour rechercher leur nourriture ; ils marchent, sautent, rampent, volent ou nagent. Ils ont une tête en avant, une queue en arrière, un côté droit et un côté gauche ; une face ventrale et une face dorsale. Leur corps est formé de deux parties symétriques par rapport à un plan : ils sont *bilatéraux*. Ce sont les *Artiozoaires*.

Les *Protozoaires*, les *Phytozoaires* et les *Artiozoaires* sont de vastes groupes comprenant plusieurs embranchements, comme l'indique le tableau ci-dessous.

I. — Protozoaires.		Rhizopodes.	Amibes. Foraminifères. Radiolaires.
		Infusoires.	Ciliés. Flagellés. Acinétiens.
		Sporozoaires.	Grégarines. Coccidies.
II. Métazoaires.	Phytozoaires, ou animaux à forme végétale.	Spongiaires.	Éponges.
		Cœlentérés ou Polypes.	Hydroméduses. Siphonophores. Acalèphes. Cténophores. Coralliaires.
		Échinodermes.	Crinoïdes. Echinides. Stellérides. Ophiurides. Holothurides.

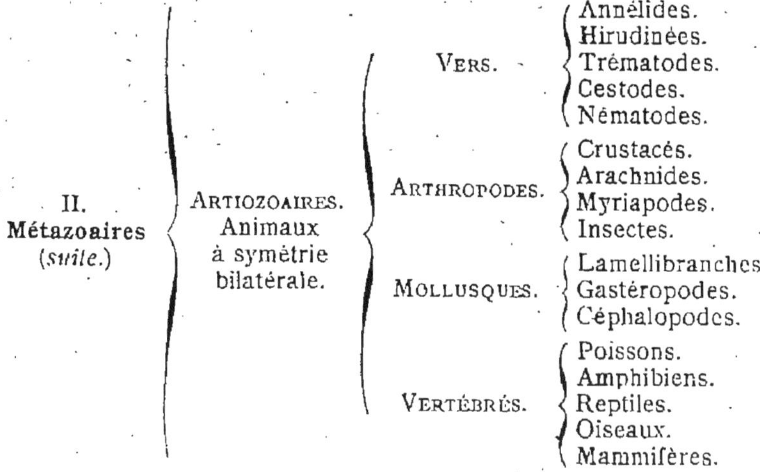

II. Métazoaires (*suite.*)	Artiozoaires. Animaux à symétrie bilatérale.	Vers.	Annélides. Hirudinées. Trématodes. Cestodes. Nématodes.
		Arthropodes.	Crustacés. Arachnides. Myriapodes. Insectes.
		Mollusques.	Lamellibranches. Gastéropodes. Céphalopodes.
		Vertébrés.	Poissons. Amphibiens. Reptiles. Oiseaux. Mammifères.

Protozoaires.

Les Protozoaires, dont le corps est constitué par une seule cellule, peuvent se reproduire par division directe, par bourgeonnement ou par sporulation.

Caractères généraux et classification. — Les Protozoaires ont une organisation excessivement simple, puisque chacun d'eux est formé d'un seul élément anatomique. Ils sont généralement microscopiques; ils se rencontrent abondamment dans les eaux stagnantes et dans la mer.

Le nombre et la variété de ces animaux sont infinis.

Les Protozoaires peuvent se reproduire :

1° par *division directe* ;
2° par *bourgeonnement* ;
3° par *sporulation.*

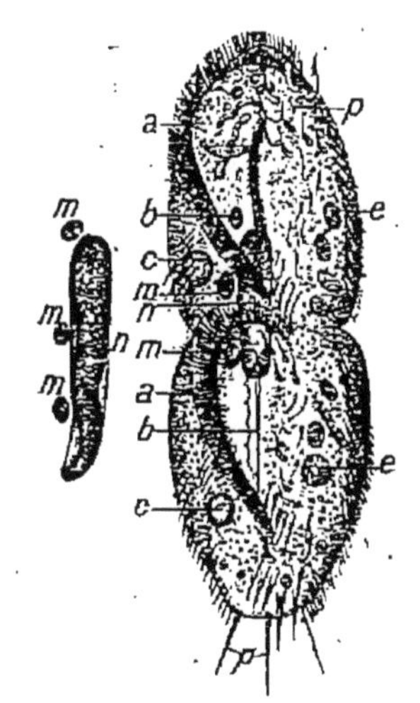

Fig. 1. — Protozoaire (Infusoire cilié) se partageant en deux. — *a*, cils vibratiles; *be*, matières alimentaires; *c*, vésicule contractile; *n*, noyau; *m*, nucléoles; *p*, crochets locomoteurs.

La division directe se retrouve dans tous les groupes des Protozoaires; elle consiste dans la *bipartition* de la cellule en deux autres à peu près égales entre elles (fig. 1).

Dans le bourgeonnement, le noyau se divise en deux parties inégales. Le plus petit de ces nouveaux noyaux se rapproche de la périphérie et se loge dans un bourgeon. Ce dernier se sépare de la cellule mère, grandit, évolue de façon à donner un individu semblable à celui dont il est issu (2e année, page 4).

Certains Protozoaires se multiplient par *sporulation*. Le noyau de la cellule se divise un grand nombre de fois par bipartitions successives. Chacun de ces nouveaux noyaux s'entoure d'une petite masse de protoplasme et forme une *spore*. Chaque spore se développe en un individu semblable à celui dont elle provient.

On a constaté qu'un Protozoaire, après s'être divisé un grand nombre de fois, perd la faculté de se diviser, il *semble épuisé*, mais s'il se fusionne avec un autre individu de même espèce, plus ou moins épuisé, il résulte de cette union une nouvelle cellule forte, rajeunie en quelque sorte, capable de se diviser encore.

Cette *conjugaison nécessaire* est un phénomène général chez tous les êtres vivants. Elle définit la ***sexualité*** dont la conséquence est la formation d'un élément nouveau appelé ***germe*** ou ***œuf***.

En tenant compte du degré de complication de la cellule, de son mode de nutrition, on peut distinguer trois grands groupes de Protozoaires :

1° les *Rhizopodes*;
2° les *Infusoires* ;
3° les *Sporozoaires*.

RHIZOPODES

Les Rhizopodes sont dépourvus de membrane d'enveloppe; ils se déplacent à l'aide de prolongements protoplasmiques appelés pseudopodes. Les uns ont le corps absolument nu (***Amibes***), les autres sont pourvus d'une carapace calcaire (***Foraminifères***) ou d'un squelette siliceux (***Radiolaires***).

Amibes. — Les Amibes représentent le dernier degré de l'échelle animale. Elles se réduisent à une simple masse de matière vivante renfermant des granulations protoplasmiques, un noyau et une ou plusieurs vacuoles (fig. 2).

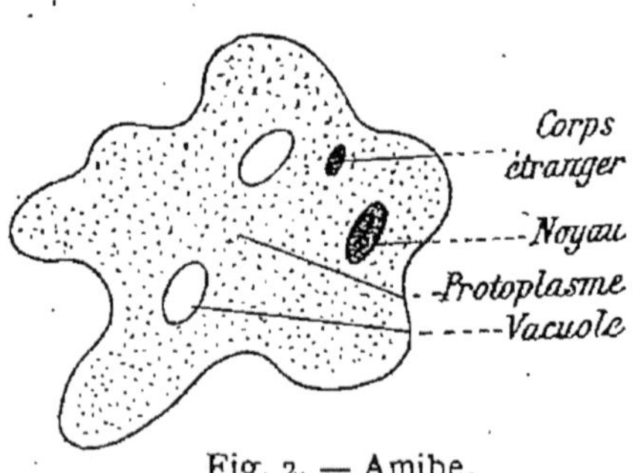

Fig. 2. — Amibe.

Les Amibes changent à chaque instant de forme; elles poussent des prolongements courts et irréguliers à l'aide desquels elles rampent et saisissent les particules

alimentaires. Elles vivent en général dans les eaux douces.
L'*Amæba terricola* vit dans la terre humide ; l'*Amibe du côlon* a été trouvée dans l'intestin de l'Homme.

Foraminifères. — Les Foraminifères sont pourvus d'une sorte de carapace calcaire percée d'un seul trou (*Gromie*) ou de nombreux

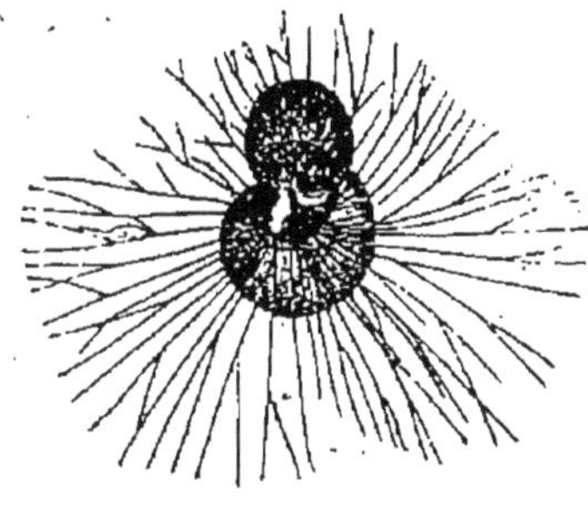

Fig. 3. — *Globigérine.*
La coquille hyaline présente des pores à travers lesquels passent les pseudopodes.

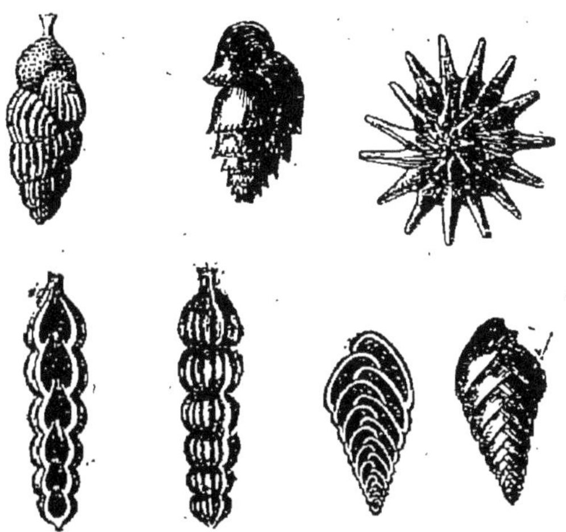

Fig. 4. — Coquilles de Foraminifères vues au microscope.

orifices par lesquels passent les pseudopodes longs et fins.

La plupart des Foraminifères sont *pélagiques*, c'est-à-dire vivent en haute mer, se laissant flotter près de la surface. Certains rampent sur le fond de la mer.

Les *Milioles*, les *Orbulines*, les *Globigérines* (fig. 3), sont des Foraminifères.

Les *Nummulites*, si caractéristiques des terrains tertiaires, étaient des Foraminifères géants (fig. 4).

Les Rhizopodes pullulent dans les océans, leurs débris constituent avec le temps des couches de boue dont l'épaisseur croît continuellement (voir 2e année, *Géologie*).

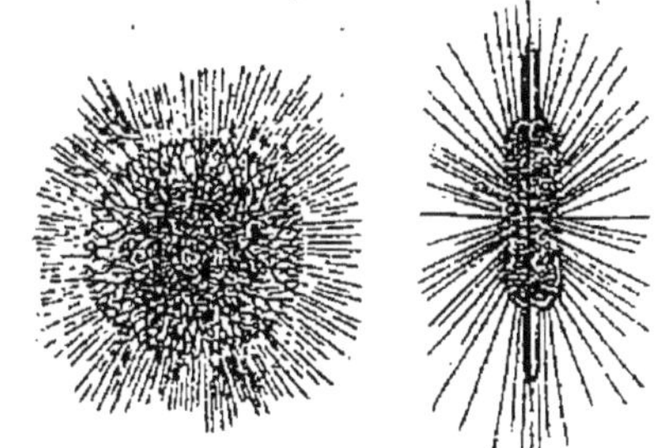

Fig. 5. — Radiolaires.

Radiolaires. — Les Radiolaires sont caractérisés par l'existence au sein du protoplasme d'une *capsule chitineuse* percée de trous. Cette capsule divise le protoplasme en deux parties : l'*endoplasme*, à l'intérieur, et l'*ectoplasme*, à l'extérieur. Ils sont habituellement pourvus d'un squelette siliceux d'une extrême délicatesse. Ils émettent des pseudopodes longs et fins (fig. 5).

Les Radiolaires sont de petits animaux marins, ils se laissent flotter ordinairement au gré des vagues non loin de la surface des eaux. Après leur mort, les parties molles du corps se détruisent, tandis que le squelette siliceux tombe au fond de la mer. Ces débris forment à la longue des assises épaisses de sable.

INFUSOIRES

Caractères généraux et classification. — Les Infusoires se développent rapidement dans les *infusions* végétales, de là leur nom.

Leur corps réduit à une cellule est limité par une membrane qui en précise la forme. Cette membrane est couverte de *cils vibratiles* ou pourvue d'un ou de plusieurs filaments appelés *fouets* ou *flagellums*. Les cils et les fouets sont des organes de locomotion et de préhension.

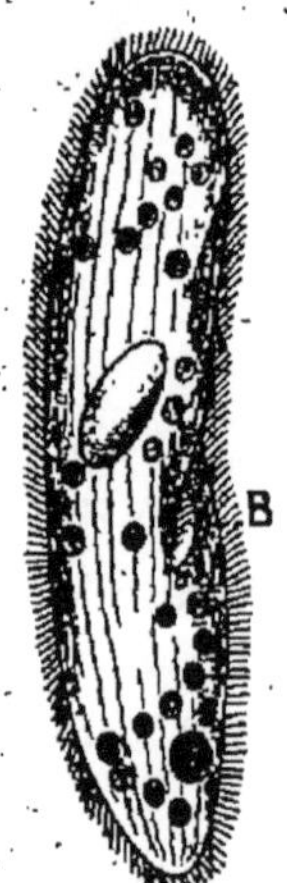

Fig. 6. Paramécie (Infusoire cilié). B, orifice d'entrée des particules alimentaires.

Ces deux sortes d'organes locomoteurs permettent de distinguer deux classes d'Infusoires :

1° les *Infusoires ciliés* ;
2° les *Infusoires flagellés*.

Chez la *Paramécie*, Infusoire cilié, la membrane présente deux orifices dont l'un toujours apparent sert de bouche, tandis que l'autre n'est visible qu'au moment de l'expulsion des résidus de la digestion. Cet être si simple possède déjà une ébauche de tube digestif (fig. 6).

Citons encore parmi les Infusoires ciliés : les *Opalines*, parasites dans le rectum de la Grenouille; les *Stentors*, qui ont la forme d'un petit cône allongé; les *Vorticelles* dont le corps en forme de cloche est fixé à son support par un pédoncule contractile.

Fig. 7. — Noctiluques.

Parmi les Infusoires flagellés citons : les *Noctiluques* (fig. 7), Protozoaires marins qui contribuent, pour une grande part, au curieux phénomène de la phosphorescence; les *Trypanosomes* parasites du sang des Vertébrés. Une espèce de Trypanosome, le *Trypanosoma Gambiense*, est l'agent de la terrible maladie du sommeil (fig. 8).

Acinétiens. — Aux Infusoires ciliés se rattachent les Acinétiens. Ces Protozoaires possèdent, au lieu de cils vibratiles, de longs tentacules et des suçoirs à l'aide desquels ils saisissent et vident les Infusoires ciliés dont ils font leur nourriture.

Fig. 8. Trypanosoma Gambiense.

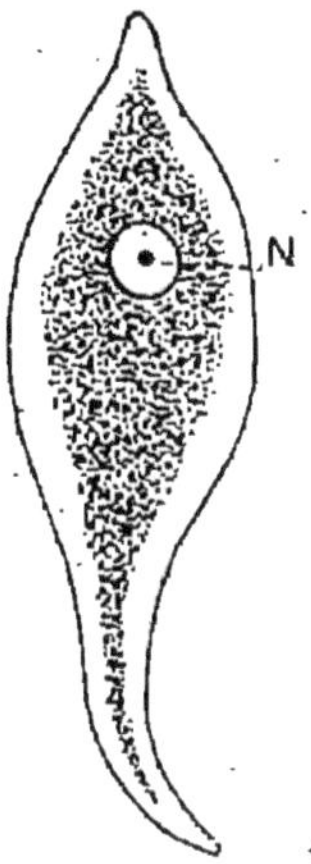

Fig. 9. Grégarine. N, noyau.

SPOROZOAIRES

Caractères généraux. — Les Sporozoaires sont parasites. Ils sont pourvus d'une membrane; mais ils ne possèdent pas d'organes locomoteurs. Ils se reproduisent habituellement par sporulation.

Le groupe comprend deux classes : les ***Coccidiens*** et les ***Grégariniens***.

Les *Coccidies* vivent ordinairement dans le sang, le foie, le rein, le tube digestif des Vertébrés et des Mollusques. L'agent infectieux du paludisme est une Coccidie qui vit dans les globules rouges de l'Homme (voir Hygiène).

Les *Grégarines* (fig. 9) vivent sur la peau ou dans les organes d'un grand nombre d'animaux. La maladie du ver à soie, connue sous le nom de *pébrine*, est probablement provoquée par une Grégarine.

<table>
<tr><td rowspan="3">Protozoaires[1].</td><td colspan="2">Dont le corps est dépourvu d'une membrane d'enveloppe.</td><td>RHIZOPODES.</td><td>Amibes.
Foraminifères.
Radiolaires.</td></tr>
<tr><td rowspan="2">Dont le corps est pourvu d'une membrane.</td><td>Organes locomoteurs.</td><td>INFUSOIRES.</td><td>Ciliés.
Flagellés.
Acinétiens.</td></tr>
<tr><td>Pas d'organes locomoteurs.</td><td>SPOROZOAIRES.</td><td></td></tr>
</table>

1. Les résumés des 12 leçons relatives à l'étude des animaux comprendront :

1° *les caractères essentiels de chaque groupe*;
2° *un tableau de la classification*;
3° *les principaux genres du groupe.*

On trouvera aisément ces trois parties du résumé dans le texte de chaque leçon.

MÉTAZOAIRES

2e LEÇON

Phytozoaires (Zoophytes) ou Animaux à forme végétale.

Les *Spongiaires*, les *Cœlentérés* ou *Polypes*, les *Échinodermes* sont appelés *Zoophytes* ou *Animaux-plantes*. Ces êtres sont immobiles ou se déplacent très lentement. Leur corps ne présente habituellement ni une région antérieure, ni une région postérieure, toutes les parties de l'organisme, également influencées par les agents extérieurs, s'accroissent uniformément et se disposent souvent autour d'un centre comme les rayons d'une roue autour du moyeu (*Étoile de mer*). Parfois le corps se ramifie (*Corail*) et la ressemblance de ces animaux avec les plantes est complète.

Nous désignerons tous ces animaux à forme végétale sous le nom de *Phytozoaires*.

EMBRANCHEMENT DES SPONGIAIRES (ÉPONGES)

Animaux formés d'une association de cellules amiboïdes. Leur corps spongieux, soutenu par des pièces calcaires, siliceuses ou cornées, est percé de pores servant à l'introduction de l'eau et des particules alimentaires.

Fig. 10. Éponge simple (schéma).

Caractères généraux. — Les Éponges sont des Phytozoaires fixés. Elles vivent dans la mer; un seul genre habite les eaux douces.

Les Éponges sont simples ou groupées en colonies.

L'Éponge la plus simple a la forme d'un sac ou plutôt d'une urne fixée par sa base et portant à son sommet une large ouverture appelée *Oscule* (fig. 10). Les parois sont percées de petits trous ou *pores inhalants*. L'eau pénètre constamment par les pores, circule dans un système de canaux bordés de cellules ciliées et sort par l'oscule. Les pores et les canaux présentent souvent des renflements tapissés de petits poils ; ce sont les *corbeilles ciliées.*

Les mouvements incessants des cils vibratiles déterminent un courant d'eau des pores vers l'oscule.

Chaque élément anatomique du corps puise dans le liquide, à la manière des Amibes, les particules alimentaires.

Fig. 11. — Éponge.

Les Éponges peuvent présenter des formes compliquées quand les colonies se constituent (fig. 11).

Dans ce cas, plusieurs individus isolés se fusionnent ou l'individu primitif émet par bourgeonnement ou par simple division incomplète un grand nombre d'individus qui restent unis.

Le tissu de l'Éponge est soutenu par des aiguilles ou *spicules* calcaires, siliceuses ou cornées ; d'où trois catégories d'Éponges :

les *Éponges calcaires* (*Olynthe*) ;

les *Éponges siliceuses* (*Euplectelle ou Corbeille de Vénus des îles Philippines*) ;

les *Éponges fibreuses* (*Éponge de toilette*).

L'Éponge fine de toilette représente le squelette fibreux de plusieurs espèces d'Éponges.

La pêche de ces Éponges se fait dans la Méditerranée et surtout dans la mer Adriatique. La France importe pour 7 millions d'Éponges.

Les Éponges communes ou Éponges de Cheval viennent du nord de l'Afrique ou de l'Océan Indien.

Fig. 12. A, organe urticant au repos ; B, organe urticant dont le filament est déroulé.

COELENTÉRÉS OU POLYPES

Les Polypes ont la paroi du corps consistante. Ils présentent une ouverture unique pour l'entrée et la sortie des aliments. L'appareil digestif et l'appareil circulatoire sont confondus (cavité gastro-vasculaire). ***Ils vivent souvent en colonies et sécrètent un Polypier, sorte de squelette calcaire.***

Caractères généraux et classification. — Les Cœlentérés ou Polypes sont généralement fixés. Leur corps a la forme d'un sac dont l'ouverture unique, entourée de tentacules préhenseurs, sert à la fois pour l'entrée et la sortie des aliments.

La face interne de ce sac joue le rôle d'une muqueuse digestive.

Les Cœlentérés présentent dans l'épaisseur de leur peau des *cellules urticantes*, organes d'attaque et de défense.

Chaque cellule plus ou moins renflée porte sur sa face extérieure une excavation renfermant une vésicule munie d'un fil enroulé en spirale. Au moindre choc le fil est projeté comme une flèche à l'extérieur entraînant un peu du liquide corrosif que renferme la vésicule. Ce poison peut tuer les petits animaux dont le Polype se nourrit (fig. 12).

On divise l'embranchement des Cœlentérés en quatre classes :

les ***Hydroméduses*** : *Hydre verte*, *Campanulaire*, *Siphonophores*.
les ***Acalèphes*** : *Aurélie*, *Lucernaire* (*Méduses libres*).
les ***Cténophores*** : *Béroë*.
les ***Coralliaires*** : *Actinie*, *Corail*.

HYDROMÉDUSES

Hydre d'eau douce. — L'Hydre d'eau douce est le plus simple des Polypes. Elle a la forme d'une petite coupe dont la partie étroite est fixée aux plantes aquatiques (fig. 13). L'extrémité opposée porte des tentacules filiformes avec lesquels l'animal paralyse et capture de très petites proies, car les tentacules sont pourvus de cellules urticantes.

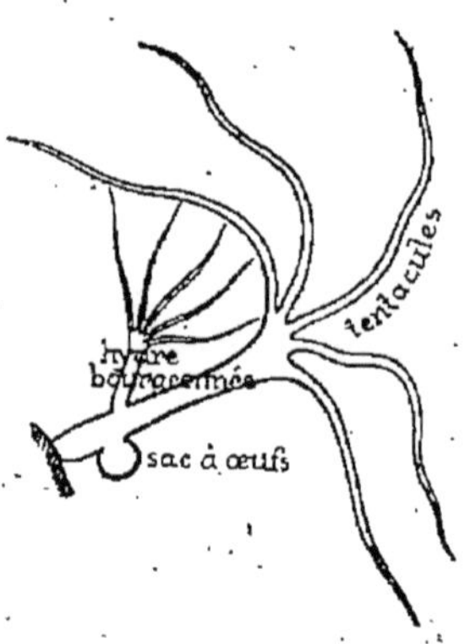

Fig. 13. — Hydre.

L'Hydre verte se reproduit par œufs et par bourgeonnement.

Les bourgeons se détachent pour constituer des individus indépendants.

Ce bizarre animal peut être divisé en plusieurs fragments, chacun d'eux régénère rapidement les parties qui lui manquent.

Cette faculté de *régénération* est fréquente chez les animaux simples, à tissus peu différenciés. Elle rappelle le bouturage, opération que les jardiniers pratiquent sur certaines plantes.

Colonies de Polypes. — Il existe des Polypes voisins de l'Hydre dont les bourgeons reproducteurs ne se détachent pas.

Il en résulte que les Polypes nés les uns sur les autres, comme des rameaux sur une tige, forment une colonie plus ou moins nombreuse. Dans beaucoup de genres, chez les *Campanulaires*, par exemple, les bourgeons qui se développent à l'époque de la reproduction donnent naissance à des organismes rayonnés appelés **Méduses**.

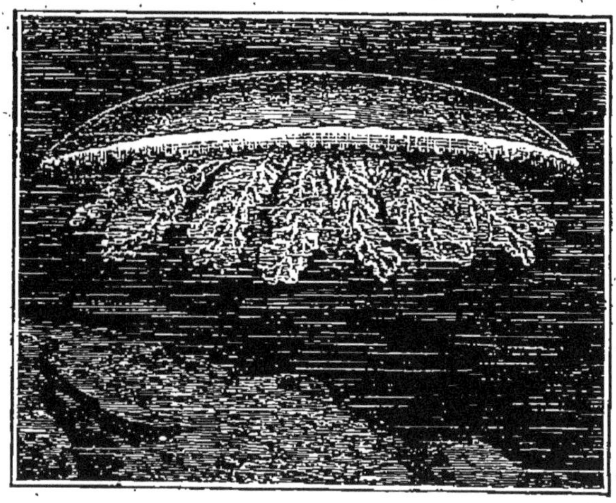

Fig. 14. — Méduse.

Les Méduses abandonnent la colonie pour nager librement dans la mer et y répandre leurs œufs qui produiront plus tard de nouveaux polypes hydraires.

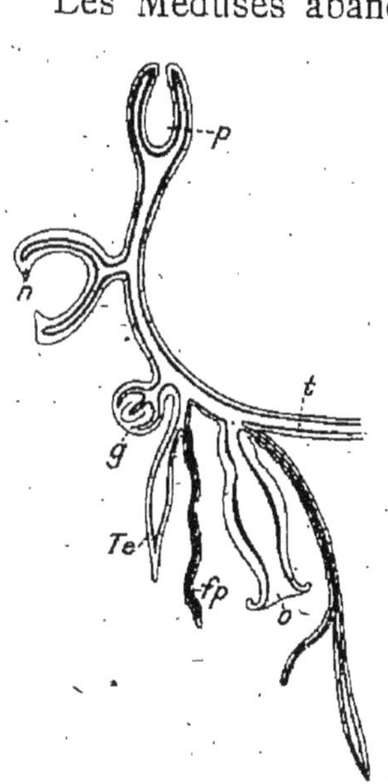

Fig. 15. — Schéma d'un Siphonophore : *t*, tige axiale; *p*, cavité remplie d'air; *n*, cloche natatoire; *g*, organes génitaux; *Te*, tentacule; *fp*, filament préhensile; *o*, individu nourricier.

Ces Méduses ont la forme d'une cloche transparente. Au centre de la cloche ou ombrelle est suspendu un tube creux (*manubrium*) dont l'extrémité libre porte la bouche (fig. 14).

Les bords de l'ombrelle sont pourvus d'un *velum*, sorte de voile contractile qui ferme en partie l'ouverture de la cloche, et de longs bras, à la base desquels sont les organes des sens. Arrivée à l'état adulte, la Méduse produit des œufs desquels sortent de nouveaux polypes.

Ainsi, *une génération de Polypes fixés donne par bourgeonnement une génération de Méduses libres, et les Méduses reproduisent par œufs une génération de Polypes* : ***Hydres* → *Méduses* → *Hydre* → *Méduses* → ....**

De là le nom d'***Hydroméduses*** donné à ce groupe.

Siphonophores. — Les Siphonophores (fig. 15) sont des colonies d'Hydres et de Méduses. Les différents individus de cette association n'ont pas la même besogne à accomplir. Les uns ont pour fonction de digérer les aliments ; d'autres capturent les proies à l'aide de longs filaments pêcheurs, certains réduits à de simples sacs remplis d'air permettent à la colonie de flotter aisément, plusieurs produisent des œufs et assurent la conservation de l'espèce.

Les Siphonophores sont des organismes pélagiques ; ils se laissent paresseusement flotter au gré des vagues. Leur transparence et leurs teintes parfois éclatantes les ont fait comparer à des guirlandes de fleurs.

Les *Porpites* et les *Vélelles* sont communes dans la Méditerranée. Citons encore les *Physalies*, les *Physophores*.

ACALÈPHES

Les *Acalèphes* sont des Méduses de taille considérable qui ne passent jamais par la phase Polype ; elles ont la forme d'un chapeau de champignon.

Les Acalèphes se distinguent des Méduses que nous venons d'étudier par les caractères suivants :

leur ombrelle discoïde, épaisse, n'est jamais pourvue d'un velum ; le manubrium a une section carrée et porte quatre bras buccaux puissants ;

l'estomac donne naissance tantôt à des poches creusées dans l'épaisseur de l'ombrelle, tantôt à un système assez compliqué de canaux ;

Fig. 16. — Méduse adulte.

les œufs donnent une larve qui se fixe sur le sol, s'allonge, se divise en un certain nombre de disques dont chacun fournit une nouvelle Méduse.

Les Acalèphes sont transparentes, parfois brillamment colorées et même phosphorescentes.

Les *Aurélies* (fig. 16), les *Lucernaires*, les *Cyanées* sont les formes les plus communes.

CTÉNOPHORES

Les *Cténophores* sont des animaux marins ayant une existence identique à celle des Méduses.

Leur corps, d'une absolue transparence, cylindrique ou en forme de sac, porte à sa surface huit rangées méridiennes de palettes ciliées. Il existe souvent deux filaments latéraux très longs que l'on doit considérer comme des organes préhenseurs. Les *Béroés*, les *Cydippes* sont des exemples de ce groupe.

CORALLIAIRES

Caractères généraux et classification. — Les Coralliaires sont des animaux marins ordinairement fixés aux rochers. La plupart vivent associés en colonies (*Madrépores*). Cependant les Anémones de mer (*Actinies*) vivent isolées.

Les Coralliaires ont une cavité gastro-vasculaire divisée en plusieurs loges par des cloisons. Ces loges communiquent avec autant de tentacules creux.

Leurs colonies s'édifient par simple division ou par bourgeonnement ; mais les cavités digestives de tous les individus communiquent entre elles par un système de canaux. On peut les diviser en deux groupes :

les *Alcyonaires* dont le nombre de tentacules est de 8;

les *Actiniaires* dont le nombre de tentacules est de 6 ou un multiple de 6.

Alcyonaires. — Les Alcyonaires ont toujours 8 tentacules pennés. Prenons comme exemple le Corail (fig. 17).

Le Corail est un petit animal fixé dont le corps cylindrique est terminé par huit tentacules finement dentelés sur les bords. La bouche placée au centre des tentacules conduit dans une cavité gastro-vasculaire divisée en huit chambres par des cloisons verticales. Un grand nombre de ces petits animaux, semblables à des fleurs, vivent associés en une colonie arborescente. Tous les individus sont portés par un édifice calcaire, le *polypier*, sécrété par eux.

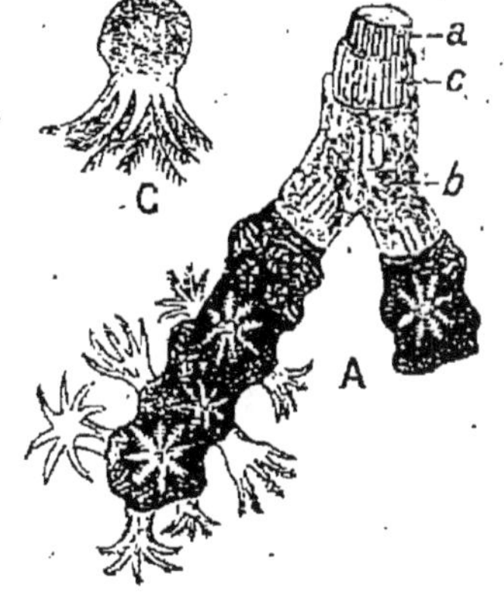

Fig. 17.—A, rameau de Corail; C, polype isolé; *a*, *b*, *c*, polypier.

La pêche du Corail, dont le squelette rouge est fort recherché en bijouterie, est très active dans la Méditerranée, sur les côtes de l'Algérie et de la Tunisie.

Le *corail rouge*, le *corail rose*, le *corail noir* et le *corail blanc* sont les principales variétés.

Les *Alcyons*, les *Pennatules*, les *Vérétilles*, appartiennent au groupe des Alcyonaires

Actiniaires. — Prenons comme type de cet ordre l'*Actinie* ou *Anémone de mer* très fréquente sur nos côtes (fig. 18).

Fig. 18. — Anémones de mer.

Le corps de l'Actinie est cylindrique ; il est fixé par sa base à un support quelconque. La partie supérieure est entourée d'une couronne de tentacules rétractiles dont le nombre est de 6 ou généralement d'un multiple de 6. Au centre de cette couronne s'ouvre la bouche qui conduit dans une cavité digestive divisée en loges par des lames intercalées entre les tentacules.

Les Actinies sont diversement colorées ; lorsqu'elles sont étalées, elles ressemblent à des fleurs.

Les *Cérianthes* habitent dans des tubes.

Les *Méandrines*, les *Madrépores* ont un squelette calcaire.

Ces Actiniaires ont construit et construisent encore dans les mers chaudes, autour des îles et des continents, d'immenses récifs. (1re année, page 230.)

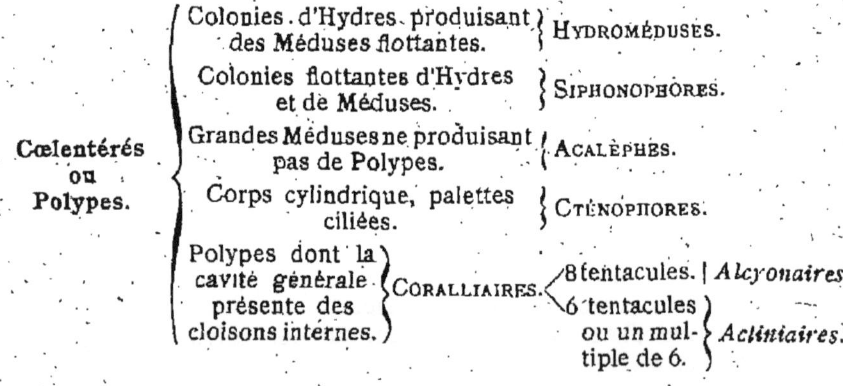

Cœlentérés ou Polypes.	Colonies d'Hydres produisant des Méduses flottantes.	HYDROMÉDUSES.		
	Colonies flottantes d'Hydres et de Méduses.	SIPHONOPHORES.		
	Grandes Méduses ne produisant pas de Polypes.	ACALÈPHES.		
	Corps cylindrique, palettes ciliées.	CTÉNOPHORES.		
	Polypes dont la cavité générale présente des cloisons internes.	CORALLIAIRES.	8 tentacules.	*Alcyonaires.*
			6 tentacules ou un multiple de 6.	*Actiniaires.*

3e LEÇON

Embranchement des Échinodermes.

Les Échinodermes sont des animaux marins, à symétrie rayonnée. La peau souvent hérissée de piquants est incrustée de calcaire formant des plaques articulées. L'appareil digestif et l'appareil vasculaire sont distincts.

Caractères généraux et classification. — Les Échinodermes ont une symétrie franchement rayonnée. Leur corps présente soit la forme d'une étoile, soit celle d'un melon plus ou moins allongé.

Ces animaux ont le corps protégé par une peau dure incrustée de calcaire.

Ils se déplacent lentement à l'aide de tubes terminés chacun par une petite ventouse (*pieds ambulacraires*).

L'appareil digestif des Échinodermes, distinct de l'appareil circulatoire, est séparé des téguments par une cavité générale spacieuse.

L'appareil vasculaire se compose d'un système compliqué de canaux communiquant directement avec l'extérieur, sauf chez les Holothuries.

L'embranchement des Échinodermes comprend cinq classes :

1° les *Crinoïdes*, *Encrines* ;
2° les ***Stellérides***, *Étoiles de mer* ;
3° les ***Ophiurides***, *Ophiures* ;
4° les ***Échinides***, *Oursins* ;
5° les ***Holothurides***, *Holothuries*.

Fig. 19. — Comatule.

Crinoïdes. — Les Crinoïdes sont des Échinodermes fixés au sol par une longue tige articulée. Ces animaux, peu nombreux dans la nature actuelle, abondaient dans les mers secondaires. Certains calcaires, dits calcaires à entroques, sont exclusivement formés par l'accumulation des articles des pédoncules de Crinoïdes (*Encrines*).

Il existe dans la Méditerranée de singuliers animaux dont le corps globuleux porte cinq bras ; ce sont des *Comatules* (fig. 19).

A l'état jeune, les Comatules sont fixées et ressemblent à des fleurs ; à l'état adulte, elles rompent leur pédoncule et deviennent libres.

Fig. 20. — Étoile de mer dont la face dorsale a été enlevée pour montrer les organes. — *a*, ambulacres; *e*, estomac; *i*, glandes situées au-dessus de l'estomac; *g*, ovaires.

Stellérides ; Étoile de mer. — L'Étoile de mer ou Astérie rouge (fig. 20), commune sur nos côtes, présente cinq bras (rayons) disposés autour d'un disque central aplati. La face ventrale porte la bouche, la face dorsale l'anus.

La bouche est suivie d'un court œsophage conduisant dans l'estomac. Ce dernier envoie une paire de prolongements ou cæcums dans chaque bras.

L'Étoile de mer a la faculté de retourner son estomac et de le faire saillir à l'extérieur pour digérer certaines proies.

Chaque rayon est creusé du côté ventral d'une gouttière assez profonde sur les bords de laquelle s'insèrent les tubes ambulacraires qui servent à faire progresser l'animal. Ces tubes, en effet, peuvent s'allonger et sont terminés par une petite ventouse.

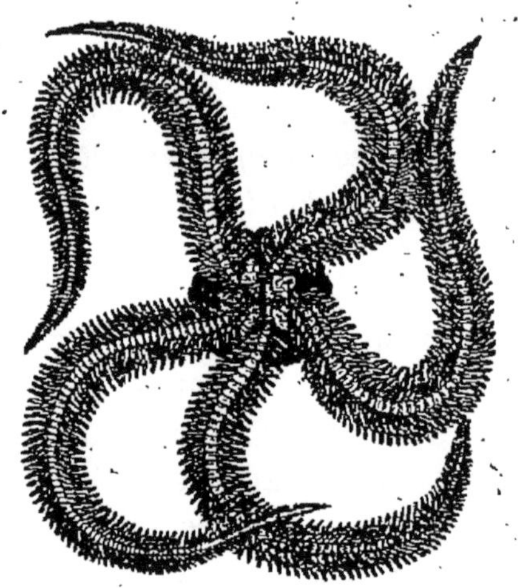

Fig. 21. — Ophiure.

L'Étoile de mer peut régénérer les parties perdues ; ainsi, un bras détruit se reforme rapidement. Il arrive même qu'un rayon séparé du corps reproduit le corps tout entier.

On connaît aujourd'hui plus de 800 espèces de Stellérides. Le nombre des bras varie de 5 à 40. Les formes les plus communes sont l'*Astérie rouge*, l'*Héliaster*, le *Solaster* et l'*Astropecten*.

Ophiurides : Ophiures. — Les Ophiures (fig. 21) ressemblent beaucoup aux Étoiles de mer. Elles s'en distinguent par leurs bras longs, grêles et très mobiles nettement séparés du disque central.

Le tube digestif ne présente qu'une seule ouverture et l'estomac est pourvu de courtes dilatations situées en face des bras.

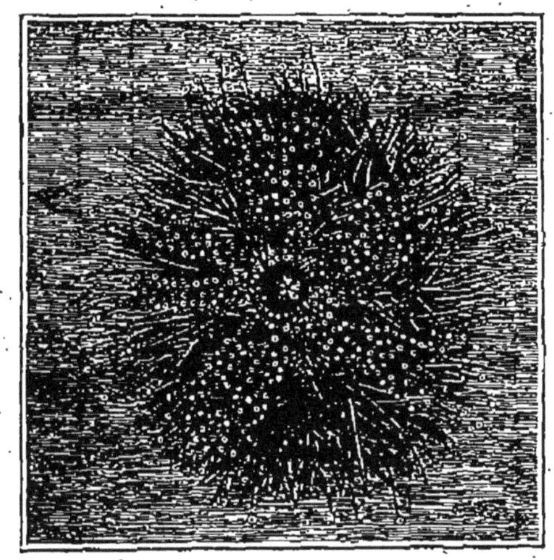

Fig. 22. — Oursin.

Échinides : Oursins. — Les Oursins ou Châtaignes de mer ont le corps globuleux, presque sphérique, recouvert de piquants (fig. 22). Ces piquants, maintenus à la base par un ligament élastique, peuvent s'incliner dans tous les sens. Si l'on a soin de les enlever, en frottant vivement le corps de l'Oursin avec une brosse, on aperçoit la carapace calcaire ou *test* (fig. 23).

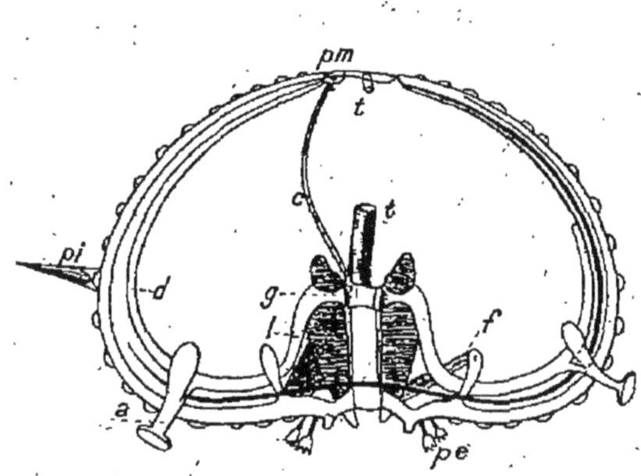

Fig. 23. — Organisation d'un Oursin.

t, t, tube digestif ; *l*, lanterne d'Aristote ; *f*, muscle moteur d'une dent ; *c*, canal du sable ; *g*, anneau ambulacraire ; *d*, canal ambulacraire ; *a*, ambulacre ; *pm*, plaque madréporique ; *pi*, piquant ; *pe*, pédicellaire.

Le test rappelle par son aspect un petit melon à dix côtes. Il est formé, en effet, de dix fuseaux, à peu près égaux, dont les extrémités correspondent aux deux pôles. Cinq fuseaux portent les piquants ; ce sont les zones *interambulacraires* ; tandis que les cinq autres fuseaux, formant les zones *ambulacraires*, alternent avec les premiers et sont percés de trous par où passent les tubes ambulacraires qui servent à la locomotion.

Chaque zone est formée d'une double rangée de plaques articulées. En certains points, et surtout autour de la bouche, se trouvent des pinces à trois branches, les *pédicellaires*, véritables organes de préhension.

La bouche occupe le centre de la face ventrale; elle est armée de cinq mâchoires pyramidales, dans chacune desquelles est logée une dent qui se prolonge à l'extérieur. Cet ensemble a reçu le nom de *lanterne d'Aristote* (fig. 23).

L'intestin, très long, décrit dans la cavité générale plusieurs sinuosités et s'ouvre sur la face supérieure (*pôle anal*).

Près de l'anus se trouve la *plaque madréporique*, percée de trous, servant comme celle des Astéries à l'introduction de l'eau dans les tubes ambulacraires.

L'*appareil circulatoire* est très compliqué; il comprend un système de canaux et de vésicules communiquant avec l'extérieur par la plaque madréporique.

Le *système nerveux* a une disposition nettement rayonnée; il comprend un anneau entourant l'œsophage et cinq cordons nerveux allant aux ambulacres.

Les Oursins organisés comme celui que nous venons de décrire sont appelés Oursins **réguliers**. Tels sont les *Echinus* et les *Cidaris*, remarquables par la forme et la grosseur des piquants.

Il existe des Oursins **irréguliers**, très plats, dont l'anus se rapproche de la face ventrale. Les *Clypéastres* et les *Spatangues* sont des Oursins irréguliers.

Holothurides : Holothuries. — Les Holothuries ont le corps mou et allongé. Les téguments ne renferment pas de larges plaques calcaires; mais une couche musculaire dont les contractions permettent à l'animal de se déplacer. La bouche est entourée d'une couronne de tentacules ramifiés.

Échinodermes.	Animaux fixés dans le jeune âge au moins.		CRINOÏDES.	*Comatule.*
	toujours libres ; corps	étoilé.	STELLÉRIDES.	*Astérie.*
			OPHIURIDES.	*Ophiure.*
		sphérique.	ÉCHINIDES.	*Oursin.*
		cylindrique.	HOLOTHURIDES.	*Holothurie.*

ARTIOZOAIRES

4e LEÇON

Embranchement des Vers.

Animaux à symétrie bilatérale, dont le corps, formé d'anneaux distincts ou soudés entre eux, est toujours dépourvu de pattes articulées.

Caractères généraux. — Les Vers ont le corps formé d'anneaux distincts (*Ver de terre*) ou soudés entre eux. Ces anneaux ne portent jamais de pattes articulées, mais présentent parfois de simples soies placées sur des mamelons saillants (*parapodes*) ou implantées directement dans la peau. Celle-ci, toujours molle, n'est jamais protégée par une carapace ; toutefois certaines espèces s'enferment dans des tubes.

Le *tube digestif*, quand il existe, est généralement droit.

La *respiration* s'effectue par des branchies ou par la peau mince, humide et perméable.

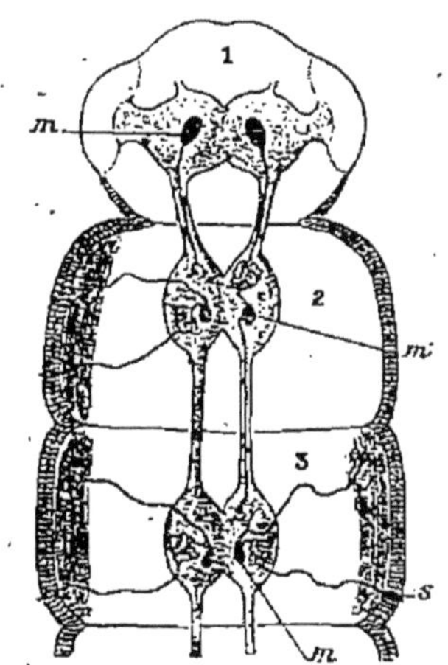

Fig. 24. — Système nerveux des Vers supérieurs

1, 2, 3, anneaux; s, cellule sensitive; m, cellule motrice.

L'*appareil circulatoire* est parfois composé d'un système de vaisseaux dont quelques-uns sont animés de contractions rythmées (2e année, circulation).

Le *système nerveux* est ordinairement représenté par deux petits ganglions cérébroïdes, un collier entourant l'œsophage et une chaîne ganglionnaire ventrale disposée à la façon d'une échelle (fig. 24).

L'*appareil excréteur* se compose de tubes qui débouchent au dehors et se terminent intérieurement par un pavillon cilié. Chez les Annélides, ils portent le nom d'*organes segmentaires*, parce qu'ils se répètent dans chaque segment.

Les Vers vivent dans l'eau, dans la terre humide ou en parasites dans le corps de l'Homme et des animaux.

Cet embranchement comprend un grand nombre de formes qui peuvent être rangées en deux groupes :

1° les *Annélides* : (libres) *Arénicole*, *Ver de terre*, *Sangsue* ;
2° les *Helminthes* : (parasites) *Douve*, *Ténia*, *Trichine*.

CLASSE DES ANNÉLIDES

Les Annélides vivent en liberté et ont le corps nettement divisé en anneaux. Elles sont pourvues de *soies locomotrices* ou de *ventouses*.

On divise les Annélides en deux ordres :

1° les ***Chétopodes***, *dont les anneaux portent des soies locomotrices* ;
2° les ***Hirudinées***, *pourvues de ventouses*.

Chétopodes. — Il convient de distinguer les Annélides Chétopodes marines et les Annélides Chétopodes d'eau douce et terrestres.

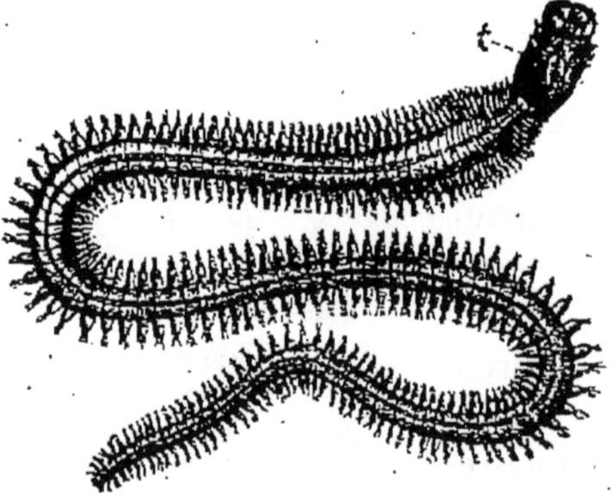

Fig. 25. — Annélide polychète. — *t*, trompe.

Les premières ont une tête distincte et des segments pourvus d'une paire d'expansions latérales servant à la locomotion. Ces expansions portent le nom de *parapodes* ; elles sont divisées en deux lobes, l'un dorsal, l'autre ventral. Chaque lobe est couvert de soies et peut présenter, en outre, un *cirre*, organe de tact, et des *branchies*.

Ces vers marins, dont chaque anneau porte un nombre considérable de soies, ont reçu le nom de ***Polychètes*** (fig. 25). Ils vivent au sein de la mr, comme les *Eunices*, les *Néréis* ; se creusent des galeries dans le sable, comme l'*Arénicole des pêcheurs* (fig. 26), ou sécrètent un tube dans lequel elles s'enferment, comme les *Serpules*, les *Spirographes*.

Fig. 26. — Arénicole des pêcheurs.

Les Chétopodes d'eau douce et terrestres ont une organisation plus simple que les Annélides marines.

Fig. 27. — Lombric ou Ver de terre.

La tête n'est pas différenciée et les anneaux ne portent pas de parapodes. Les soies, peu nombreuses, sont implantées directement dans le corps. Ces vers forment le groupe des ***Oligochètes*** représenté autour de nous par le *Lombric* ou *Ver de terre* (fig. 27).

Le corps du ver de terre est formé de 60 à 100 anneaux distincts. Le premier porte la bouche, le dernier, plus effilé, porte l'anus. Du 30e au 40e anneau on remarque un épaississement, c'est la *ceinture*. Elle provient de glandes qui servent à fabriquer le cocon où seront enfermés les œufs. La face dorsale est nue, la face ventrale porte au niveau de chaque anneau huit faisceaux de soies servant à la locomotion. Le Lombric creuse des galeries souterraines et avale la terre. Les excréments sont rejetés la nuit à la surface sous la forme de petits *tortillons*.

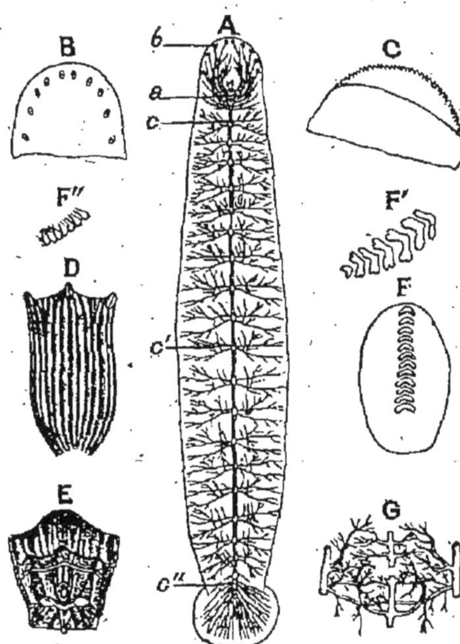

Fig. 28. — Organisation des Sangsues.
A, Système nerveux : *a*, cerveau ; *b*, yeux ; *c*, *c'*, *c''*, chaîne nerveuse. — B, yeux. — C, une mâchoire. — D, ouverture buccale. — F, F', une série de dents. — F'', glandes produisant ces dents. — E, partie antérieure du corps ouverte. — G, vaisseaux de l'un des anneaux.

Hirudinées. — Les Hirudinées ou Sangsues sont dépourvues de soies locomotrices ; elles progressent à l'aide de deux ventouses placées aux extrémités du corps. La plus petite, antérieure, entoure la bouche ; la plus grande, postérieure, sert à l'animal pour se fixer.

Chez la Sangsue ordinaire, la bouche est armée de mâchoires constituées par trois pièces cornées et dentées (fig. 28).

Le tube digestif présente onze paires de cæcums et se termine par un anus situé au-dessus de la ventouse postérieure :

Le système nerveux comprend un cerveau, un collier œsophagien et une chaîne ganglionnaire qui est logée tout entière dans le vaisseau sanguin ventral.

Le premier anneau porte des yeux très simples disposés en demi-cercle.

Les Sangsues vivent libres ou en parasites à l'extérieur du corps. La Sangsue médicinale, que nous avons prise comme exemple, habite les ruisseaux et les mares. Elle est encore utilisée en médecine pour retirer le sang dans les contusions et dans les congestions.

D'autres genres d'Hirudinées sont pourvus d'une trompe protractile.

HELMINTHES

Les Helminthes vivent en parasites dans le corps de l'Homme et des animaux. Leur organisation est beaucoup plus simple que celle des Vers libres.

Les organes locomoteurs sont remplacés par des organes de fixation.

L'appareil digestif peut manquer ; quand il existe, il est toujours incomplet.

La classe des Vers parasites comprend trois ordres :

1° les *Trématodes* : *Vers plats, non divisés en segments* ;
2° les *Cestodes* : *Vers plats, divisés en segments* ;
3° les *Nématodes* : *Vers ronds.*

Fig. 29.
La Douve du foie (grossie deux fois).

Trématodes. — Les *Trématodes* sont des vers en général aplatis, non segmentés, pourvus de ventouses, à tube digestif ramifié, sans anus. On peut citer, comme exemple, la *Douve du foie*.

La Douve du foie vit dans les canaux biliaires du foie des Ruminants et en particulier du Mouton. Elle a la forme d'une feuille (fig. 29) et mesure de 1 à 2 centimètres de longueur; son développement comporte des métamorphoses compliquées, accompagnées de migrations successives.

L'œuf de la Douve, rejeté avec les excréments, produit, lorsqu'il est dans l'eau, un *embryon nageur*. Celui-ci pénètre dans le corps d'un Mollusque et se transforme en un sac irrégulier rempli de *petites larves*. Ces dernières se modifient encore et deviennent de nouvelles larves appelées *Cercaires*. Les *cercaires* ressemblent à des têtards microscopiques; elles quittent leur hôte et se répandent sur l'herbe. Avalées par un Mouton, elles arrivent dans le foie et s'y développent; ce sont désormais des *Douves*.

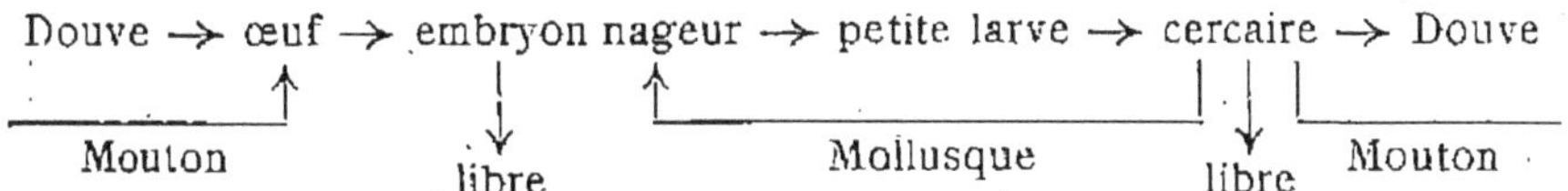

Cestodes. — Les Cestodes sont des vers rubanés constitués par de nombreux anneaux semblables placés bout à bout.

Le ***Ténia*** ou ***Ver solitaire*** est le type des ***Cestodes*** (fig. 30). Il vit dans l'intestin de l'Homme. Il atteint une longueur de quatre à six mètres. Il se fixe aux parois de l'intestin par quatre ventouses et une couronne de crochets que porte la tête ou *scolex*. Ce scolex produit sans cesse, par bourgeonnement, de nouveaux anneaux appelés *proglottis*, si bien que le ver s'allonge pendant longtemps.

Les anneaux terminaux, plus âgés et remplis d'œufs, se détachent et sont rejetés à l'extérieur avec les excréments.

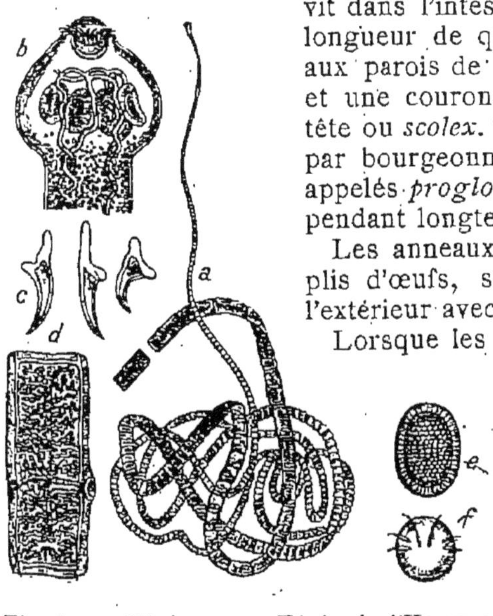

Fig. 30. — Ténia. — *a*, Ténia de l'Homme (3 ou 4 mètres de long); *b*, son scolex; *c*, crochets du scolex; *d*, l'un des segments; *e*, l'œuf; *f*, embryon.

Lorsque les œufs sont avalés par un Porc, ils produisent dans son estomac des *embryons* très petits, munis de six crochets. A l'aide de ces crochets, ils cheminent à travers les tissus et vont se fixer dans les muscles. Là, ils se transforment en une vésicule de la grosseur d'un pois renfermant une tête ou *scolex*. Cette vésicule a reçu le nom de *cysticerque*. Le Porc infesté est *ladre*. En mangeant la viande de Porc ladre salée ou insuffisamment cuite, l'Homme avale des cysticerques qui deviennent des *Ténias* dans son intestin.

→ *Ténia* → *œuf* → *embryon* → *Cysticerque* → *Ténia* →

Homme → Porc ladre → Homme

Le Ténia vivant au milieu de substances toutes digérées n'a *ni appareil digestif*, *ni appareil circulatoire*.

Beaucoup de Mammifères sont sujets à être infestés par des Ténias (Voir Hygiène, l'aliment).

Nématodes. — Les Nématodes ont la forme d'un fuseau très allongé. Ils sont ordinairement parasites.

L'*Ascaride* vit dans l'intestin des enfants.

La *Trichine* jeune habite les muscles du Porc et de divers animaux. Si l'Homme mange la chair du Porc trichiné soumise à une cuisson incomplète, il s'infeste.

Fig. 31. — La Trichine très grossie, remplie de jeunes et en état de ponte.

Les jeunes Trichines se multiplient dans l'estomac et dans l'intestin, traversent les parois du tube digestif et vont se loger dans les muscles, produisant des désordres souvent très graves (fig. 31).

Les *Anguillules du vinaigre* pullulent parfois dans la lie du vinaigre.

Les *Anguillules du Blé* envahissent les grains de Blé et produisent l'altération connue sous le nom de *Nielle*.

Libres.	ANNÉLIDES.	Pourvues de soies locomotrices.	CHÉTOPODES.	*Polychètes.*	Eunice. Arénicole. Serpule.
				Oligochètes.	Lombric.
		Pourvues de ventouses.	HIRUDINÉES.		Sangsue.
Parasites.	HELMINTHES.	Vers plats.	Dont le corps n'est pas divisé en anneaux.	TRÉMATODES.	*Douve.*
			Dont le corps est divisé en anneaux.	CESTODES.	*Ténia.*
		Vers ronds.	. . . .	NÉMATODES.	*Trichine.*

5e LEÇON

Embranchement des Arthropodes.

Animaux à symétrie bilatérale dont le corps formé d'anneaux porte des appendices locomoteurs articulés. Les anneaux sont recouverts d'une couche continue de chitine. Le développement des Arthropodes est caractérisé par des mues et des métamorphoses.

Caractères généraux et classification. — Les Arthropodes ou Articulés ont le corps formé d'anneaux ou segments tantôt emboîtés les uns dans les autres, tantôt soudés.

Ces anneaux portent les pattes, composées de plusieurs pièces articulées.

Le corps tout entier est revêtu d'une couche de *chitine*. Cette dernière substance est une production de la peau. Son épaisseur varie suivant les régions ; elle est faible au niveau de la ligne de séparation des segments. La chitine s'incruste parfois de calcaire et forme une carapace (*Crustacés*).

Le corps des Arthropodes est généralement divisé en trois parties :

La *tête*, formée de quatre anneaux soudés portant les organes des sens et les pièces buccales ;

Le *thorax*, adapté surtout à la locomotion ;

L'*abdomen*.

Parfois les anneaux de la tête et du thorax se soudent et constituent une seule masse, le *céphalothorax* (*Arachnides*).

Les Arthropodes respirent par des trachées ou par des branchies.

D'après *le mode de vie, le nombre et la nature des pattes*, on a divisé cet embranchement en *quatre classes :*

1° les *Insectes* : *à respiration trachéenne, pourvus de 3 paires de pattes* (*Abeille, Hanneton*) ;

2° les *Myriapodes* : *à respiration trachéenne, pourvus d'un grand nombre de pattes* (*Scolopendre*) ;

3° les *Arachnides* : *respirant par des trachées ou des poumons trachéens et dont le corps, présentant deux régions distinctes, porte quatre paires de pattes* (*Araignée*) ;

4° les *Crustacés* : *animaux aquatiques à respiration branchiale, le corps divisé en deux régions distinctes porte un nombre variable de pattes* (*Écrevisse, Crabe*).

CLASSE DES INSECTES

Caractères généraux. Organisation externe. — Le corps d'un Insecte comprend trois régions : la *tête*, le *thorax* et l'*abdomen* (fig. 32).

La *tête* porte les *antennes*, la *bouche* et les *yeux*.

Les antennes sont les organes du toucher et de l'odorat ; elles sont placées en avant des yeux. Ceux-ci sont *composés* d'un grand nombre d'yeux simples auxquels correspondent souvent des facettes, 6000 chez l'Abeille, 12 000 chez la Libellule (fig. 33).

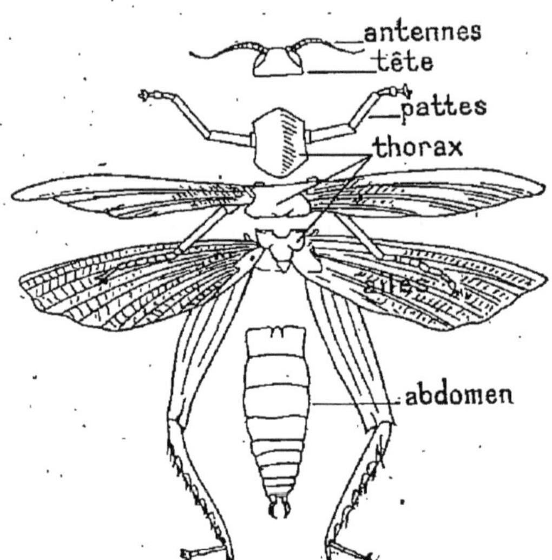

Fig. 32. — Corps d'un Insecte.

La bouche est entourée de quatre paires d'appendices adaptés à la préhension et à la mastication des aliments :

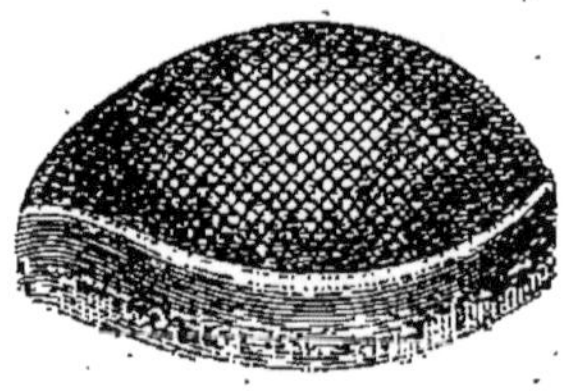

Fig. 33. — Œil à facettes d'un Insecte.

- une *lèvre supérieure* ;
- une *paire de mandibules* ;
- une *paire de mâchoires* ;
- une *lèvre inférieure* résultant de la soudure de deux appendices.

Les pièces buccales sont disposées pour broyer (fig. 34) (*Hanneton*), pour lécher (*Abeille*), pour sucer (fig. 35) (*Papillon*), pour piquer et sucer (*Moustique*).

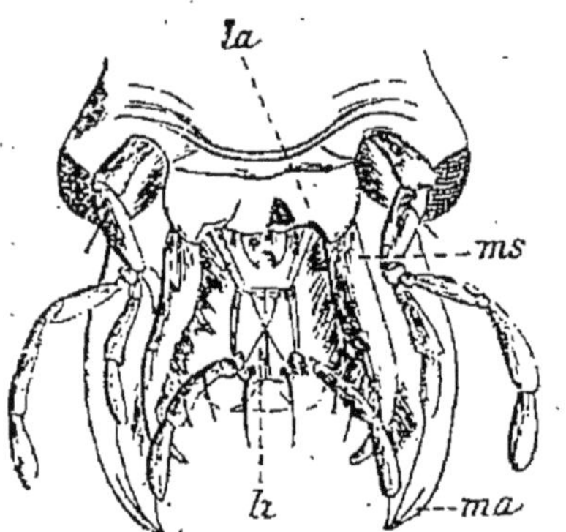

Fig. 34. — Insecte broyeur.
la, lèvre supérieure ; *ms*, mandibules ; *ma*, mâchoires ; *li*, lèvre inférieure.

Le *thorax* est composé de

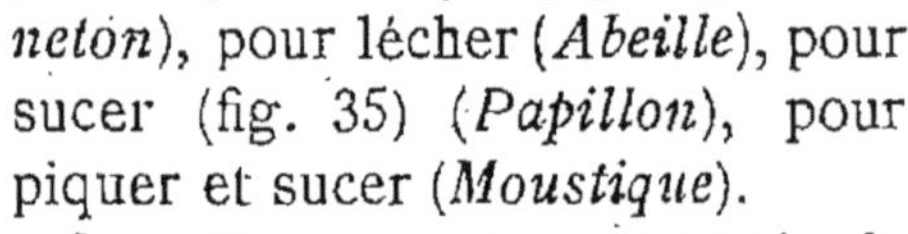

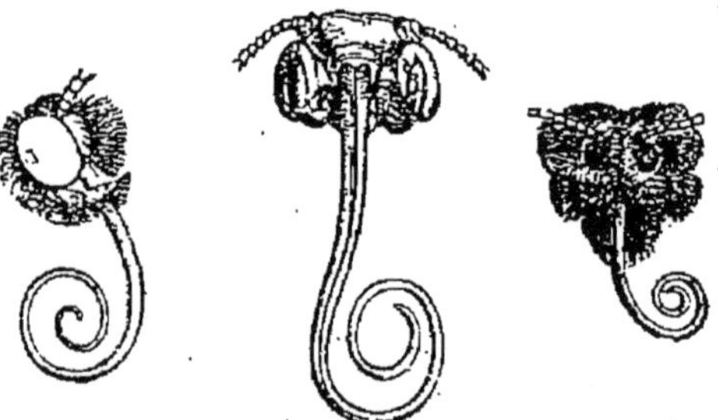

Fig. 35. — Trompes de Papillon.

3 anneaux portant chacun une paire de pattes ; les deux

derniers anneaux supportent ordinairement une paire d'ailes.

Chaque patte comprend plusieurs articles : la *hanche*, le *trochanter*, la *cuisse*, la *jambe*, le *tarse*.

Les ailes sont des expansions membraneuses soutenues par des nervures.

Les Insectes les plus primitifs en sont dépourvus ainsi que beaucoup d'espèces parasites (*Punaises*, *Poux*).

L'abdomen compte 11 anneaux, mais très souvent les segments postérieurs se fusionnent et le nombre en est apparemment réduit.

Le dernier anneau porte parfois un aiguillon (*Abeille*), une tarière (*Sirex*) ou une pince (*Forficule*).

Sur les côtés de l'abdomen, on aperçoit de petites boutonnières, ce sont les *stigmates* ou orifices des trachées (fig. 37).

Organisation interne : *Appareil digestif.* — Le tube digestif comprend la *bouche*, l'*œsophage* présentant souvent un renflement ou *jabot*, le *gésier*, qui peut manquer, l'*estomac* proprement dit et l'*intestin* (fig. 36).

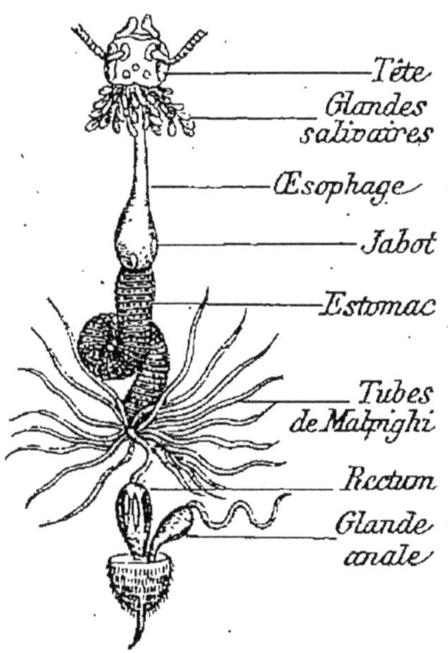

Fig. 36.
Appareil digestif de l'Abeille.

La bouche reçoit les conduits excréteurs des glandes salivaires ; celles-ci deviennent les glandes filières des *Chenilles* et les glandes à venin des *Diptères*.

L'estomac reçoit les produits des glandes gastriques.

A l'intestin sont annexés les tubes de *Malpighi* et les glandes *anales* qui sont des organes d'excrétion.

Appareil respiratoire. — Les Insectes sont aériens ; ils respirent par des trachées qui se ramifient dans tout le corps (fig. 37).

Les trachées communiquent avec l'extérieur par des stigmates au nombre de 10 paires au plus et placés sur les côtés de l'abdomen et du thorax.

Appareil circulatoire. — L'appareil circulatoire est réduit et localisé, parce que l'appareil respiratoire est amplement ramifié. *L'air va au-devant du sang*, tandis que chez les animaux

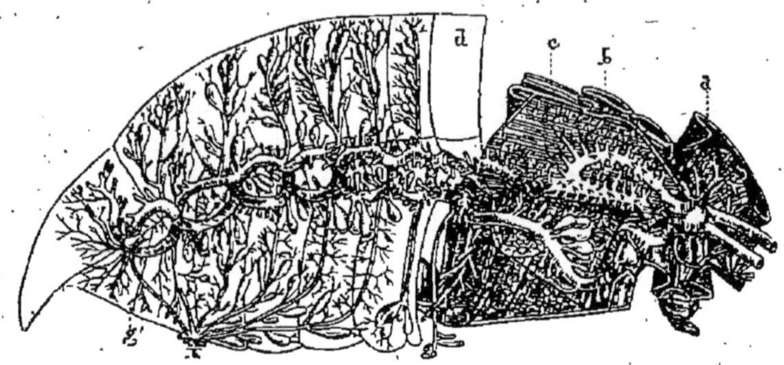

Fig. 37. — Trachées du Hanneton. — *a*, *b*, *c*, *g*, *g'*, trachées ; *x*, stigmate.

à respiration branchiale et pulmonaire *le sang va au-devant de l'air*.

Le cœur est représenté par un *vaisseau dorsal contractile* (fig. 38) formé d'une série de dilatations communiquant entre elles. Le sang y circule d'arrière en avant, il se répand dans la cavité générale, baigne les organes et revient au vaisseau dorsal après avoir respiré.

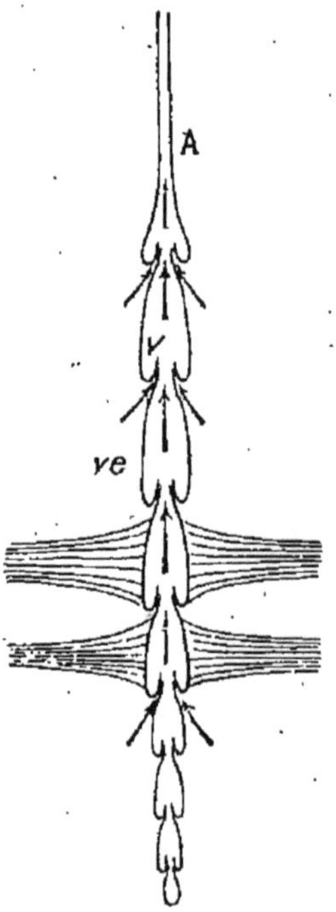

Appareil excréteur. — Les organes d'excrétion les plus importants sont les tubes de Malpighi (fig. 36).

Ces tubes, dont le nombre varie de 4 à 100 environ, débouchent dans la partie terminale de l'intestin.

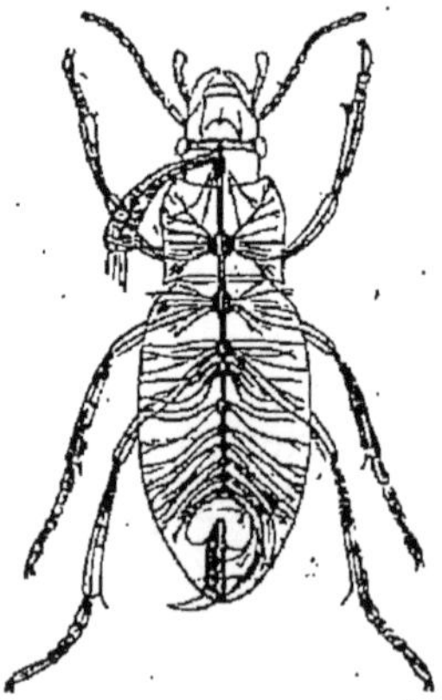

Système nerveux. — Il comprend un *cerveau*, un *collier œsophagien* et une chaîne de ganglions placée au-dessous du tube digestif (fig. 39).

Fig. 38. — Vaisseau dorsal d'un Insecte.
A, aorte ; *ve*, chambres successives ; *v*, valvules.

Fig. 39. — Système nerveux d'un Carabe.

Les organes des sens sont les yeux simples et composés, les antennes, quelques cellules spéciales, ordinairement situées sur les anneaux de l'abdomen et chargées de recueillir les sons.

Développement. — Les Insectes pondent des œufs.

La plupart subissent dans le cours de leur développement des *métamorphoses*.

Les espèces à *Métamorphoses complètes* passent à partir de l'œuf par trois états : ***larve***, ***nymphe*** ou ***chrysalide*** et ***Insecte parfait*** (*Hanneton*, *Bombyx du Mûrier*).

Certains Insectes ne subissent que des métamorphoses incomplètes (*Éphémère*, *Libellule*). Les larves ne diffèrent de la forme adulte que par l'absence d'ailes et par quelques caractères sans importance.

Il peut arriver que les métamorphoses soient nulles.

Intelligence et mœurs des Insectes. — Les Insectes sont universellement répandus. Ils nous étonnent par la variété de leurs actes et la précision avec laquelle ils les accomplissent, par l'habileté qu'ils déploient pour protéger leurs larves et assurer leur subsistance, par la hardiesse dont ils font preuve pour se défendre quand ils sont attaqués ou pour atteindre leurs ennemis. Les espèces sociales sont particulièrement remarquables par leur développement psychique. Quiconque a étudié les mœurs des Abeilles, des Fourmis, des Termites ne peut s'empêcher de reconnaître à ces animaux une réelle intelligence.

Classification. — La classe des Insectes est la plus nombreuse du règne animal ; elle comprend près de 200 000 espèces.

D'après la disposition des *pièces buccales*, la *forme des ailes*, la *nature des métamorphoses*, on a rangé les Insectes en huit ordres :

Insectes broyeurs.	Métamorphoses complètes.	COLÉOPTÈRES. Ailes antérieures résistantes. (Elytres.)	*Hanneton.*
		NÉVROPTÈRES. 4 ailes semblables.	*Fourmi-lion.*
	Métamorphoses incomplètes.	ORTHOPTÈRES. Ailes antérieures cornées.	*Sauterelle.*
		PSEUDO-NÉVROPTÈRES. 4 ailes semblables.	*Libellule, Éphemère.*
Insectes lécheurs.	Métamorphoses complètes.	HYMÉNOPTÈRES. Ailes membraneuses.	*Abeille.*

Insectes suceurs.	Métamorphoses complètes.	LÉPIDOPTÈRES. Ailes couvertes d'écailles.	*Bombyx du Mûrier.*
Insectes piqueurs.	Métamorphoses incomplètes.	HÉMIPTÈRES. Ailes antérieures cornées en partie.	*Cigale, Punaise.*
	Métamorphoses complètes.	DIPTÈRES. 2 ailes.	*Cousin.*

INSECTES BROYEURS

Coléoptères. — Il existe près de 100000 espèces de Coléoptères. Ce sont des Insectes broyeurs pourvus de quatre ailes, dont les deux antérieures, cornées et très résistantes, sont appelées *élytres*. Ils subissent des métamorphoses complètes (fig. 40).

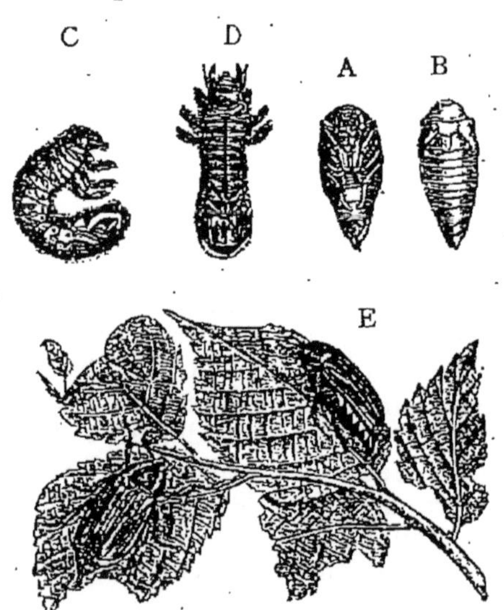

Fig. 40. — C et D, larve de Hanneton ; A et B, nymphe ; E, Hanneton adulte.

Coléoptères nuisibles. — Le *Hanneton commun*, de couleur brune (1re année, page 122).

Le *Charançon*, reconnaissable au bec (*rostre*) que porte sa tête, s'attaque au Blé.

La *Bruche* dévore les graines de beaucoup de Légumineuses.

Le *Doryphora* détruit la Pomme de terre.

Les *Criocères* vivent sur les Lis, sur les Asperges, etc.

Le *Capricorne* a de longues antennes, sa larve creuse le tronc de l'Orme, du Saule.

Les *Scolytes* attaquent le bois.

Le *Silphe* cause des dégâts dans les champs de Betteraves.

Le *Dytique* et l'*Hydrophile* sont aquatiques. Le Dytique détruit le frai des Poissons,

La *Cétoine dorée* vit sur les fleurs et s'attaque même aux fruits (fig. 41).

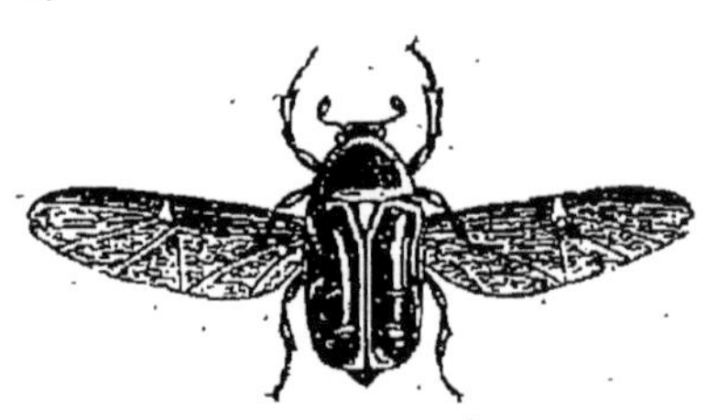
Fig. 41. Cétoine dorée (gr. naturelle).

Le *Lucane* ou *Cerf-volant* est un gros Coléoptère remarquable par le grand développement de ses mandibules. Sa larve creuse les troncs d'arbres (fig. 42).

Les *Altises* et les *Gribouris* vivent sur les plantes ; l'*Eumolpe* ou *Écrivain* découpe les feuilles de Vigne par petites lanières.

Coléoptères utiles. — Les *Carabes*, très agiles et très voraces, se nourrissent de Chenilles, de Limaces et de Hannetons (fig. 43).

La *Coccinelle* ou *Bête à Bon Dieu* fait la chasse aux Pucerons.

Les *Nécrophores*, fossoyeurs infatigables, enterrent les cadavres des Oiseaux, des petits Mammifères et y déposent leurs œufs.

Fig. 42.
Cerfs-volants mâle et femelle; nymphe et larve.

Les *Scarabées* ou *Bousiers*, font des boules avec des excréments, les poussent à reculons jusque dans un terrier. Ils déposent un œuf dans chaque boule (fig. 44).

Le *Lampyre* ou *Ver luisant* dont la femelle aptère répand dans la nuit une douce lueur.

Les *Taupins* d'Amérique produisent une lumière si brillante que les premiers missionnaires aux Antilles remplaçaient les lampes par ces Vers luisants pour lire matines (fig. 45).

Les *Cicindèles* sont très féroces. Linné les appelait « des Tigres parmi les Insectes ».

La *Cantharide* vit dans le midi de la France. Son corps desséché et réduit en poudre fournit une matière irritante utilisée en médecine pour faire des *vésicatoires*.

Fig. 43.
Carabe doré.

Névroptères. — Les *Névroptères sont des Insectes broyeurs. Ils ont les quatre ailes membraneuses et des métamorphoses complètes.*

Parmi les formes les plus

Fig. 44.
Bousier poussant une boule.

Fig. 45. — Taupin couché sur le dos et sur le point de sauter.

connues citons le *Fourmi-lion* qui, à l'état adulte, ressemble à une

Libellule et dont la larve creuse dans le sable une sorte d'entonnoir au fond duquel elle se tapit. C'est un véritable piège où beaucoup de petits Insectes viennent s'enliser (fig. 46).

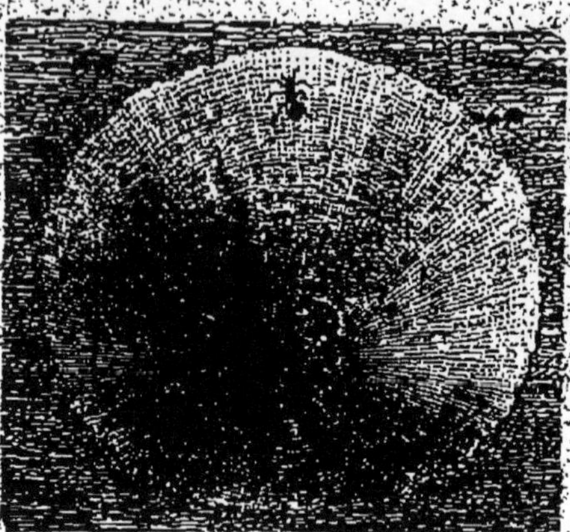

Fig. 46. — Piège à entonnoir d'une larve de Fourmi-lion.

Les *Phryganes* dont les larves vivent dans des tubes qu'elles fabriquent avec des grains de sable et des débris de bois.

Orthoptères. — Les Orthoptères ont des pièces buccales broyeuses, des *métamorphoses incomplètes*. Les deux ailes antérieures sont cornées, résistantes, parfois impropres au vol ; les ailes postérieures minces sont, au repos, pliées en éventail sous les précédentes.

Fig. 48. La Forficule.

Les *Blattes*, appelées Cafards ou Cancrelats, ressemblent aux Coléoptères. Elles vivent dans les cuisines mal tenues (fig. 47).

Fig. 47. La Blatte des cuisines ou Cancrelat.

Les *Forficules* ou *Perce-oreilles* ont l'abdomen terminé par deux prolongements dont la réunion forme une sorte de pince (fig. 48).

Les *Criquets* ont les pattes de derrière très longues, ce qui leur permet de progresser par sauts. Les *Criquets pèlerins* voyagent en bandes nombreuses dévastant tout sur leur passage.

Les *Sauterelles* se différencient des *Criquets* par leurs antennes longues et fines (fig. 49).

Fig. 49. — La Sauterelle.

La *Courtilière* dévore les racines de nos jardins.

La *Mante Religieuse*, commune dans le midi de la France, est remarquable par ses pattes antérieures qui fonctionnent comme des griffes (*pattes ravisseuses*).

Pseudonévroptères. — Les Insectes de cet ordre ont leurs *quatre ailes membraneuses* et des *métamorphoses incomplètes*, c'est-à-dire que la larve se transforme en Insecte parfait sans passer par l'état de nymphe.

Les *Termites*, les *Libellules*, les *Éphémères* sont les principaux genres de ce groupe (fig. 50).

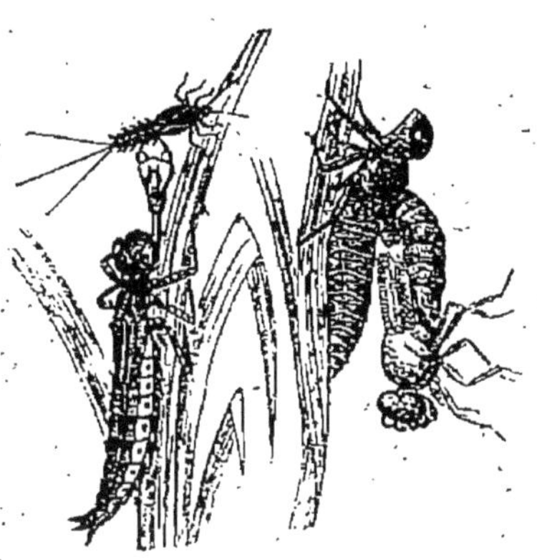

Fig. 50 — Nymphe aquatique de Libellule saisissant une nymphe d'Éphémère. Libellule sortant de la peau de la nymphe (à droite).

Les Termites forment des sociétés bien organisées et parfaitement policées. Chaque groupement possède une *reine*, un *mâle*, des *ouvriers* et des défenseurs ou *soldats*.

Les Éphémères doivent leur nom à la brièveté de leur vie adulte; leurs larves sont aquatiques.

Hyménoptères. — Les Hyménoptères ont les mâchoires et la lèvre inférieure disposées pour lécher et aspirer. A cet effet, les mâchoires se rapprochent et forment une espèce de trompe entourant la lèvre allongée en *languette* (fig. 51).

Les quatre ailes sont membraneuses et inégales. L'abdomen est pourvu d'un aiguillon destiné à inoculer du venin ou d'une tarière pour déposer les œufs.

Les Hyménoptères subissent des métamorphoses complètes.

Les *Abeilles*, les *Guêpes*, les *Fourmis*, dont les femelles sont munies d'un aiguillon, les *Ichneumons*, les *Cynips*, les *Sirex*, dont les femelles sont munies d'une tarière, sont les principaux représentants de ce groupe.

Fig. 51. Trompe d'Abeille.

Hyménoptères porte-aiguillon : Abeilles, Guêpes, Fourmis. — Les Abeilles vivent en sociétés formant des *colonies* nombreuses. A l'état sauvage, elles s'installent dans un tronc d'arbre creux ou dans la fente d'un rocher, mais elles profitent avec empressement des *maisons* ou ***ruches*** de formes variées que l'homme peut leur offrir.

Une colonie comprend une femelle pondeuse ou ***reine***, quelques centaines de ***mâles*** et plusieurs milliers d'***ouvrières*** (fig. 52).

La reine et les ouvrières ont l'abdomen pourvu d'un aiguillon barbelé.

Les ouvrières accomplissent tous les travaux de la colonie : elles fabriquent la cire, recueillent le nectar des fleurs et nourrissent les larves.

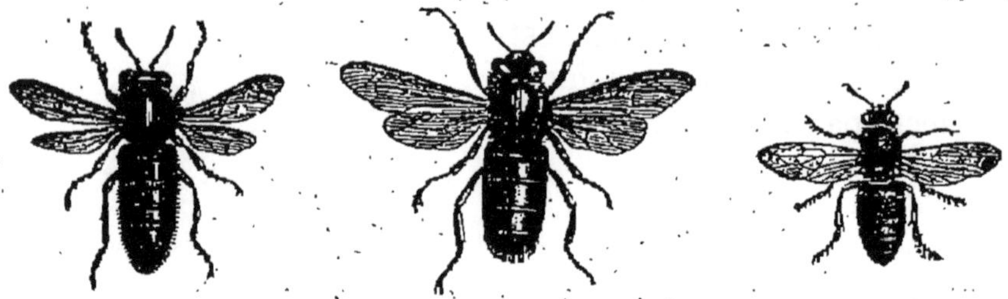

Fig. 52. — Abeilles. De gauche à droite : Reine, Faux bourdon. Ouvrière.

La *cire* est fabriquée de toutes pièces par l'Insecte. Elle est sécrétée, sous forme de lamelles, par une foule de petites glandes placées entre les quatre derniers anneaux de l'abdomen.

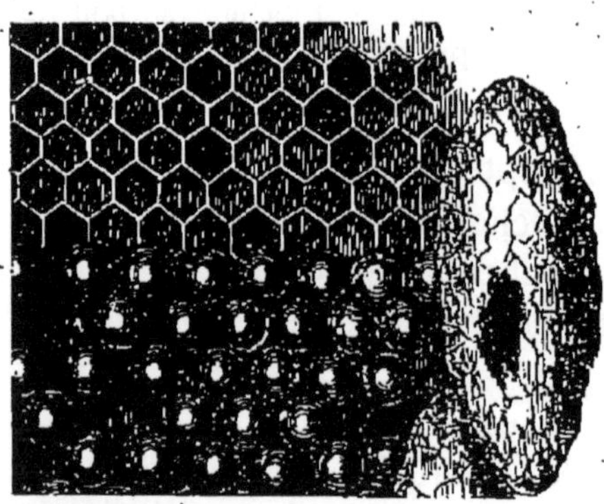

Fig. 53. — Rayon avec alvéoles.

L'ouvrière saisit ces lamelles avec les pinces des pattes postérieures, les pétrit avec ses mandibules et en fait des gâteaux ou rayons qu'elle dispose verticalement dans la ruche. Les rayons portent sur les deux faces des *alvéoles* ou cellules ayant la forme de prismes à six pans. Les cellules sont destinées à loger les larves et à devenir des magasins à miel (fig. 53).

Le miel est le nectar des fleurs. Les Abeilles le recueillent à l'aide de leur langue, l'avalent et l'emmagasinent dans le *jabot* où il subit une transformation. Dans la ruche, elles le régurgitent à l'état de miel. Dès qu'un alvéole est plein, il est recouvert d'un opercule.

Fig. 54. Patte d'Abeille ouvrière.

Les ouvrières récoltent la poussière jaune des fleurs ou *pollen* avec leurs pattes qui présentent des particularités intéressantes de structure. La jambe des pattes postérieures est aplatie et porte sur la face externe une dépression ou ***corbeille*** dans laquelle l'abeille rassemble les grains de pollen (fig. 54).

Le premier article du *tarse* est très large, garni de plusieurs rangées de poils, il fonctionne comme une **brosse**. Il réunit en une pelote les grains de pollen épars sur les fleurs ou sur le corps de l'Insecte. Cette pelote est ensuite roulée par un mouvement du tarse dans la corbeille. Le pollen, mélangé au miel, sert particulièrement à la nourriture des larves.

Dès que les Abeilles ont pris possession d'une ruche, la reine s'élève dans l'air, vers le milieu du jour, suivie de tous les mâles; elle rentre bientôt après, fécondée pour plusieurs années.

La ponte commence deux jours après et dure tout l'été. La reine dépose un œuf dans chaque cellule. La larve éclot trois jours après;

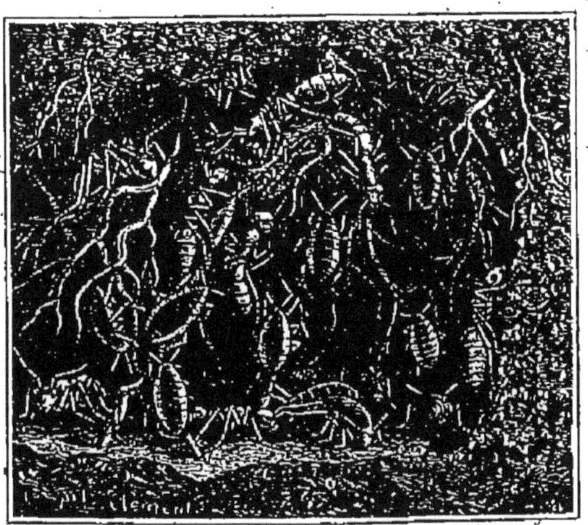

Fig. 55. — Fourmis occupées à soigner et à traire leurs *Pucerons*.

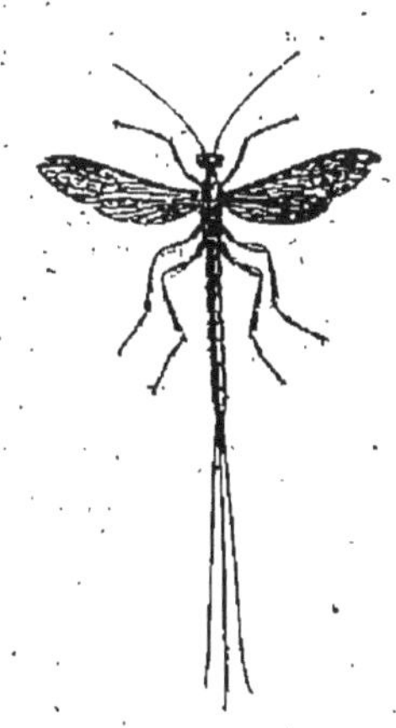

Fig. 56. Ichneumon femelle.

elle se nourrit d'une pâtée composée de miel, de pollen et d'eau. Elle grandit pendant une semaine, puis se transforme en **nymphe**. L'Insecte parfait apparaît le vingt et unième jour. La jeune Abeille se mêle à ses aînées et travaille pour la colonie. La population de la ruche augmente rapidement; quand elle est devenue trop considérable, la reine dépose un œuf dans une des cellules royales placées sur les bords du gâteau. Cet œuf produit une larve privilégiée qui reçoit une nourriture plus abondante; elle devient une reine. Cette jeune reine entre en lutte avec l'ancienne. Si la jeune reine est victorieuse, la vieille reine abandonne la ruche, suivie d'un grand nombre d'ouvrières. La troupe s'accroche à une branche d'arbre formant une grappe vivante, appelée *essaim*. Un *apiculteur* recueille l'essaim et lui offre une nouvelle ruche.

Avant l'hiver, les mâles sont tués à coups d'aiguillon par les ouvrières ou meurent de faim dans un coin de la ruche : leur rôle étant terminé, ils seraient des bouches inutiles pendant la mauvaise saison. Lorsqu'une reine meurt prématurément, les ouvrières choisissent une larve, agrandissent sa loge, lui fournissent une **pâtée royale** et la transforment en une jeune reine. C'est ce qu'on appelle une **reine de sauveté**.

Les *Bourdons*, les *Guêpes* sociales forment des colonies annuelles.

Les *Fourmis* sont nuisibles. Elles vivent en société. Une société renferme trois sortes d'individus : des *femelles*, des *mâles* et des *ouvrières* (fig. 55) (1re année, page 128).

Fig. 57. — Galles produites sur des feuilles de Chêne par la piqûre des Cynips.

Hyménoptères porte-tarière : Sirex, Ichneumons, Cynips. — La larve du *Sirex* vit sur les Conifères.

Les *Ichneumons* se reconnaissent facilement à leur corps long et grêle, à leurs pattes très développées et surtout à leur tarière ordinairement subdivisée en trois soies. Les femelles pondent leurs œufs dans le corps de certaines chenilles (fig. 56).

Les femelles des *Cynips* piquent les rameaux et les feuilles d'un grand nombre de plantes et y déposent leurs œufs. La blessure provoque une excroissance des tissus. Ces excroissances, appelées *galles*, affectent les formes les plus variées et ressemblent parfois à des fruits. Les galles du Chêne, du Térébinthe, du Rosier, de l'Orme sont fréquentes. Les larves trouvent dans ces sortes de *furoncles* un abri sûr et une nourriture abondante (fig. 57).

INSECTES SUCEURS (*Lépidoptères*).

Lépidoptères. — Les Lépidoptères ont les *pièces buccales disposées pour sucer*. Les mâchoires très longues sont soudées en un tube, véritable trompe, pouvant s'enrouler au repos et se dérouler quand l'Insecte veut aspirer le suc des fleurs (fig. 35).

Ils ont *quatre ailes minces* recouvertes de fines écailles diversement colorées.

Leurs *métamorphoses sont complètes* ; la larve est habituellement appelée *Chenille* ; la nymphe, *Chrysalide* ; l'Insecte parfait, *Papillon*.

On distingue deux groupes parmi les Papillons : les ***Papillons nocturnes*** et les ***Papillons diurnes***.

Papillons nocturnes. — Ils ont les ailes longues et rabattues horizontalement au repos.

Les *Bombyx*, les *Noctuelles*, les *Teignes* qui détruisent les tissus les plus divers, la *Pyrale* de la Vigne, les *Phalènes* qui ont pour larves des Chenilles dites ***arpenteuses*** sont des Lépidoptères nocturnes. L'espèce la plus connue est le ***Bombyx du mûrier***.

La femelle du Bombyx du mûrier pond à la fin de l'été un grand nombre d'œufs qui donnent naissance, au printemps suivant, à des *chenilles*, appelées *Vers à soie* (fig. 58) (1re année, page 130).

Fig. 58.
Vers à soie filant leur cocon.

Papillons diurnes. — Les Papillons diurnes volent pendant le jour. Ils se reconnaissent à leurs ailes dressées verticalement au repos et à leurs antennes en massue.

Les plus communs sont :
La *Piéride du Chou*; les belles *Vanesses*, aux taches ocellées; les *Lycènes*, de couleur bleue; les *Satyres*, les plus communs de tous les Papillons de jour.

INSECTES PIQUEURS

Ces insectes comprennent deux ordres :
Les *Hémiptères, qui subissent des métamorphoses incomplètes*.
Les *Diptères, qui subissent des métamorphoses complètes*.

Hémiptères. — Les Hémiptères ont la lèvre inférieure allongée et repliée en une gouttière que complète la lèvre supérieure. A l'intérieur se trouvent les mandibules et les mâchoires formant quatre stylets. Leurs quatre ailes sont souvent membraneuses, mais chez certaines espèces les ailes antérieures sont en partie cornées ou complètement rigides. Cet ordre est encore désigné sous le nom de *Rhyncotes*.

Les principaux types sont les *Punaises*, les *Cigales*, les *Pucerons*, les *Cochenilles*, les *Poux*.

Fig. 59.
Punaise des lits.

La *Punaise* des bois aspire le suc des végétaux.
Les *Punaises* des lits, dépourvues d'ailes, sont répandues dans les maisons malpropres (fig. 59).
La *Réduve masquée* fait une chasse acharnée aux punaises (fig 60).
Les *Cigales* vivent dans les pays chauds. Les mâles font vibrer une membrane particulière cachée sous des plaques cornées à la base de l'abdomen (fig. 61).

Les *Hydromètres*, au corps léger et aux pattes longues, courent à la surface des eaux.

Les *Nèpes* ont le corps aplati.

La *Cochenille* ordinaire est originaire du Mexique; la femelle est aptère et vit sur les plantes, fixée par son rostre, se nourrissant et se reproduisant sur place. Elle produit le carmin.

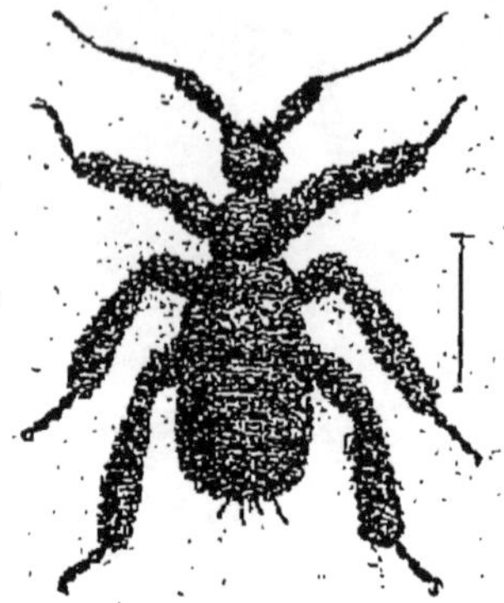

Fig. 60. — Larve de Réduve masquée couverte de poussière de manière à déguiser son approche quand elle chasse.

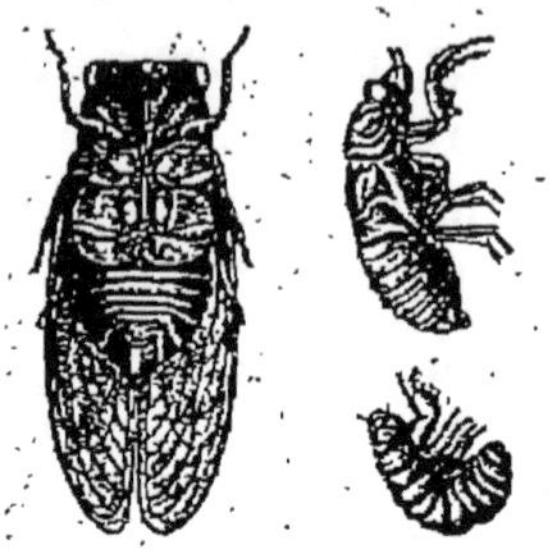

Fig. 61. — La Cigale commune vue en dessous; sa larve et sa nymphe.

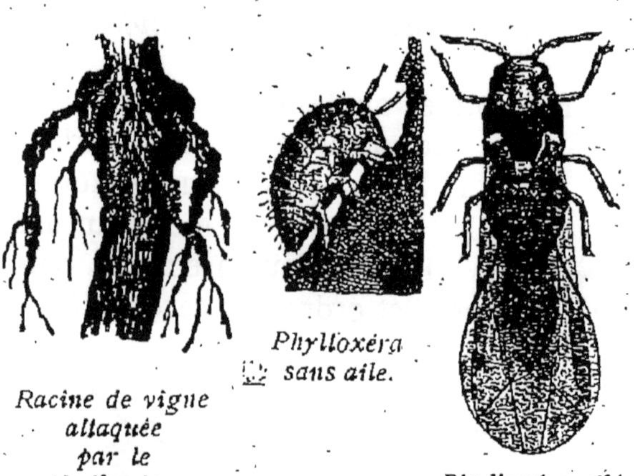

Les *Pucerons* sont communs à peu près partout.

Le *Phylloxéra* (fig. 62), qui a causé de si grands désastres à la viticulture, est une espèce de Puceron. Son évolution est assez curieuse. A la fin de l'automme la femelle pond un œuf sous l'écorce de la tige où il passe tout l'hiver. Au printemps suivant cet *œuf d'hiver* donne naissance à de petits Insectes sans ailes qui vont se fixer sur les racines de la vigne. Au bout d'une quinzaine de jours, ils pondent un grand nombre d'œufs desquels sortent de nouveaux individus qui pondent à leur tour 2 semaines après, si bien qu'il se succède de 8 à 10 générations dans l'été. Ces parasites provoquent sur les racines de nombreuses nodosités qui s'opposent à l'absorption de la sève.

Racine de vigne attaquée par le phylloxéra. *Phylloxéra sans aile.* *Phylloxéra ailé.*

Fig. 62. — Phylloxéra (très grossi).

Vers la fin de l'été quelques femelles montent sur la tige, deviennent ailées et pondent sur les feuilles des œufs qui donnent naissance à des mâles et à des femelles aptères. Chaque femelle pond un œuf sous l'écorce de la tige, c'est l'*œuf d'hiver*.

Diptères. — Ce sont des Insectes suceurs et piqueurs (fig. 63).

Ils n'ont que les deux ailes antérieures. Les ailes postérieures sont remplacées par des *balanciers*. Les Diptères subissent des métamorphoses complètes.

Fig. 63. Trompe de Mouche.

La *Mouche domestique* est l'exemple le plus commun de l'ordre des Diptères; sa larve est connue sous le nom d'*asticot*.

La *Mouche piquante*, la *Mouche grise*, la *Mouche bleue* de la viande, la *Mouche dorée* sont des espèces indigènes.

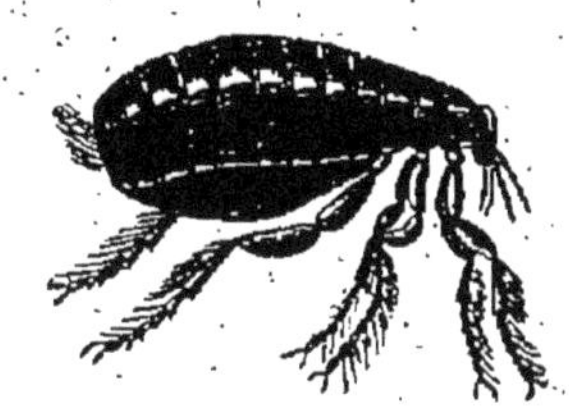

Fig. 64. — La Puce.

La *Mouche Tsé-Tsé* de l'Afrique Centrale véhicule un Trypanosome qui est l'agent de la maladie du sommeil. Sa piqûre est mortelle pour la plupart des animaux domestiques.

Le *Cousin* ou *Moustique* fait souffrir l'Homme par ses piqûres désagréables. Il est très abondant dans les pays chauds et dans les régions marécageuses.

Les *Anophèles*, voisins des Cousins, sont les agents de transmission du paludisme ou fièvre des marais (voir Hygiène, page 228).

La *Puce* est dépourvue d'ailes; elle suce le sang de l'Homme (fig. 64).

6e LEÇON

Classe des Myriapodes.

Les Myriapodes ont leur place tout indiquée à côté des Insectes dont ils se rapprochent par leur organisation.

Ils ont le corps formé d'un grand nombre d'anneaux semblables, portant chacun une ou deux paires de pattes.

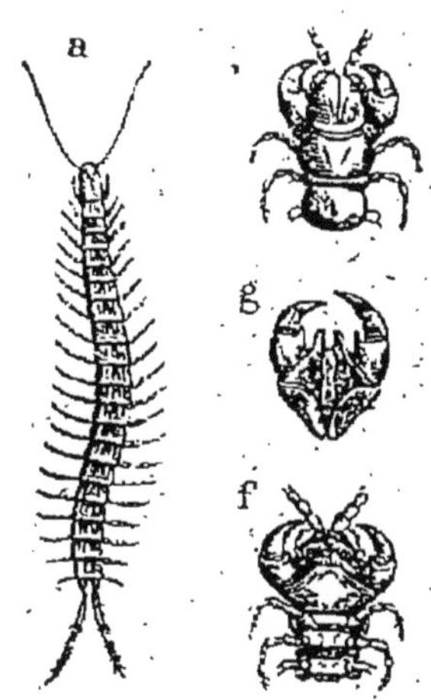

Fig. 65. — *a*, Le Mille-pattes (Scolopendre); *b*, sa tête vue en dessus; *f*, sa tête vue en dessous; *g*, ses crochets venimeux.

Les premiers anneaux en se soudant constituent la tête, qui présente cinq paires d'appendices : une paire d'*antennes*, une *lèvre supérieure*, les *mandibules* et *deux paires de mâchoires*.

Les Myriapodes subissent des métamorphoses incomplètes.

Les *Iules* et les *Gloméris*, qui se roulent en spirale ou en boule au moindre contact, se nourrissent de matières végétales.

Les *Scolopendres* et les *Lithobies* sont carnassières, elles possèdent des pattes-mâchoires en forme de crochets laissant écouler un venin assez actif pour tuer les petits animaux (fig. 65).

CLASSE DES ARACHNIDES

Les arachnides sont des Arthropodes aériens respirant soit par des trachées, soit par des poumons. Leur corps est divisé en deux régions distinctes : le céphalothorax et l'abdomen. Le céphalothorax porte quatre paires de pattes articulées ; les ailes font défaut.

Caractères généraux. — Le corps des Arachnides est divisé en deux régions distinctes : le ***céphalothorax***, correspondant à la tête et au thorax soudés, et l'***abdomen***, dont les anneaux sont libres ou fusionnés.

Le céphalothorax porte ***six*** paires d'appendices : les ***chélicères*** terminés par des griffes (*Araignée*) ou par des pinces (*Scorpion*), une ***paire de mâchoires*** qui servent plutôt à la préhension qu'à la mastication et ***quatre paires de pattes locomotrices.***

Le tube digestif comprend un pharynx capable d'aspirer les liquides, et un estomac présentant, chez l'Araignée, des cæcums qui se prolongent jusque dans les pattes.

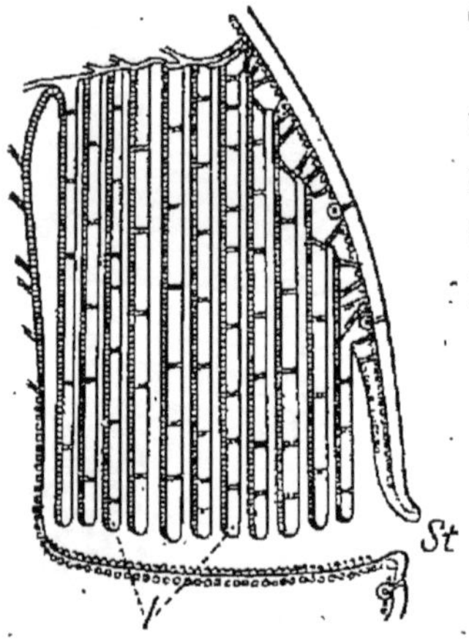

Fig. 66. — Poumon d'Arachnide : *st* stigmate ; *l*, lamelles pulmonaires.

L'appareil circulatoire est lacunaire et toujours subordonné à l'appareil respiratoire. Celui-ci est représenté par un système ramifié de trachées ou par des poumons.

Les poumons sont des poches s'ouvrant à l'extérieur par une large fente. La paroi interne est formée par de nombreux feuillets superposés (fig. 66.)

Le système nerveux est construit sur le même plan que celui des Insectes ; mais la soudure de la tête et du thorax et la fusion des anneaux de l'abdomen entraînent des modifications importantes.

Les Arachnides ne subissent pas de métamorphoses.

Classification. — La constitution de l'abdomen permet de diviser la classe des Arachnides en deux groupes :

1° les *Arachnides dont l'abdomen est formé d'anneaux distincts :*

Scorpionides : Scorpion ;
Phalangides : Faucheur.

2° les *Arachnides dont l'abdomen est formé d'anneaux soudés :*

Aranéides : Araignée ;
Acariens : Sarcopte de la gale.

Scorpionides : Le Scorpion. — Le corps du Scorpion (fig. 67) est formé d'anneaux distincts. Les six premiers portent les chélicères ou petites pinces, les grosses pinces, correspondant aux mâchoires, et les quatre paires de pattes terminées par une double griffe.

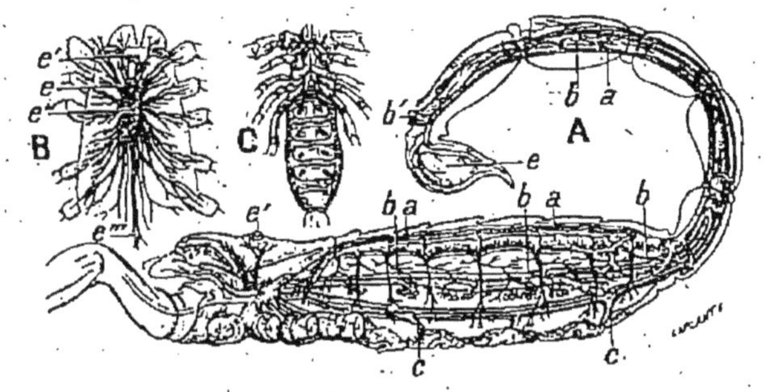

Fig. 67. — Organisation du Scorpion. — A, *a*, Vaisseau dorsal ; *b*, *b'*, tube digestif ; *c*, chaîne nerveuse ; *d*, orifices pulmonaires ; *e*, crochet venimeux ; *e'*, yeux. — B, système nerveux isolé ; *e*, *e'*, *e''*, *e'''*, ganglions. — C. Scorpion vu en dessous pour montrer les peignes et les stigmates.

Les anneaux qui suivent immédiatement, au nombre de sept, forment l'abdomen proprement dit. Viennent ensuite six anneaux plus étroits, la *queue*. La queue est en réalité la partie rétrécie de l'abdomen puisqu'elle est traversée par le tube digestif.

La *queue* se termine par un aiguillon en rapport avec des glandes à venin. La piqûre des gros Scorpions est redoutable même pour l'Homme.

Les Scorpions vivent dans les pays chauds ; ils recherchent les lieux obscurs et humides.

Le *Scorpion roussâtre* et le *Scorpion brun* habitent le Midi de la France.

Phalangides : Faucheurs. — Les Faucheurs, que l'on confond souvent avec les Araignées, ont des pattes grêles et très longues.

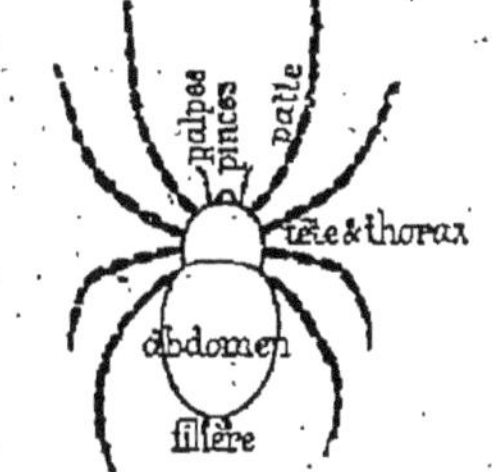

Fig. 68.
Araignée (Schéma).

Aranéides : Araignées. — Les Araignées sont caractérisées par leur abdomen distinct du céphalothorax, mais non divisé en anneaux (fig. 68).

Les chélicères sont des crochets venimeux.

Les Araignées sécrètent un liquide gluant qui s'écoule par quatre ou six mamelons, appelés *filières*, placés à la partie pos-

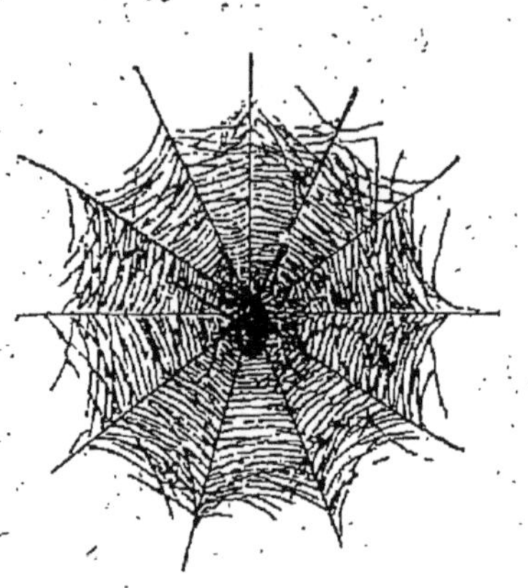

Fig. 69. — Araignée et sa toile.

Fig. 70. — La Cténise et son nid.

térieure de l'abdomen. Ce liquide durcit à l'air et s'étire en de longs fils avec lesquels l'animal tisse sa toile (fig. 69).

Les Araignées respirent exclusive-

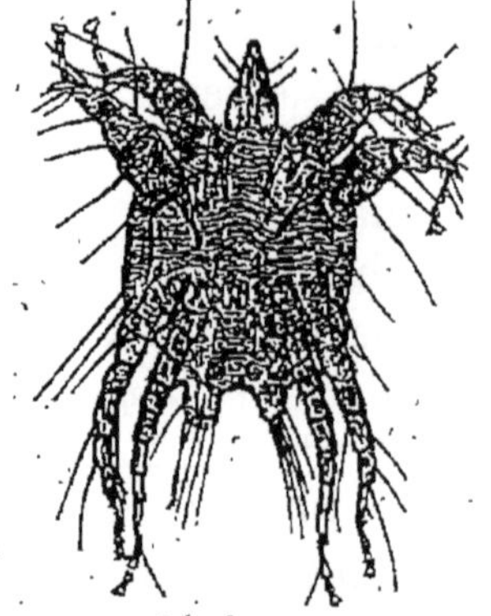

Fig. 72. — Sarcopte de la gale (très grossi).

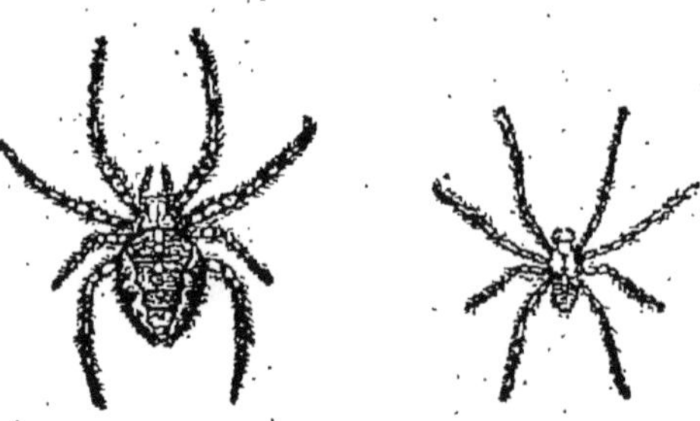

Fig. 71. — Épéire femelle et Épéire mâle.

ment par des poumons ou par des poumons et des trachées. Cette particularité permet de diviser les Aranéides en deux groupes :

1° Les *Araignées qui ont quatre poumons* ;

2° Les *Araignées qui ont deux poumons et des trachées.*

Au premier groupe appartiennent les *Mygales* et les *Cténises* (fig. 70), qui se creusent des terriers recouverts d'un opercule mobile.

Au second groupe appartiennent l'*Épéire*, qui tisse une toile disposée verticalement faite de fils concentriques et de fils rayonnants (fig. 71), la *Tégénaire* ou Araignée commune des habitations ; l'Argyronète aquatique, qui se tisse dans l'eau une cloche qu'elle habite après l'avoir remplie d'air.

Acariens. — Les *Acariens* sont des Arachnides suceurs, généralement parasites. Les *Mites* du fromage, les *Tiques* des Chiens, le *Sarcopte de la gale* qui s'enfonce sous la peau de l'Homme et détermine la maladie repoussante de la *gale*, sont les principaux représentants de ce groupe (fig. 72).

CLASSE DES CRUSTACÉS

Les Crustacés sont des Arthropodes aquatiques; ils respirent à l'aide de branchies; leur corps est souvent recouvert d'une couche épaisse de chitine imprégnée de calcaire (carapace). La plupart des crustacés subissent des métamorphoses.

Caractères généraux. — Les crustacés ont le corps ordinairement protégé par une carapace soumise à des mues périodiques.

Le corps est divisé en segments dont le nombre varie dans des proportions considérables. La carapace réunit souvent les segments de la tête et du thorax; on distingue alors un *céphalothorax* et un abdomen (*Écrevisse*). Elle est parfois formée de deux valves (*Anatifes*).

La tête porte des appendices destinés au toucher, à la mastication et les yeux simples ou composés.

Le thorax porte les pattes mâchoires et les pattes locomotrices.

L'abdomen est muni d'appendices de forme variable.

L'appareil digestif comprend une bouche, un estomac et un intestin. L'estomac renferme parfois des pièces dures servant à écraser les aliments (*Écrevisse*) (fig. 73).

Au tube digestif est annexée une glande volumineuse improprement appelée foie.

L'appareil digestif manque dans quelques formes parasites.

L'appareil respiratoire est ordinairement représenté par des branchies dont la situation varie; elles sont toujours en relation avec les pattes dont les mouvements contribuent à renouveler l'eau à leur surface. Chez les Crustacés aériens (*Cloporte*), les branchies fonctionnent à la manière des poumons.

L'appareil circulatoire est assez complexe. Il existe souvent un cœur dorsal présentant des orifices latéraux pour l'entrée du sang (fig. 74). Au cœur fait suite une aorte plus ou moins ramifiée conduisant le sang dans toutes les régions du corps. Il n'existe jamais de capillaires.

Le sang tombe dans la cavité générale et baigne directement les organes. Il est ensuite conduit aux organes respiratoires, d'où il revient au cœur.

Le *système nerveux* est composé d'un cerveau et d'une chaîne ganglionnaire. Mais très souvent plusieurs ganglions se soudent de manière à ne former qu'un petit nombre de masses nerveuses. Chez le *Crabe* notamment, dont le corps est très court, les ganglions sous-œsophagiens sont réunis en un seul.

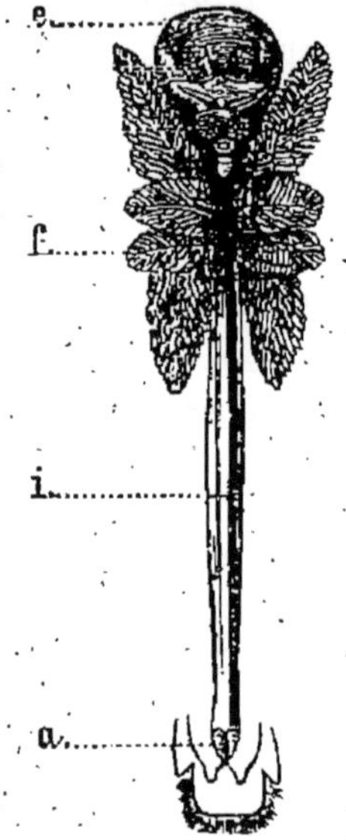

Fig. 73. — Tube digestif de l'Écrevisse. — *e*, estomac ; *f*, foie ; *i*, intestin ; *a*, anus.

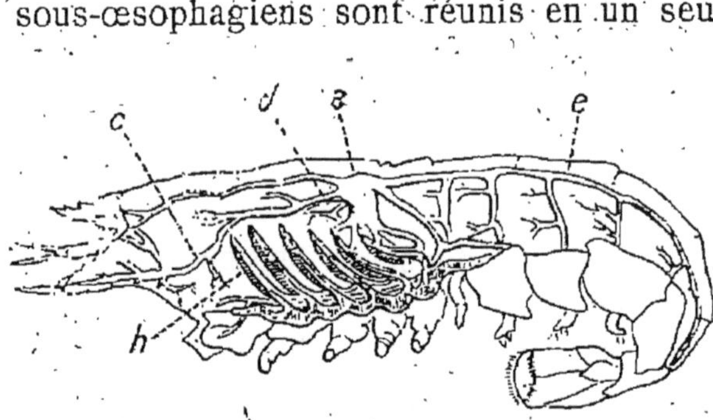

Fig. 74. — Branchies et appareil de l'Écrevisse. *a*, cœur ; *c*, *d*, *e*, artères ; *h*, branchies.

Les Crustacés possèdent des yeux simples et des yeux composés.

Les sens du goût, de l'odorat et du tact s'exercent par des cellules sensorielles distribuées sur diverses régions du corps.

Les Crustacés subissent des mues et des métamorphoses.

Classification. — La classification des Crustacés est assez difficile à établir, car c'est une classe qui renferme des formes nombreuses et variées.

Nous distinguerons tout d'abord deux sous-classes :

1° les ***Crustacés supérieurs*** ou ***Malacostracés*** ;
2° les ***Crustacés inférieurs*** ou ***Entomostracés***.

Parmi les Crustacés supérieurs il y a lieu de considérer ceux qui ont des yeux pédonculés et qui sont pourvus d'une carapace

(*Écrevisse*), et ceux qui ont les yeux sessiles et pas de carapace (*Cloporte*).

Les crustacés inférieurs constituent un groupe hétérogène

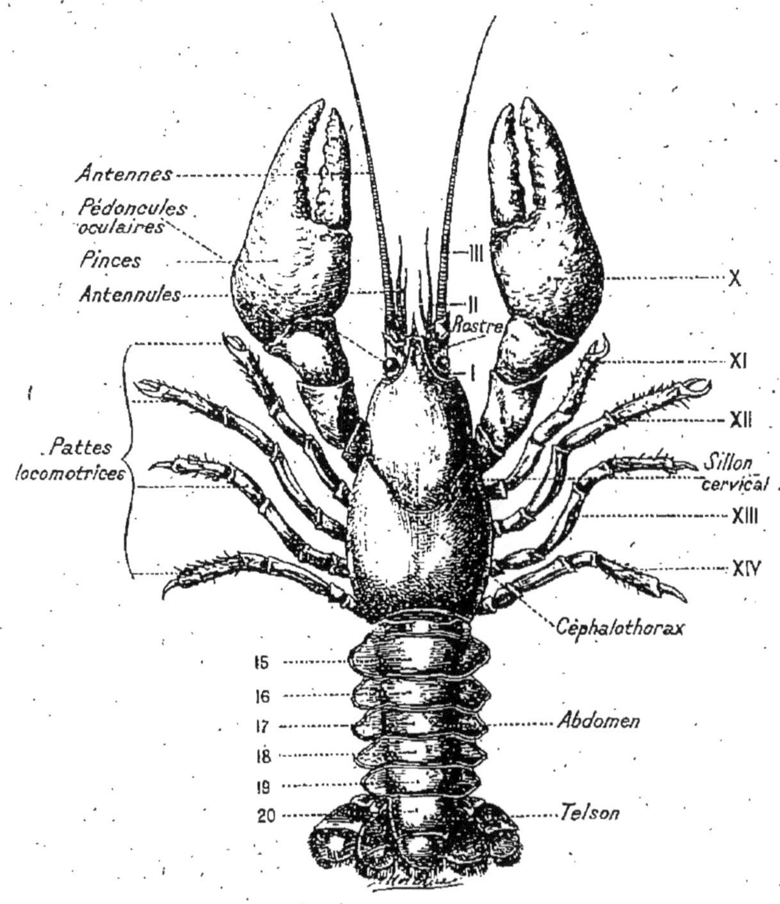

Fig. 75. — L'Écrevisse.

1 paire	de pédoncules portant les yeux.	I	céphalothorax 14 paires.
1 —	de petites antennes.	II	
1 —	de grandes antennes.	III	
1 —	de mandibules.	IV	
2 paires	de mâchoires.	V et VI	
3 —	de pattes-mâchoires.	VII, VIII et IX	
1 paire	de pattes ravisseuses ou pinces.	X	
4 paires	de pattes locomotrices.	XI, XII, XIII, et XIV	
5 paires	de pattes abdominales.	15, 16, 17, 18 et 19	abdomen 6 paires.
1 paire	de pattes natatoires ou lamelles.	20	

dans lequel on a pu reconnaître quatre ordres principaux comme l'indique le tableau ci-dessous.

Crustacés supérieurs. (MALACOSTRACÉS.)	Yeux pédonculés, carapace.	*Écrevisse, Homard, Langouste. Crevette, Crabe, Pagure.*
	Yeux sessiles, pas de carapace.	*Crevettine, Cloporte.*
Crustacés inférieurs. (ENTOMOSTRACÉS.)	PHYLLOPODES.	*Apus, Daphnies.*
	OSTRACODES.	*Cypris.*
	COPÉPODES.	*Cyclopes, Lernées.*
	CIRRIPÈDES.	*Anatifes.*

L'*Écrevisse* (fig. 75) habite les eaux douces et se nourrit de matières animales.

Fig. 76. — Le Crabe.

Le *Homard* vit dans la mer, près des côtes, au milieu des rochers.

La *Langouste* est remarquable par ses longues antennes et ses premières pattes dépourvues de pinces.

Les *Crevettes* ont un test délicat.

Le *Crabe* a un abdomen très court (fig. 76), mais le *crabe* jeune a un abdomen bien développé.

Les *Pagures* abritent leur abdomen mou dans une coquille vide de Mollusque (fig. 77).

Le *Pinnothère* s'enferme dans la coquille des Moules.

Le *Cloporte* vit dans les lieux sombres et humides.

Les *Talitres* ou *Puces de mer* se rencontrent en grand nombre dans le sable des côtes.

Fig. 77. — Le Pagure.

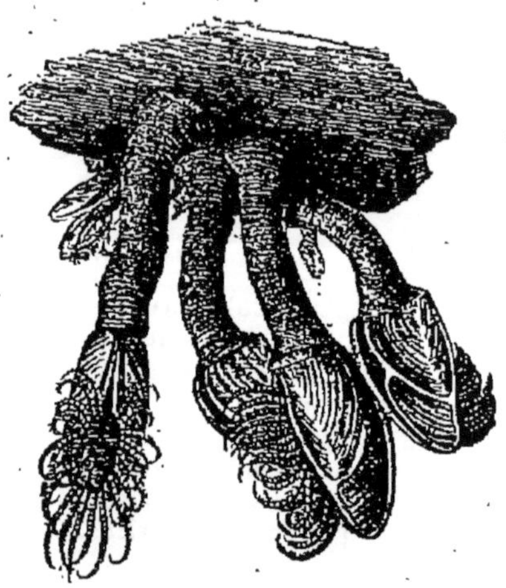

Fig. 78. — Anatifes.

Phyllopodes. — Les Phyllopodes ont des pattes larges et minces servant à la fois à la natation et à la respiration. Tels sont les *Daphnies* et l'*Apus*.

Copépodes. — Ce sont de petits Crustacés qui vivent dans les eaux douces et surtout dans la mer. Beaucoup de Copépodes sont parasites des Poissons. Les *Cyclopes*, les *Lernées* sont des représentants de cet ordre.

Ostracodes. — Les Ostracodes sont de petite taille : leur corps est entièrement recouvert par une carapace à deux valves. Le type de cet ordre est le genre *Cypris*.

Cirripèdes. — Les Cirripèdes ressemblent à certains mollusques à cause de la carapace dure qui enveloppe leur corps. Les *Anatifes* (fig. 78) sont fixés aux corps flottants par un assez long pédoncule. Leurs pattes sont munies de longs fouets ou *cirres*.

Limules. — Les Trilobites de l'ère primaire étaient des Crustacés. Les Limules des Moluques et du Japon sont peut-être les descendants de ces fossiles.

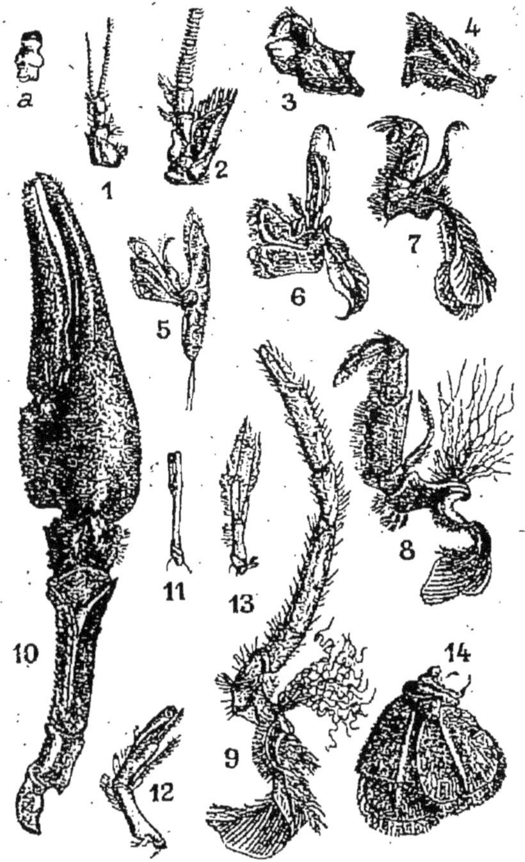

Fig. 79. — Appendices ou membres de l'Écrevisse. — *a*, pédoncule des yeux ; 1 et 2, antennes ; 3 à 8, pièces masticatrices ; 9, patte locomotrice ; 10, patte ravisseuse ; 11 à 13, pattes abdominales ; 14, telson.

Manipulation :

Crustacés : L'*Écrevisse*.

Morphologie externe de l'Écrevisse.

I. — Examiner successivement la face dorsale et la face ventrale d'une Écrevisse (se servir de la fig. 75).

II. — Isoler les appendices ou membres de l'Écrevisse (fig. 79).

7e LEÇON

Embranchement des Mollusques.

Les Mollusques ont le corps mou, non segmenté, ordinairement protégé par une coquille calcaire à une ou deux valves.

La symétrie bilatérale de leur corps est parfois altérée par la torsion. Ils respirent à l'aide de branchies ou de poumons.

Caractères généraux. — Les Mollusques ont le corps mou ordinairement protégé par une coquille calcaire, à une ou deux valves, sécrétée par une membrane appelée ***manteau***.

Cette coquille a la même structure dans tous les groupes.

Elle comprend de l'extérieur à l'intérieur :

1° *une cuticule diversement colorée;*

2° *une zone calcaire plus ou moins épaisse;*

3° *une couche interne nacrée.*

Le corps des Mollusques est divisé en 3 parties : la ***tête***, la ***masse viscérale*** et le ***pied***.

Le pied est l'organe locomoteur; il est large et aplati chez les *Mollusques rampants* (*Escargot*), il a la forme d'une hache chez les *Mollusques fouisseurs* (*Pholades*, *Vénus*), il est grand et divisé en lobes (bras) chez les *Mollusques nageurs* (*Seiche*, *Poulpe*).

Le tube digestif, toujours complet, est très long. Il présente des circonvolutions ou il est plus ou moins recourbé en U; dans ce cas, l'anus est rapproché de la bouche (*Escargot*).

L'appareil circulatoire est lacunaire. Le cœur, logé dans une poche appelée *péricarde*, reçoit le sang venant de l'appareil respiratoire. Il est formé d'un ventricule et d'une ou de deux oreillettes.

L'appareil respiratoire est représenté par des branchies ou un poumon (*Escargot*). Il est logé dans la cavité comprise entre le manteau et la masse viscérale.

Le système nerveux comprend les *ganglions cérébroïdes* placés au-dessus de l'œsophage, les *ganglions pédieux* situés au-dessous de l'œsophage et réunis aux précédents par des cordons nerveux formant un premier collier œsophagien, les *ganglions palléaux et viscéraux* réunis aux ganglions cérébroïdes par deux filaments nerveux formant un second collier œsophagien. Cette disposition ne se rencontre que chez les Mollusques (fig. 80).

La plupart des formes marines subissent des métamorphoses remarquables. Les Escargots et d'autres espèces terrestres naissent avec leur forme définitive.

Classification. — On a décrit plus de 200 000 espèces de Mollusques vivants ou fossiles.

Ces espèces ont été divisées en trois classes :

1° les *Gastéropodes* : *Escargot, Murex, Bigorneau*;
2° les *Lamellibranches* : *Huître, Pecten, Taret*;
3° les *Céphalopodes* : *Seiche, Poulpe, Nautile.*

CLASSE DES GASTÉROPODES

Les Mollusques Gastéropodes sont caractérisés :

1° *par la coquille à une seule valve et généralement contournée en spirale*;

2° *par un pied ventral aplati constituant un organe locomoteur propre à la reptation*;

3° *par la présence d'une tête nettement distincte du corps portant des tentacules et les yeux* :

4° *par la forme générale du corps.* La masse viscérale subit, chez la plupart des Gastéropodes, une torsion suivie d'un enroulement en spirale. La tête et le pied conservent leur orientation primitive. La position et le nombre des organes logés dans la masse viscérale sont modifiés par cette torsion. Le tube digestif est recourbé en U et ses deux extrémités se rapprochent. L'appareil respiratoire est situé en avant du cœur.

La disposition primitive des ganglions viscéraux peut être troublée : le ganglion de droite passe à gauche et réciproquement (fig. 80, 2).

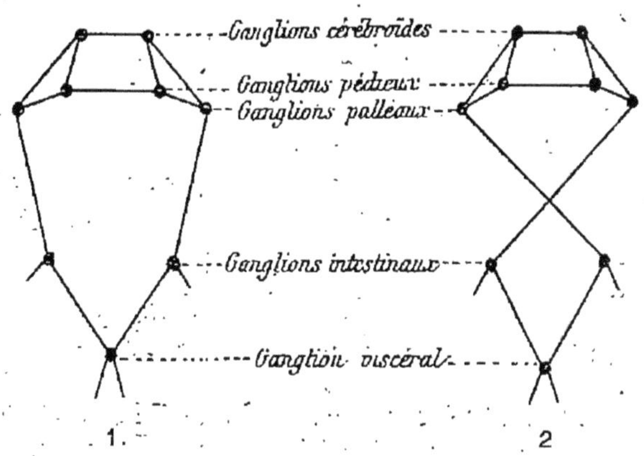

Fig. 80. — Système nerveux des Mollusques (figure schématique). — 1, type droit; 2, type tordu.

Entre le manteau et la masse viscérale se trouve la chambre respiratoire. Celle-ci est occupée par des *branchies* chez la plupart des *Gastéropodes aquatiques*. Chez l'*Escargot* et chez quelques Gastéropodes d'eau douce, la chambre branchiale dont les parois sont très vascularisées, se métamorphose en poumon. On peut donc distinguer deux ordres : les *Gastéropodes à poumon* ou ***Pulmonées,*** les *Gastéropodes à branchies.*

Pulmonés. — ***Escargot, Limace, Planorbe, Limnée.*** — Le corps de l'Escargot est enfermé dans une coquille tordue; il comprend trois parties : la *tête*, le *tronc* ou *tortillon* et le *pied* (fig. 81).

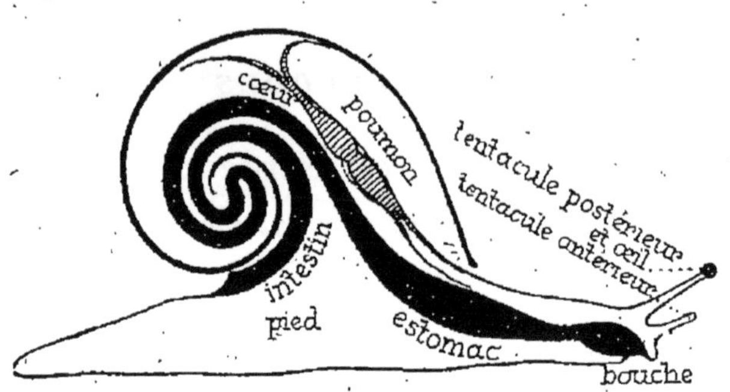

Fig. 81. — L'Escargot.

La tête est ornée de quatre tentacules rétractiles : deux grands portant les yeux et deux petits servant au toucher.

La bouche, placée en avant, conduit dans un large pharynx, à l'intérieur duquel se trouve une espèce de râpe (*radula*). Cette râpe est un organe de préhension et de mastication. L'œsophage, l'estomac, un long intestin, disposé en anse et entouré par le foie, complètent le tube digestif qui s'ouvre sur un bourrelet très apparent, non loin de l'orifice pulmonaire.

Les organes des sens sont les yeux, portés par les grands tentacules; les *otocystes*, petites vésicules contenant des concrétions calcaires, ou *otolithes*, et présentant sur leur paroi des cellules sensorielles ciliées qui sont les organes de l'audition; le toucher s'exerce par les petits tentacules. Le pied sécrète un mucus destiné à faciliter la locomotion. L'Escargot est nuisible; il se nourrit de feuilles, de bourgeons et de fruits. Il pond au printemps; en hiver, il pénètre dans les fentes des murailles ou s'enfonce dans le sol; il rentre dans sa coquille et la ferme à l'aide d'un mucus calcaire qui se solidifie à l'air.

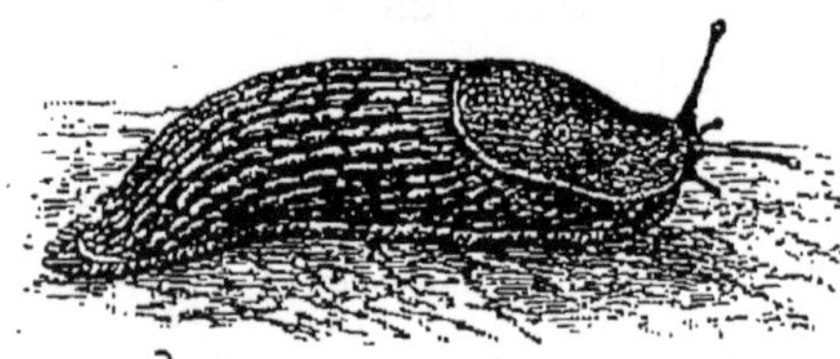

Fig. 82. — La limace.

Plusieurs espèces d'Escargots sont utilisées dans l'alimentation.

L'Escargot de Bourgogne est très apprécié dans le nord de la France.

La coquille ne forme plus qu'un petit bouclier chez la *Limace* (fig. 82).

Les *Limnées* et les *Planorbes* vivent dans les eaux douces.

Gastéropodes à branchies. — Presque tous les Gastéropodes branchifères sont marins.

Le *Murex* a une coquille épineuse.

La *Patelle* se fixe aux rochers, sa coquille a la forme d'un cône.

La *Pourpre* fournit une très belle matière colorante.

La *Doris*, l'*Eolide* sont dépourvues de coquille.

CLASSE DES LAMELLIBRANCHES

Caractères généraux. — Les lamellibranches ont une symétrie bilatérale. Leur corps est enfermé dans une coquille bivalve. Les deux valves sont réunies par une sorte de charnière ; elles sont rattachées par un ligament élastique qui ouvre la coquille.

Deux muscles *adducteurs*, l'un antérieur, l'autre postérieur, rapprochent, en se contractant, les valves. Chez l'Huître et plusieurs autres Lamellibranches, il n'existe que le muscle postérieur. Lorsque l'animal meurt, les muscles ne peuvent plus se contracter et la coquille *bâille*.

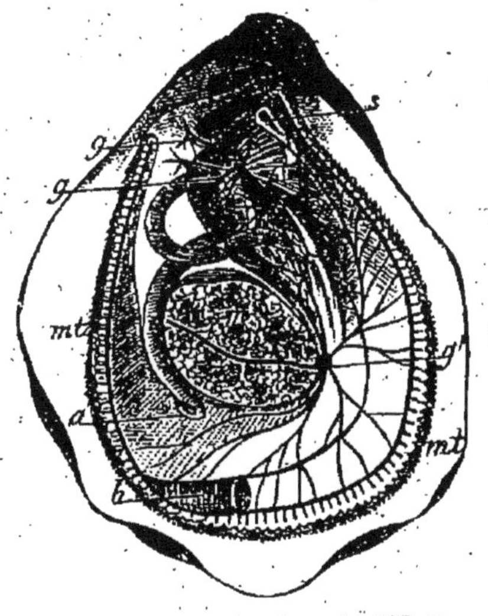

Fig. 83. — Organisation de l'Huître. — *s*, bouche ; *e*, estomac ; *i*, intestin ; *a*, anus ; *b*, branchies ; *mt*, manteau ; *m*, muscle unique de la coquille ; *g*, *g*, *g'*, ganglions.

Le manteau est divisé en deux lobes entre lesquels se trouve la masse viscérale appelée *bosse de polichinelle*, dont le bord antérieur supporte le pied.

Les branchies, situées entre le manteau et la masse viscérale, sont formées de deux rangées de *lamelles* superposées.

Les deux bords soudés du manteau s'ouvrent sur une étendue plus ou moins grande et se prolongent parfois en deux tubes (*siphons*) capables de s'allonger et de se raccourcir.

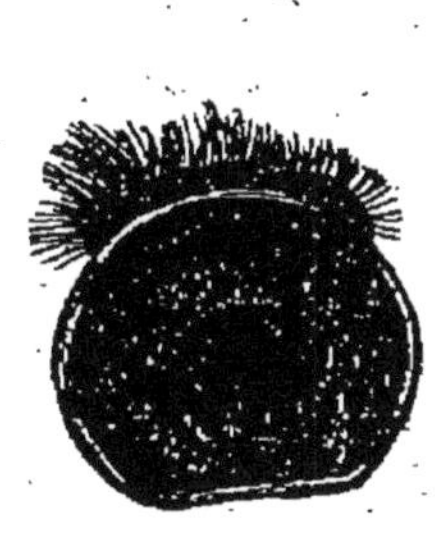
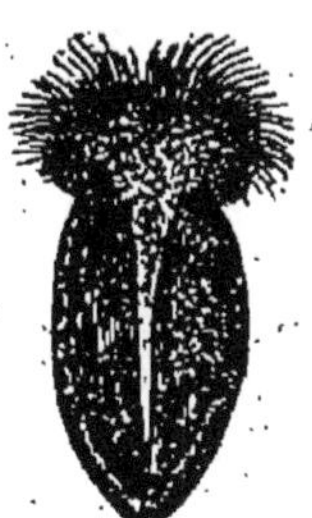

Fig. 84.
Embryons d'Huîtres (Grosseur d'une tête d'épingle).

Les Lamellibranches n'ont pas de tête distincte, ce qui leur a valu le nom d'***Acéphales***.

La bouche est bordée de palpes ciliés ; l'estomac est entour d'un foie volumineux; l'intestin s'ouvre du côté opposé à la bouche après avoir traversé le ventricule.

Le cœur comprend un ventricule et deux oreillettes.

Les organes des sens sont peu faciles à distinguer. Les yeux, quand ils existent, sont placés sur le bord du manteau.

Fig. 85. — Bouchot chargé de Moules.

Classification. — La classe des Lamellibranches est très homogène. On peut la diviser en deux groupes :

1° *Asiphonés* : *Huître, Moule, Pecten, Anodonte.*

2° *Siphonés* : *Pholade, Taret, Cardium, Vénus, Couteau Bénitier.*

Asiphonés. — Le corps de l'***Huître*** (fig. 83) est enfermé dans une coquille à deux valves inégales : l'une droite, l'autre gauche. Celle-ci, fixée aux rochers, est plus grande que la valve droite. Il existe soixante-dix espèces d'Huîtres environ, dont les plus connues sont : l'*Huître commune*, qui habite presque exclusivement les côtes de la Manche et de l'océan Atlantique, l'*Huître de Corse*, l'*Huître Portugaise*.

Fig. 86. — Pholades.

L'élevage des huîtres prend de jour en jour un plus grand développement (fig. 84). A Marennes, on élève l'*Huître verte*, particulièrement recherchée en France. Cette coloration est due à des Algues microscopiques que l'Huître avale en grande quantité.

Paris consomme de 6 à 7 millions de kilogrammes d'Huîtres par an.

L'*Huître-perlière* ou *Pentadine* habite l'océan Pacifique; elle produit la *nacre*, fort estimée, et les *perles d'Orient* employées en bijouterie.

Les *Moules* sont comestibles; la culture des Moules (*Mytiliculture*) est très développée sur les côtes vaseuses des Charentes (fig. 85).

L'*Anodonte* vit dans les eaux douces.

Siphonés. — Les principaux genres de Siphonés sont :

Les *Pholades* et les *Tarets*, Mollusques fouisseurs, qui creusent des galeries dans la vase, dans les rochers et dans le bois. En 1731, la Hollande fut menacée de la rupture de ses digues, perforées lentement par les Tarets (fig. 86).

Le *Solen* ou *Couteau* a une coquille très longue.

Le *Bénitier*, dont les valves pèsent jusqu'à 200 kilogrammes.

La *Vénus* et le *Cardium*, connus vulgairement sous le nom de Palourde et de Coque, sont comestibles.

CLASSE DES CÉPHALOPODES

Caractères généraux. — Les Céphalopodes (*Seiche, Poulpe*) sont des Mollusques nageurs dont la tête, distincte du corps, porte une couronne de bras (*tentacules*) munis de ventouses. Ces bras représentent le pied divisé en un grand nombre de lobes.

Prenons comme exemple la Seiche (fig. 87).

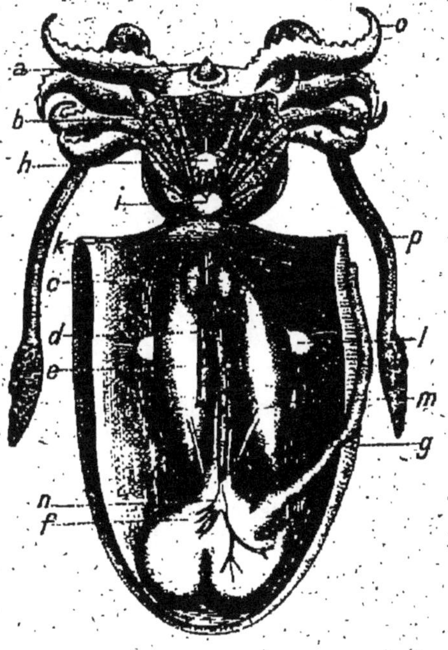

La tête de la *Seiche* porte deux grands yeux latéraux et, en avant, une bouche armée de deux mandibules formant un bec comparable à celui du Perroquet. Cette bouche est entourée de dix bras : huit courts garnis de ventouses sur toute leur longueur ; deux longs renflés à leurs extrémités en forme de massue. C'est au moyen de ces bras que l'animal saisit et retient sa proie.

Fig. 87. — La Seiche. — *a*, bec de perroquet ; *b*, le pharynx ; *c*, glandes salivaires ; *d*, œsophage ; *e*, foie ; *f*, estomac ; *g*, intestin ; *h*, ganglion buccal ; *i*, ganglion pédieux ; *k*, cartilage renfermant les ganglions ; *l*, ganglion étoilé du manteau ; *m*. *n*, ganglions viscéraux ; *o*, *p*, tentacules.

La masse viscérale est enveloppée d'un manteau, espèce de sac adhérent à la partie postérieure et à la partie dorsale du corps. Le manteau est libre du côté ventral et délimite une cavité appelée cavité palléale.

Cette cavité protège l'appareil branchial formé de deux branchies symétriquement placées de chaque côté du corps (fig. 88).

Sur la ligne médiane se trouve l'entonnoir, sorte de tube gros et court qui est l'organe principal de la locomotion. Quand le manteau s'écarte du corps, l'eau pénètre dans la cavité branchiale ; quand il se contracte, l'eau s'échappe par l'orifice étroit de l'entonnoir. Les contractions du manteau permettent à l'animal de se déplacer.

Fig. 88. — Appareil circulatoire et appareil respiratoire d'une Seiche. — *a*, *a*, *a*, veines avec leurs poches contractiles (*bb*, *cc*), poussant le sang dans les branchies (*d* et *e*) ; *d* et *e*, vaisseaux ramenant le sang des branchies dans les oreillettes (*ff*), qui le poussent dans le ventricule (*g*). Ce dernier l'envoie dans les aortes (*kk* et *g*) ; *ll*, rein.

Dans le sac palléal s'ouvre la glande du noir. Celle-ci produit un liquide noir que l'animal rejette pour se dissimuler lorsqu'il est attaqué ; ce liquide est employé sous le nom de *sépia* par les aquarellistes et il entre dans la fabrication de l'*encre de Chine*.

Le tube digestif, recourbé en U, se termine dans le sac palléal. Il comprend la bouche, le pharynx, armé d'une *radula*, l'estomac et l'intestin. Les glandes salivaires débouchent dans le pharynx, et le foie déverse les produits de sa sécrétion dans l'estomac.

Le cœur, placé à côté des branchies, comprend un ventricule et deux oreillettes (fig. 88).

Le système nerveux est formé de gros ganglions concentrés autour de l'œsophage et protégés par une capsule cartilagineuse (fig. 87).

Les organes des sens sont bien développés, notamment les yeux qui atteignent un haut degré de perfection.

On divise les Céphalopodes en deux ordres :

1° Les *Dibranchiaux* : *Seiche*, *Calmar*, *Poulpe*, *Argonaute*;

2° Les *Tétrabranchiaux* : *Nautile*.

Dibranchiaux. — Les Céphalopodes dibranchiaux ont deux branchies.

La *Seiche*, le *Calmar* ont dix bras munis de ventouses, ce sont des *Décapodes*.

Le *Poulpe* et l'*Argonaute* ont huit bras, ce sont des **Octopodes**.

La coquille de la *Seiche* est cachée sous le manteau, elle est réduite à un bouclier bien connu sous le nom d'*os de Seiche*.

Le *Calmar* a le corps élancé; il possède une coquille cornée appelée *plume*.

Fig. 89. — L'Argonaute.

Fig. 90. — Le Nautile.

Le *Poulpe* ou *Pieuvre* n'a pas de coquille; il vit non loin des côtes et fait la chasse aux Crabes et aux Homards.

L'*Elédone* est voisin du Poulpe, sa peau produit du musc.

L'*Argonaute* vit dans la Méditerranée; la femelle sécrète une coquille très délicate maintenue en place à l'aide de deux de ses bras. Cette coquille est destinée à protéger les œufs et les petits (fig. 89). Les Dibranchiaux

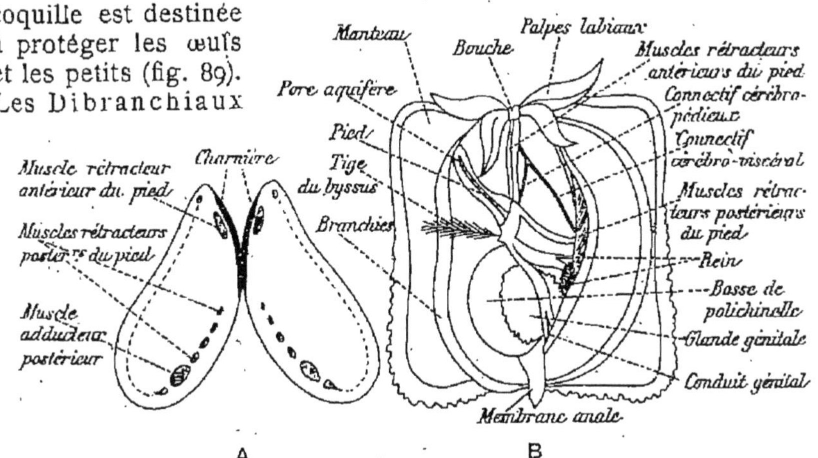

Fig. 91. — La Moule.
A. Étude de la coquille. — B. Organisation interne

étaient représentés pendant l'ère secondaire par le puissant groupe des Ammonites.

Tétrabranchiaux. — Les Céphalopodes tétrabranchiaux ont quatre branchies. Ils ont une coquille bien développée et des bras nombreux sans ventouses. Ils abondaient à l'époque primaire.

Actuellement, cet ordre n'est représenté que par le genre *Nautile* (fig. 90) (2e année, page 249).

Molluscoïdes. — On rangeait autrefois, à côté des Mollusques, sous le nom de ***Molluscoïdes***, les ***Tuniciers***, les ***Brachiopodes*** et les ***Bryozoaires***.

Les Brachiopodes forment actuellement un embranchement à part. Les *Tuniciers* paraissent très voisins des Vertébrés.

Manipulation. — **Mollusques** : La *Moule*.

I. Étude de la coquille (fig. 91 A).

II. Organisation interne ou étude des organes (fig. 91 B). Appareil digestif, appareil respiratoire, appareil sécréteur et système nerveux.

8e LEÇON

Embranchement des Vertébrés.

Caractères généraux. — Les Vertébrés se distinguent essentiellement des animaux que nous venons d'étudier par les caractères suivants :

1° *Ils ont un squelette interne dont l'axe est représenté par la colonne vertébrale* ;

2° *le système nerveux central, situé au-dessus du tube digestif, comprend le cerveau, logé dans le crâne, et la moelle épinière, logée dans le canal rachidien* ;

3° *ils ont du sang rouge contenant des globules* ;

4° *il existe des membres impairs, bien développés chez les Poissons, et des membres pairs* ;

5° *les Membres pairs, au nombre de quatre, sont toujours construits sur le même plan*.

6° *les divers appareils : appareils digestif, respiratoire, circulatoire, etc. sont à peu près disposés comme chez l'Homme*.

7° *les Vertébrés sont ovipares* (***Poissons, Amphibiens, Reptiles, Oiseaux***) *ou vivipares* (***Mammifères***).

Division des Vertébrés en classes. — L'embranchement des Vertébrés est subdivisé en cinq classes.

Vertébrés.	Ovipares.	A respiration exclusivement branchiale.	Corps couvert d'écailles.	POISSONS.	Température variable.
		A respiration branchiale au début de la vie; à respiration pulmonaire à l'état adulte.	Corps nu, métamorphoses.	BATRACIENS.	
		Respiration exclusivement pulmonaire.	Corps couvert de plaques simulant des écailles.	REPTILES.	
			Corps couvert de plumes.	OISEAUX.	Temp. constante.
	Vivipares.	Respiration exclusivement pulmonaire.	Corps couvert de poils.	MAMMIFÈRES.	

Animaux sans os et Vertébrés. — Il existe un animal bizarre que les savants placent aujourd'hui à la base des Vertébrés; c'est l'***Amphioxus***. Le naturaliste qui le découvrit en 1778, frappé par son aspect, le considéra comme un Mollusque voisin de la Limace. L'amphioxus, commun dans les mers d'Europe, possède comme squelette une tige cylindrique (*corde dorsale*), de consistance assez ferme, s'étendant d'un bout à l'autre du corps.

Son système nerveux central est représenté par un cordon nerveux (*moelle épinière*). Il n'a pas de sang rouge.

L'Amphioxus constitue un trait d'union entre les animaux sans os et les Vertébrés.

CLASSE DES POISSONS

Vertébrés aquatiques, à respiration exclusivement branchiale. Leur corps est couvert d'écailles et leurs membres sont représentés par des nageoires paires.

Caractères généraux. Caractères extérieurs. — Tous les Poissons sont organisés pour vivre dans l'eau et s'y mouvoir avec aisance; aussi se ressemblent-ils entre eux. L'influence du milieu est telle que les animaux obligés à passer leur vie dans l'eau acquièrent la forme poisson (*Phoque*, *Baleine*).

Leur corps est généralement allongé en fuseau; il est couvert d'écailles dont la forme et la couleur varient à l'infini. Ces écailles prennent naissance dans le derme et l'épiderme. Elles ont un développement semblable à celui des dents. Elles se recouvrent, comme les tuiles d'un toit, d'avant en arrière. Leur structure est utilisée pour caractériser certains groupes.

La peau des Poissons présente des colorations riches et variées, plusieurs espèces peuvent changer de couleur et prendre celle des objets environnants (*mimétisme*). C'est ainsi que la *Plie*, la *Limande* s'adaptent à la couleur du sable sur lequel elles vivent.

La tête porte deux grands yeux dépourvus de paupières.

Chaque fosse nasale, sans communication avec la bouche, s'ouvre à l'extérieur par deux orifices.

Les Poissons ont des nageoires de deux sortes : les *nageoires paires* qui correspondent aux membres des autres Vertébrés et les *nageoires impaires*, simples membranes soutenues par des rayons cornés qui s'ossifient parfois. Les nageoires impaires portent le nom de *nageoire dorsale*, *nageoire ventrale*, *nageoire caudale*, *nageoire anale* (fig. 92).

Organisation. — ***Appareil digestif.*** — L'appareil digestif peut être réduit à un tube uniforme; mais le plus souvent l'estomac et l'intestin sont nettement différenciés (fig. 93).

Les dents, mal localisées, se rencontrent sur tous les os de la bouche. Elles servent à saisir les aliments plutôt qu'à les mâcher. Lorsqu'elles sont usées ou brisées, elles sont remplacées par de nouvelles.

La langue est en général soudée au plancher et les glandes salivaires n'existent pas.

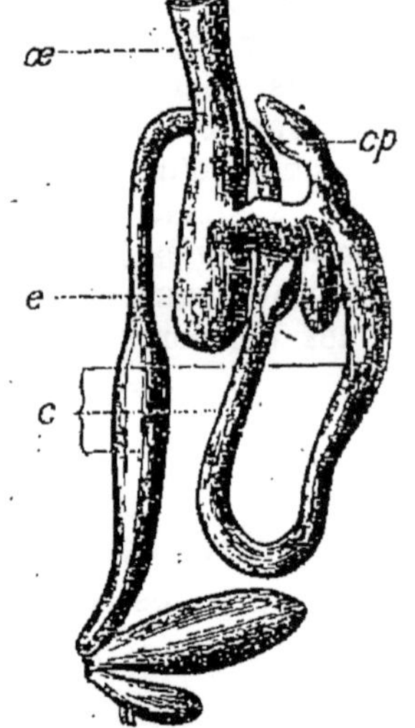

Fig. 93. — Tube digestif : œ, œsophage; *e*, estomac; *cp*, appendices pyloriques; *c*, intestin.

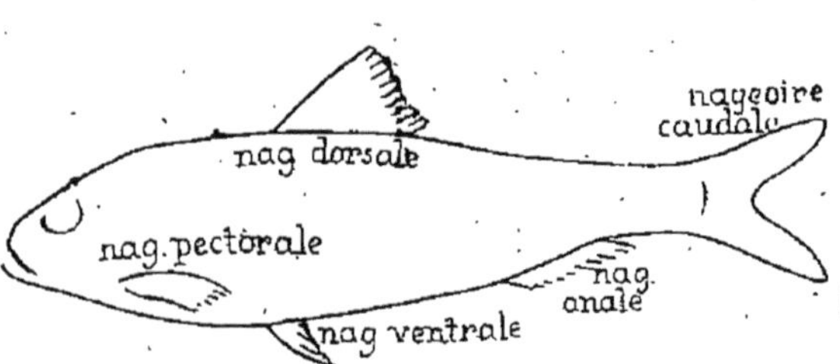

Fig. 92. — Disposition des nageoires.

L'intestin porte à son origine des appendices (*cæcums pylori-*

ques) où il est pourvu d'un repli spiralé (*Sélaciens*) qui augmente considérablement la surface d'absorption. Il se termine dans un cloaque chez les *Poissons cartilagineux*, par un anus distinct des conduits urinaires chez les *Poissons osseux*.

La plupart des Poissons possèdent une vessie natatoire, poche à parois minces, qui est une dépendance du tube digestif.

Elle reste en communication avec l'œsophage (*Carpe*), ou s'isole (*Perche*). Elle manque chez la Raie et les Poissons qui vivent sur le fond.

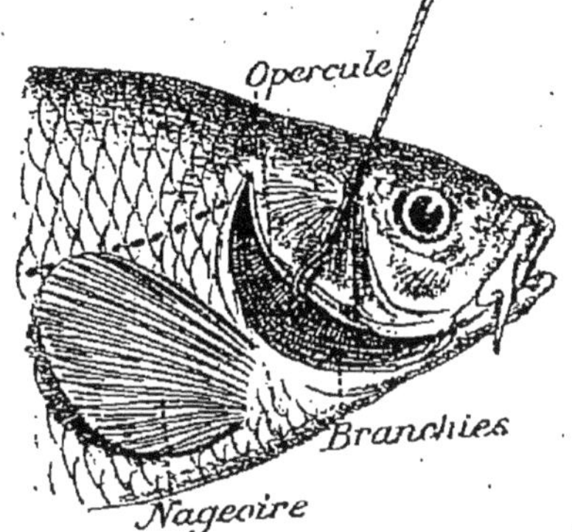

Fig. 94. — Tête de Carpe.

La vessie natatoire permet au Poisson de se maintenir en équilibre à un niveau déterminé. Quand elle se comprime, l'animal descend, quand elle se dilate, il monte (*Principe d'Archimède*).

Appareil respiratoire. — Les Poissons respirent par des branchies. Les branchies sont formées de lamelles disposées comme les dents d'un peigne et supportées par des ***arcs branchiaux***.

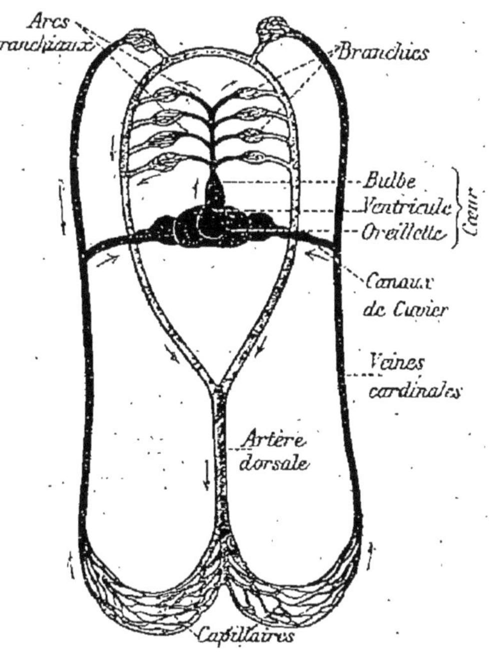

Fig. 95. — Appareil circulatoire d'un Poisson.

Les Poissons osseux ont leurs branchies placées au fond de la bouche, dans la cavité pharyngienne, qui communique avec l'extérieur par une fente (*ouïe*). Celle-ci est fermée par une lame résistante appelée *opercule* (fig. 94).

Les Poissons cartilagineux ont en général leurs branchies logées dans des chambres séparées par des cloisons, s'ouvrant au dehors par cinq fentes (*Raie*) ou par sept orifices (*Lamproie*).

Appareil circulatoire. — Le cœur des Poissons comprend deux cavités : une oreillette et un ventricule ; il ne reçoit que du sang noir. Il correspond, par conséquent, à la moitié droite du cœur des Mammifères (fig. 95).

Le *squelette* des poissons est dur, *osseux* (*Perche*) ou *cartilagineux* (*Raie*). Il est composé d'une colonne vertébrale qui peut

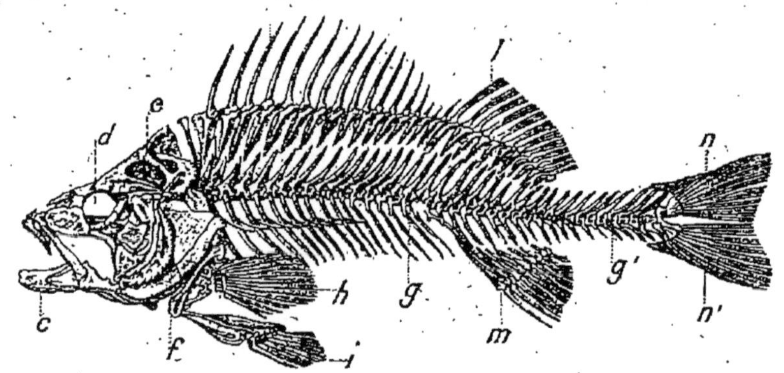

Fig. 96. — Squelette de la Perche.

c, maxillaire inférieur ; *d*, orbite ; *e*, os de la région occipitale ; *f*, appareil osseux qui protège les branchies ; *gg'*, colonne vertébrale avec ses apophyses ou épines dorsales et ventrales ; *l*, nageoire dorsale postérieure ; *m*, rayons de la nageoire anale ; *nn'*, les deux groupes de rayons qui constituent la nageoire caudale ; *h*, *i*, nageoires paires.

se diviser en deux régions : la région du tronc et la région caudale. Les vertèbres sont à peu près toujours biconcaves, en forme de sablier (fig. 96).

Les membres sont transformés en nageoires : les membres antérieurs deviennent les *nageoires pectorales*, les membres postérieurs, les *nageoires abdominales*.

Les nageoires pectorales sont reliées au crâne, ce qui leur assure une position constante. Les nageoires abdominales n'ont pas de point d'appui déterminé ; aussi leur position est très variable.

Les Poissons ont un *cerveau* relativement petit. La partie antérieure constitue les *lobes olfactifs*.

Les *organes des sens* sont peu développés. L'œil est volumineux. La chambre postérieure est traversée par une dépendance de la choroïde qui pénètre dans le cristallin. Cet organe contribue à l'accommodation visuelle.

Les organes auditifs sont réduits à l'oreille interne.

Le toucher s'exerce souvent à l'aide de filaments situés autour de la bouche et appelés *barbillons*.

Développement. — A part quelques exceptions, les Poissons sont ovipares.

En général les œufs pondus par la femelle sont fécondés par le mâle qui les arrose d'un liquide blanchâtre ou *laitance.*

Les œufs sont parfois retenus dans une poche incubatrice ou déposés dans un nid (*Epinoche*). L'époque de la ponte s'appelle le *frai.*

Les jeunes ou alevins au sortir de l'œuf portent sur leur face ventrale la vésicule vitelline (*jaune*) dont ils se nourrissent.

Beaucoup de Poissons sont utiles à l'Homme, parce qu'ils entrent dans son alimentation. La consommation individuelle est en France de 10 kg. 200 par an.

Les Poissons ont de nombreux ennemis ; ils se maintiennent grâce à leur prodigieuse fécondité. Ainsi le Hareng pond de 30 à 40 000 œufs, l'Esturgeon et la Morue plusieurs millions.

La ***pisciculture*** a pour but de lutter contre le dépeuplement des rivières par l'éclosion artificielle des œufs de Poissons préalablement recueillis à cet effet.

Classification. — On divise la classe des Poissons en 5 ordres principaux d'après la nature du squelette, la forme de la bouche et la disposition de l'appareil respiratoire.

Cartilagineux.	**I. Cyclostomes.**	Squelette cartilagineux, bouche circulaire, 7 chambres branchiales s'ouvrant par 7 orifices.	. . . .	*Lamproie.*
	II. Sélaciens.	Squelette cartilagineux, bouche située sur la face inférieure de la tête, 5 fentes branchiales.	1re Famille des Requins, corps allongé.	*Squale. Requin.*
			2e Famille des Raies, corps aplati.	*Raie. Torpille.*
Osseux ou cartil.	**III. Ganoïdes.**	Squelette osseux ou cartilagineux, écailles épaisses, queue à deux lobes inégaux.	. . . .	*Esturgeon. Polyptère.*
Osseux.	**IV. Téléostéens.**	PHYSOSTOMES.	Vessie natatoire en communication avec l'œsophage. Rayons de la nageoire dorsale flexibles. Nageoires abdominales éloignées des pectorales.	*Carpe, Tanche, Gardon, Ablette, Saumon, Truite, Éperlan. Hareng, Sardine, Brochet, Anguille.*

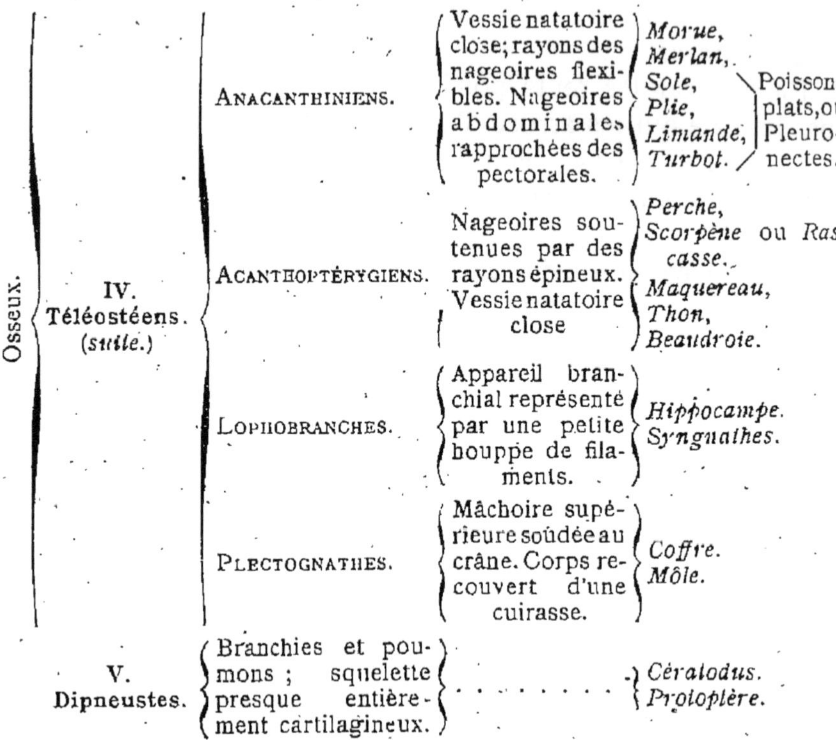

	Sous-classe	Ordre	Caractères	Exemples
Osseux.	IV. Téléostéens. (*suite.*)	ANACANTHINIENS.	Vessie natatoire close; rayons des nageoires flexibles. Nageoires abdominales rapprochées des pectorales.	*Morue*, *Merlan*, *Sole*, *Plie*, *Limande*, *Turbot*. (*Sole* à *Turbot* : Poissons plats, ou Pleuronectes.)
		ACANTHOPTÉRYGIENS.	Nageoires soutenues par des rayons épineux. Vessie natatoire close	*Perche*, *Scorpène* ou *Rascasse*, *Maquereau*, *Thon*, *Beaudroie*.
		LOPHOBRANCHES.	Appareil branchial représenté par une petite houppe de filaments.	*Hippocampe*. *Syngnathes*.
		PLECTOGNATHES.	Mâchoire supérieure soudée au crâne. Corps recouvert d'une cuirasse.	*Coffre*. *Môle*.
	V. Dipneustes.	Branchies et poumons ; squelette presque entièrement cartilagineux.	. . . .	*Cératodus*. *Protoptère*.

Cyclostomes. — Les *Lamproies* ressemblent aux Anguilles. Elles s'en distinguent cependant par sept trous branchiaux placés de chaque côté de la tête et par une bouche circulaire disposée pour la succion. Les Lamproies sont comestibles (fig. 97).

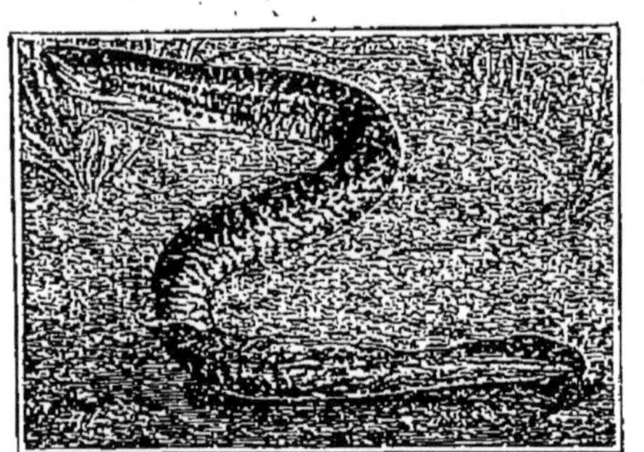

Fig. 97. — La Lamproie.

Sélaciens. — Les *Requins*, les *Raies*, les *Torpilles* sont des Poissons cartilagineux caractérisés par la présence de cinq paires de chambres branchiales, s'ouvrant à l'extérieur par autant de fentes. La bouche est ventrale.

Les *Raies*, les *Torpilles* ont le corps aplati dans le sens dorso-ventral.

Ganoïdes. — L'*Esturgeon* (fig. 98), Poisson cartilagineux, a les branchies protégées par un opercule comme les Poissons osseux. Il porte cinq rangées de plaques osseuses disposées longitudinalement. La queue est formée de deux lobes inégaux Il vit dans les mers et remonte les fleuves au moment du frai. La chair de l'Esturgeon est délicate et ses œufs servent à préparer le *caviar*.

Le *Polyptère* a un squelette osseux.

Physostomes. — La *Carpe* (fig. 99), la *Tanche*, le *Gardon*, l'*Ablette* sont comestibles.

Le *Saumon* est un Poisson marin, il remonte les fleuves pour y déposer ses œufs. Sa grande taille et sa chair rose le distinguent de la *Truite*, Poisson d'eau douce très estimé.

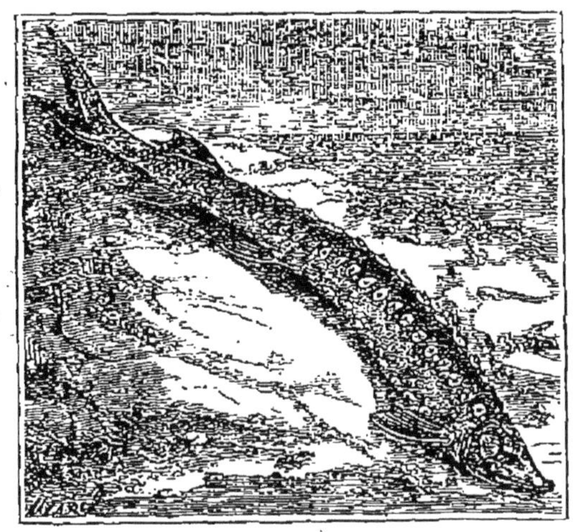

Fig. 98. — L'Esturgeon.

Les *Harengs* se déplacent par bandes ou bancs composés de plusieurs millions d'individus. La pêche du *Hareng* est des plus importantes. La *Sardine* et l'*Anchois* sont également sur nos côtes l'objet d'une pêche très active.

Le *Brochet* est très vorace, il se nourrit exclusivement de Poissons, sa chair est excellente.

L'*Anguille* (fig. 100), le *Congre*, le *Gymnote* sont dits *apodes* parce que leurcorps cylindrique est dépourvu de nageoires ventrales.

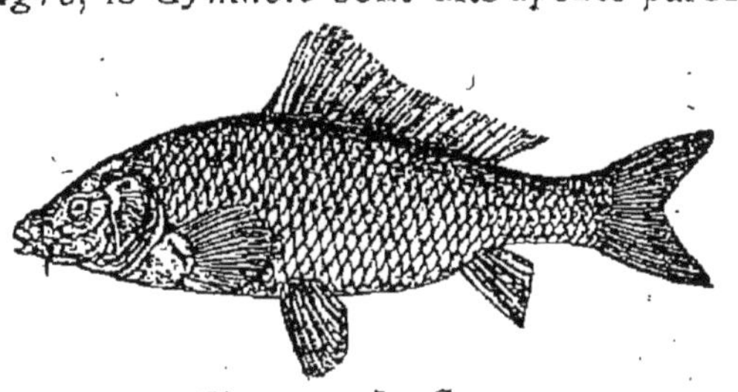

Fig. 99. — La Carpe.

Anacanthiniens. — On rencontre la *Morue* dans les mers du Nord, mais les grandes pêches ont lieu sur les côtes de Norvège, en Islande et à Terre-Neuve.

Le *Merlan* se mange frais.

La *Sole*, la *Limande*, la *Plie* (fig. 101), le *Turbot* sont des Poissons

Fig. 100. — L'Anguille (Poisson apode).

très comprimés latéralement, les deux yeux et la bouche sont rejetés

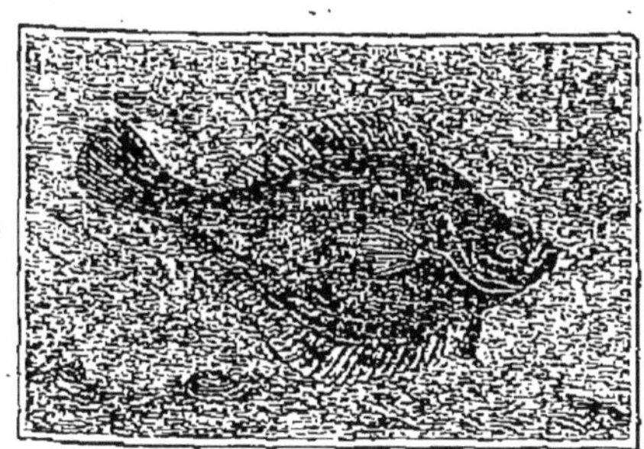

Fig. 101. — La Plie.

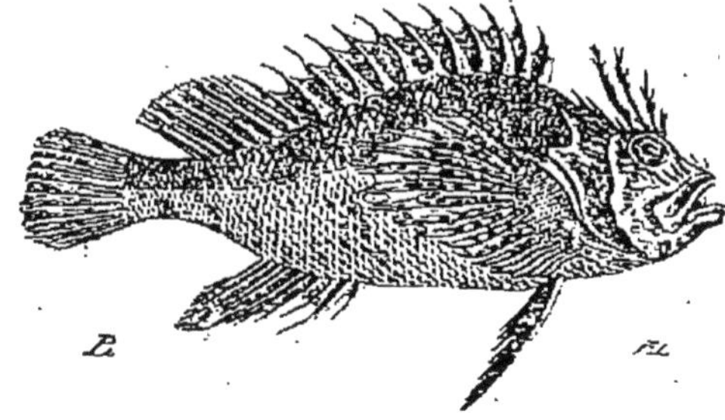

Fig. 102. — La Scorpène à nageoire dorsale épineuse.

sur une même face; ils sont asymétriques. Il ne faut pas les confondre avec les Raies et les Torpilles qui ont le corps aplati dans le sens dorso-ventral.

Acanthoptérygiens. — La *Perche*, l'*Épinoche*, le *Thon*, le *Maquereau*, la *Scorpène* (fig. 102), la *Baudroie* ont des nageoires soutenues par des rayons épineux.

La *Perche* et l'*Épinoche* habitent les eaux douces. L'Épinoche est remarquable par son nid.

On pêche le *Thon* dans la Méditerranée et dans l'océan Atlantique à partir du mois d'avril.

Le *Maquereau*, aux tons irisés, a une chair grasse mais savoureuse.

La *Baudroie*, à gueule énorme, se nourrit de petits Poissons.

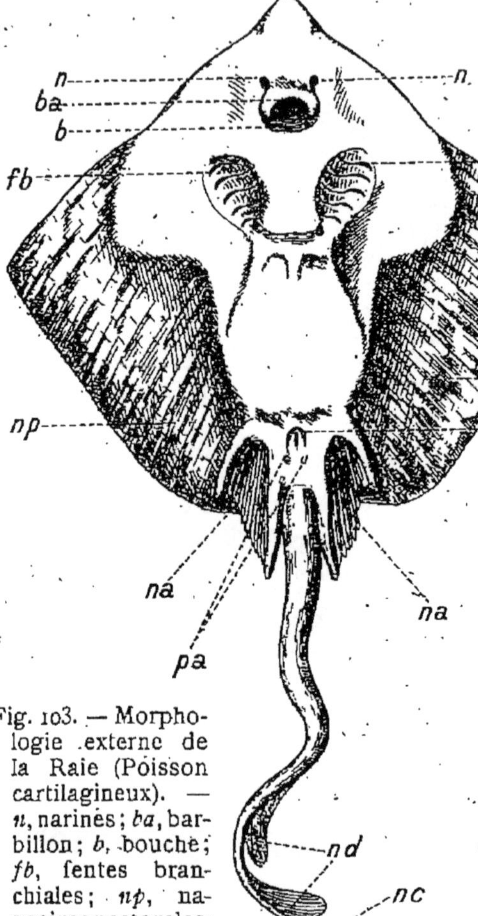

Fig. 103. — Morphologie externe de la Raie (Poisson cartilagineux). — *n*, narines; *ba*, barbillon; *b*, bouche; *fb*, fentes branchiales; *np*, nageoires pectorales; *oc*, orifice du cloaque; *na*, nageoires abdominales; *nd*, nageoires dorsales; *nc*, nageoire caudale; *pa*, pores abdominaux.

Lophobranches. — Les *Hippocampes* ou *Chevaux marins*, les *Syngnathes* sont de curieux Poissons exclusivement marins. Leur appareil branchial se compose d'une petite houppe de filaments, ce qui leur a valu le nom de *Lophobranches*.

Plectognathes. — Le *Coffre*, le *Môle* ont le corps recouvert d'une cuirasse; ils sont marins.

Dipneustes. — Les Cératodus et les Protoptères de l'ordre des Dipneustes font le passage des Poissons aux Batraciens. Ils possèdent des branchies et des poumons, et leurs nageoires ont quelque ressemblance avec des pattes.

Ils vivent dans les étangs et les rivières des régions tropicales exposés à se dessécher pendant les chaleurs torrides. Dans ce cas, les branchies ne fonctionnent plus. Ces Poissons bizarres s'enfoncent dans la vase et respirent à l'aide de poumons.

Manipulation. — Morphologie externe de la *Raie* (fig. 103).

9e LEÇON

Batraciens et Reptiles.

CLASSE DES BATRACIENS

Les Batraciens sont des vertébrés ovipares, à température variable et à peau nue. Ils subissent des métamorphoses.

Caractères généraux. — Les *Batraciens*, souvent appelés *Amphibiens*, ont été pendant longtemps confondus avec les Reptiles.

Ils diffèrent des Reptiles par deux caractères importants : 1° *la nature des téguments* ; 2° les *métamorphoses*.

Ils ont une peau molle et nue maintenue visqueuse par la sécrétion de nombreuses glandes. Chez le Crapaud et chez la Salamandre, ces glandes produisent un véritable venin.

Le derme renferme des pigments communiquant à la peau des colorations variées.

Les Batraciens ont quatre membres égaux (*Salamandre*) ou inégaux (*Grenouille*). Cependant les *Sirènes* des marais de l'Amérique du Nord n'ont que les pattes antérieures et les *Cécilies* de l'Amérique du Sud sont dépourvues de membres. Ce sont des animaux peu actifs et à température variable. La plupart des Batraciens se nourrissent d'Insectes et de Vers.

La langue, souvent attachée par son bord antérieur, se rabat comme une trappe sur les proies.

Organisation. — Le *tube digestif* se termine dans un cloaque où aboutissent les produits de l'appareil urinaire représenté par deux reins volumineux.

La bouche renferme parfois de nombreuses petites dents.

Appareil respiratoire. — Chez les Batraciens la respiration se fait surtout par la peau nue et toujours humide, sous laquelle circulent de nombreux vaisseaux.

Indépendamment de la respiration *cutanée*, les Batraciens respirent soit par des *branchies*, soit par des *poumons*.

Les branchies existent toujours à l'état larvaire. Elles persistent toute la vie chez les Pérennibranches (*Sirène*, *Protée*).

Les poumons existent à l'état adulte ; ce sont de simples sacs à parois minces.

Les Batraciens, n'ayant pas de côtes ou n'ayant que des côtes rudimentaires, avalent l'air ; l'inspiration est une déglutition d'air. L'expiration se fait par la contraction des muscles de l'abdomen.

Appareil circulatoire. — L'appareil circulatoire se modifie

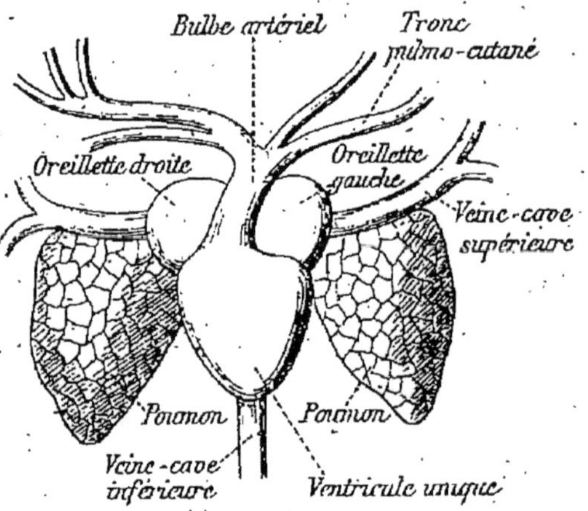

Fig. 104. — Cœur de la Grenouille.

Fig. 105. Squelette de la Grenouille.

dans le cours du développement, sa disposition est subordonnée à celle de l'appareil respiratoire.

Chez la larve, le cœur n'a que deux cavités ; mais chez l'adulte, il en a trois : un ventricule et deux oreillettes (fig. 104).

Squelette. — La colonne vertébrale est formée de vertèbres individualisées (fig. 105). Elle offre pour la première fois des régions distinctes : région cervicale, dorsale, lombaire, sacrée et caudale.

Les côtes, très réduites, se soudent ordinairement aux vertèbres.

Système nerveux et organes des sens. — Le cerveau est peu développé et le cervelet est représenté par une bandelette transversale.

Au point de vue des organes des sens, nous devons signaler un perfectionnement de l'appareil auditif.

Chez les types les plus différenciés, il existe une oreille interne et une oreille moyenne qui communique avec le pharynx par la trompe d'Eustache.

Développement et métamorphoses. — Les Batraciens

sont ovipares : de l'œuf sort une larve qui doit subir des métamorphoses plus ou moins complètes pour arriver à l'état adulte.

Pour étudier ces changements de forme, on peut prendre comme exemple la Grenouille (fig. 105) (1re année, page 104).

Classification. — On divise la classe des Batraciens en trois ordres : les *Anoures*, les *Urodèles*, les *Apodes*.

Batraciens à l'état adulte	pas de queue, deux paires de membres.		ANOURES.	*Grenouille.* *Rainette.* *Crapaud.* *Alyte accoucheur.*
	une queue	deux paires de membres, parfois une seule paire.	URODÈLES.	*Salamandre.* *Triton.* *Axolotl.* *Sirène.* } Pérenni- *Protée.* } branches.
		pas de membres.	APODES.	*Cécilie.* *Siphonops.*

Anoures : Batraciens sans queue. — Les Anoures sont des Batraciens dépourvus de queue ; leurs métamorphoses sont complètes ; c'est-à-dire semblables à celles de la Grenouille.

Les Anoures ont le corps court et les membres postérieurs très longs, propres au saut.

Les principaux genres de cet ordre sont la *Grenouille*, la *Rainette* et le *Crapaud*.

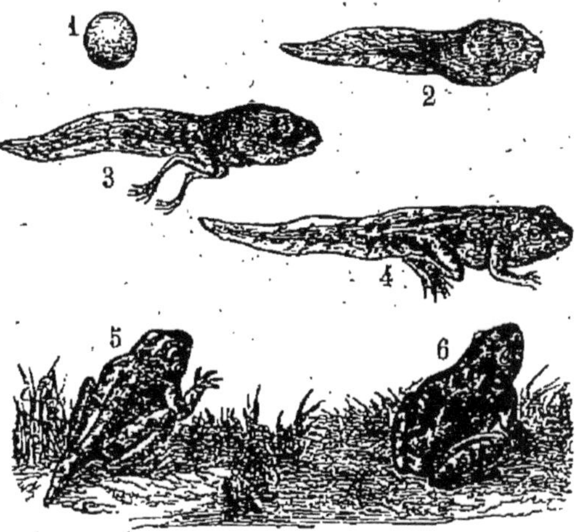

Fig. 106. — Métamorphoses de la Grenouille.

Les ***Grenouilles*** ont la mâchoire supérieure garnie de petites dents.

La *Grenouille verte* se nourrit de larves et d'Insectes ; elle est aussi friande des œufs de poissons. La chair est blanche et délicate.

La *Grenouille rousse* a des habitudes plus terrestres.

La ***Rainette*** verte grimpe sur les arbres grâce à ses doigts munis de pelotes adhésives.

Les ***Crapauds*** marchent lourdement ; ils ont le corps trapu et les membres postérieurs plus courts que ceux des Grenouilles.

Le *Crapaud vulgaire* vit dans les champs et les bois ; il fait, la nuit, une chasse active aux Vers, aux Limaces et aux Insectes. Sa mâchoire supérieure est dépourvue de petites dents.

Le *Crapaud accoucheur* (*Alytes obstetricans*) doit son nom à cette particularité que le mâle porte sur ses pattes postérieures les œufs pondus par la femelle.

Le ***Pipa*** d'Amérique n'a pas de langue; le mâle place les œufs sur le dos de la femelle et autour de chacun d'eux se développe une petite fossette à l'abri de laquelle l'œuf évolue.

Urodèles ou Batraciens à queue. — Les Urodèles sont des Batraciens pourvus d'une queue; leur corps est allongé et les pattes, parfois au nombre de deux seulement, sont plutôt disposées pour la nage que pour la marche.

Les métamorphoses des Urodèles sont moins complètes que celles des Anoures.

Cet ordre comprend : la *Salamandre*, le *Triton*, l'*Axolotl*, la *Sirène*, le *Protée*.

Les ***Salamandres*** vivent de préférence dans les lieux humides; elles ressemblent aux Lézards.

Les ***Tritons*** vivent principalement dans l'eau; on les reconnaît aisément à leur queue aplatie et à la crête qu'ils ont sur le dos.

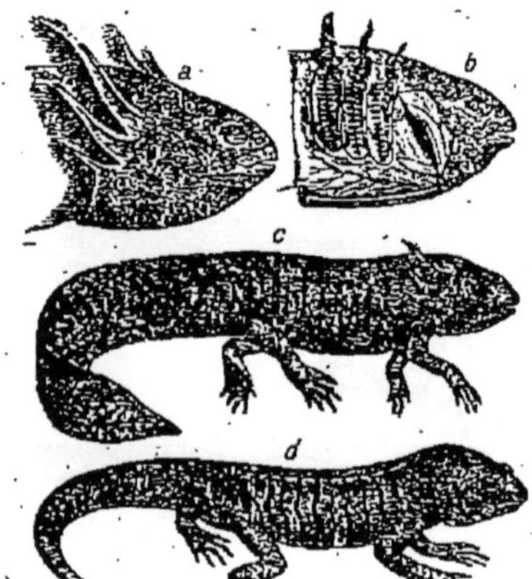

Fig. 107. — L'Axolotl.
a, tête portant des branchies externes; *b*, les branchies externes ont été relevées; *c*, Axolotl tel qu'il demeure habituellement; *d*, Axolotl adulte.

L'***Axolotl*** (fig. 107), qu'on élève dans les aquariums, peut conserver toute sa vie des branchies externes et ses caractères de jeunesse, si on le maintient constamment dans l'eau; mais, si on l'oblige à se tenir fréquemment hors de l'eau, il perd ses branchies, devient aérien, *Adulte*; on l'appelle alors *Amblystome*.

L'Axolotl et l'Amblystome représentent le même individu à deux phases successives de son évolution.

La ***Sirène lacertine*** de la Caroline du Sud et le ***Protée*** des eaux souterraines de la Dalmatie conservent toute leur vie des branchies externes. Ce sont des ***Pérennibranches***.

Apodes. — L'ordre des Apodes nous conduit aux Reptiles. Ces Batraciens, en effet, n'ont pas de membres et leur corps est allongé comme celui des serpents. Les ***Cécilies*** de l'Amérique du Sud et les ***Siphonops*** sont les principaux types de ce groupe peu nombreux.

CLASSE DES REPTILES

Les Reptiles sont des Vertébrés à respiration exclusivement pulmonaire et à température variable. Ils ont le corps recouvert de plaques cornées (fausses écailles) ; ils sont ovipares.

Caractères généraux. Caractères extérieurs. — Les Reptiles se distinguent nettement des Batraciens par l'absence de métamorphoses et par la nature des téguments. Ceux-ci présentent une couche cornée qui s'épaissit suivant des plaques plus ou moins étendues. Il en résulte des plaques osseuses appelées *écailles*. En réalité ce sont de fausses écailles qu'il ne faut pas confondre avec les vraies écailles des Poissons qui ont une origine dermique.

Ces plaques se soudent chez la *Tortue* pour former la carapace.

Le corps des Reptiles est ordinairement allongé.

Les membres, lorsqu'ils existent, sont courts et rejetés en dehors. Ils ne soutiennent pas le corps ; mais ils servent à le pousser en avant. Ils paraissent encombrants chez les Lézards ; ils manquent chez les Serpents.

La tête, distincte du corps, porte les organes des sens.

Organisation : *Appareil digestif.* — Le tube digestif est complet; les excréments et l'urine sont rejetés par un orifice unique.

Les dents, mal localisées, se rencontrent sur tous les os formant la charpente de la bouche (*Boa*). Elles sont implantées dans les alvéoles (*Crocodile*) ou simplement soudées soit sur le milieu, soit sur le bord des mâchoires. Elles sont avant tout préhensiles (fig. 108).

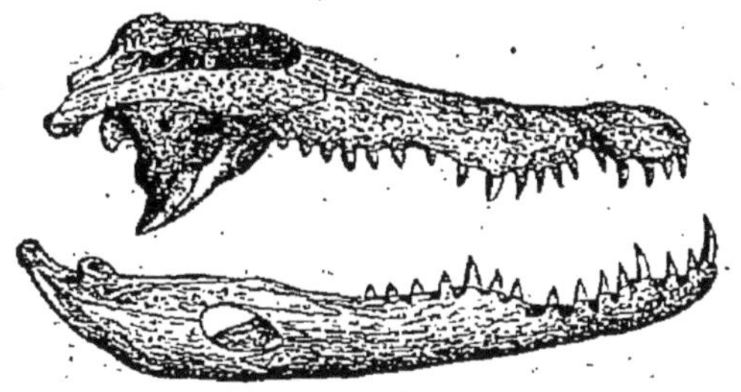

Fig. 108. — Mâchoire de Crocodile.

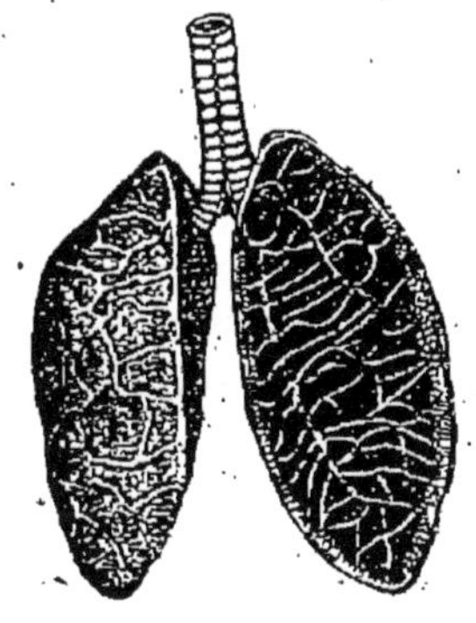

Fig. 109.
Poumons de Lézard.

Appareil respiratoire. — Les Reptiles respirent toute leur vie à l'aide de poumons. Les poumons sont de véritables sacs partagés par de simples cloisons en plusieurs compartiments dans lesquels les bronches ne pénètrent pas (*Lézard*) ou pénètrent sans se ramifier (*Tortue*) (fig. 109).

Chez les Serpents un seul poumon se développe normalement; il est terminé par une poche renfermant une réserve d'air que l'animal utilise pendant sa lente déglutition.

Appareil circulatoire. — Le cœur des Reptiles, sauf chez les Crocodiliens, comprend trois cavités : deux *oreillettes* et un *ventricule* divisé en deux parties par une cloison incomplète. Ce ventricule unique reçoit à la fois du sang rouge et du sang noir (fig. 110). Chez les Crocodiles, il existe un ventricule gauche

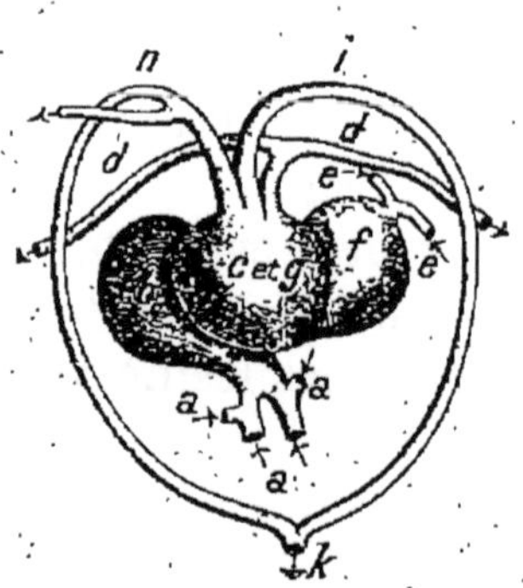

Fig. 110.
Cœur de la Tortue.
n, *i*, aortes; *dd*, artères pulmonaires; *ee*, veines pulmonaires; *aa*, veines du corps; *c* et *g*, ventricule; *f*, oreillette.

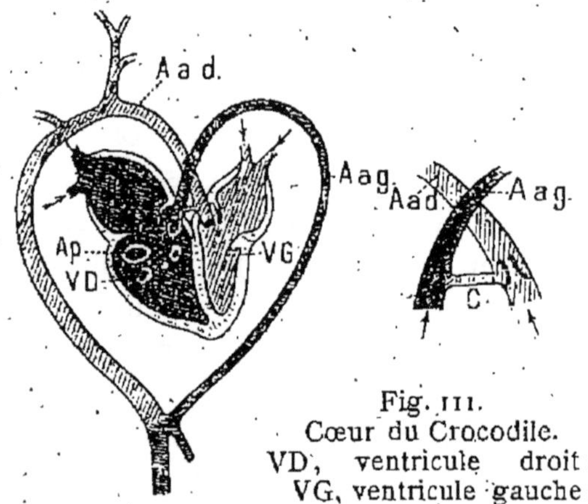

Fig. 111.
Cœur du Crocodile.
VD, ventricule droit; VG, ventricule gauche; Ap, artère pulmonaire; Aag, crosse aortique gauche; Aad, crosse aortique droite; c, canal faisant communiquer les deux crosses aortiques.

complètement séparé du ventricule droit; néanmoins le mélange du sang noir et du sang rouge se fait partiellement par suite de la communication existant, à une faible distance du cœur, entre les deux arcs aortiques droit et gauche (fig. 111).

La circulation du sang étant peu active, ces animaux produisent peu de chaleur. La température de leur corps varie avec celle du milieu extérieur.

Système nerveux. — Le cerveau prend une importance considérable, le cervelet est bien individualisé.

La glande pinéale ou *épiphyse* est en rapport, chez beaucoup de Lézards, avec un organe qui a la structure d'un œil. On l'appelle *œil pinéal*.

Les organes des sens se perfectionnent. L'œil est protégé par des paupières et la sclérotique s'ossifie en partie.

L'appareil auditif comprend presque toujours une oreille moyenne et une oreille interne.

Développement. — Les Reptiles sont ovipares. Chez la Vipère, l'Orvet, les œufs séjournent longtemps dans l'oviducte où ils éclosent. On dit que ces Reptiles sont *ovovivipares*.

Classification. — La classe des Reptiles a été subdivisée en quatre ordres : les ***Sauriens*** (*Lézards*), les ***Ophidiens*** (*Serpents*), les ***Chéloniens*** (*Tortues*), les ***Crocodiliens*** (Crocodiles).

Reptiles.	Cœur à 3 cavités.	4 membres en général; dents non alvéolées.	SAURIENS.	*Lézard.* *Gecko.* *Caméléon.* *Iguane.* *Orvet.*	
		Pas de membres; dents non alvéolées.	OPHIDIENS.	*Couleuvre.* *Boa.*	Non venimeux.
				Vipère. *Péliade.* *Crotale.* *Cobra.*	Venimeux.
		4 membres, carapace, pas de dents.	CHÉLONIENS.	*Tortue grecque.* *Cistude.* *Caret.*	
	Cœur à 4 cavités.	4 membres, dents alvéolées.	CROCODILIENS.	*Crocodile.* *Caïman.* *Gavial.*	

Sauriens ***(Lézard, Gecko, Caméléon, Orvet).*** — Les Sauriens ont en général quatre membres et un sternum bien développé.

La bouche, peu dilatable, renferme des dents non alvéolées et une langue inoffensive qui peut être projetée en avant.

Fig. 112. — Le Caméléon.

Principaux genres. — Les Lézards sont des animaux gracieux, au corps fluet présentant de grandes écailles autour du cou et de petites écailles sur le dos. Ils se rencontrent dans l'Europe méridionale, en Asie et en Afrique.

Il existe, en France, le *Lézard gris*, le *Lézard vert*, le *Lézard ocellé*. Ce dernier est le plus grand; il habite de préférence le midi de la France et l'Italie.

Ces animaux sont très frileux; ils s'enferment dans des trous dès les premiers froids et ils n'en sortent que pour recevoir les caresses du soleil. Leur queue, très fragile, se brise au moindre choc; mais elle repousse vite. Cette faculté constitue un moyen de défense.

Le ***Caméléon*** (fig. 112), commun en Espagne et en Afrique, offre quelques caractères bizarres. Son corps aplati latéralement peut se gonfler comme un ballon. Il change facilement de couleur sous l'influence de la peur, de la colère, de la faim, de la soif, de la fatigue. Il grimpe sur les arbres au moyen de ses doigts, bien disposés pour entourer les branches, et de sa queue prenante. Il projette sa langue violemment, à la manière d'une flèche, jusqu'à une distance de 15 à 20 centimètres.

Le ***Dragon volant*** porte de chaque côté du corps une large membrane soutenue par les côtes très longues.

Le ***Gecko*** a des doigts munis de ventouses.

Le ***Seps*** du midi de la France a quatre membres très courts.

L'***Orvet***, appelé encore Serpent de verre, est un Lézard sans membres apparents. Ce genre établit une transition entre l'ordre des Sauriens et celui des Ophidiens.

Ophidiens *(Couleuvre, Boa, Vipère, Péliade, Crotale, Cobra)*. — Les Ophidiens ou Serpents sont dépourvus de membres et leur colonne vertébrale ne présente plus de régions distinctes. Ils ont des côtes flottantes; le sternum n'existe pas.

Leur bouche est dilatable; grâce à la mobilité de l'appareil

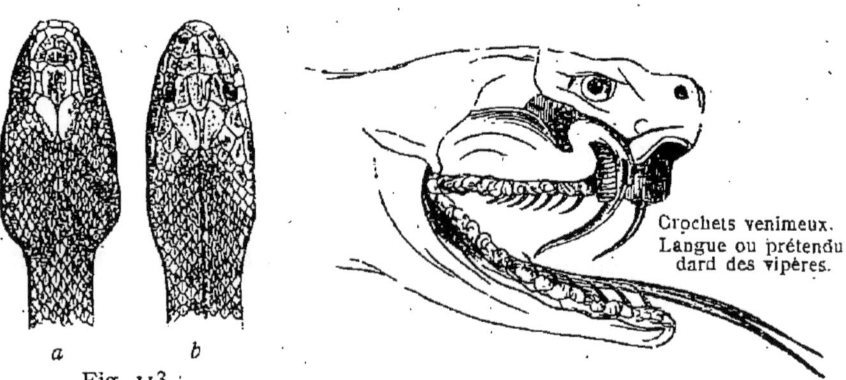

Fig. 113.
a, Vipère; *b*, Couleuvre.

Fig. 114. — Tête de Vipère.

mandibulaire, ils peuvent avaler des proies plus grosses qu'eux-mêmes.

On distingue les *Serpents non venimeux* et les *Serpents venimeux*.

Les premiers étouffent leur proie avant de s'en nourrir. Les seconds l'empoisonnent avant de l'avaler.

Serpents non venimeux. — Ils sont représentés par la *Couleuvre* (fig. 113). Cet animal a la tête ovale, couverte de larges écailles, la queue longue et effilée. Sa langue bifurquée (*dard*) est inoffensive.

La *Couleuvre à collier*, la *Couleuvre vipérine*, la *Couleuvre jaune et verte*, le *Python* de l'Inde et le grand *Boa* d'Amérique sont les principaux Serpents non venimeux.

Serpents venimeux. — La *Vipère* et la *Péliade* sont des Serpents venimeux communs dans nos régions.

La Vipère a la tête large et triangulaire, bien distincte du corps.

Fig. 115. — La Cestude d'Europe, Tortue d'eau douce.

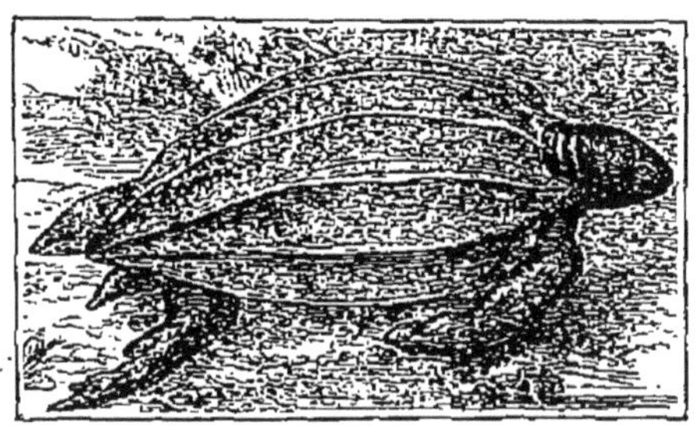

Fig. 116. — Tortue marine.

La mâchoire supérieure porte deux crochets canaliculés en rapport avec le canal excréteur d'une glande à venin. Ces crochets se redressent lorsque la bouche s'ouvre largement ; ils permettent au Serpent d'introduire le venin dans le corps des animaux (fig. 114).

Le *Crotale* d'Amérique, ou Serpent à sonnette, produit un venin comparable à celui de la Vipère.

Le *Cobra*, ou Serpent à lunettes, l'*Elaps*, ou Serpent corail, sécrètent un venin très actif (1re année, page 102).

Fig. 117. — Le Caïman.

Chéloniens (*Tortue grecque, Cestude, Caret*). — Les Tortues ont le corps recouvert d'une carapace très dure. La partie inférieure de cette carapace est le *plastron*, la partie supérieure se soude parfois avec les prolongements des vertèbres et les côtes.

D'après leur genre de vie, on peut citer :

Les ***Tortues terrestres***, qui ont une carapace très dure et les pieds terminés par des griffes (*Tortue grecque*).

Les ***Tortues palustres*** habitent le bord des marais et des ruis-

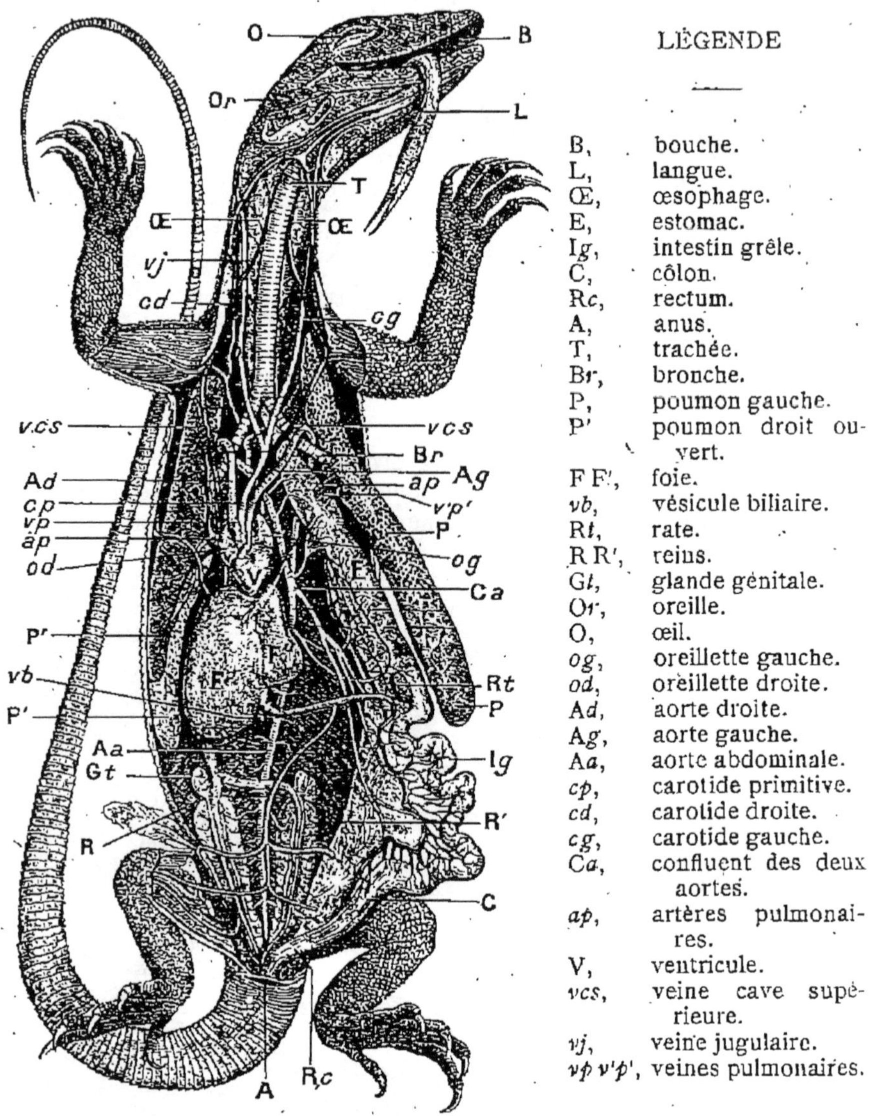

Fig. 118. — Anatomie du Lézard.
Étude des organes en place dans la cavité générale.

seaux; elles se nourrissent de Mollusques et de Poissons (*Cistude*) (fig. 115).

Les ***Tortues fluviales*** vivent dans les fleuves des régions tropicales (*Trionyx de l'Amérique*).

Les *Tortues marines* atteignent souvent une grande taille. Le *Caret* de l'Océan Atlantique et de l'Océan Indien est recherché pour l'écaille qui recouvre sa carapace (fig. 116).

Crocodiliens *(Crocodile, Caïman, Gavial)*. — Les Crocodiliens ont été tout d'abord confondus avec les Sauriens ; mais ils s'en distinguent par plusieurs caractères :

1° *larges plaques osseuses protégeant le corps* ;
2° *dents alvéolées* ;
3° *cœur à quatre cavités* ;
4° *poumons spongieux*.

Les *Crocodiles* ont une queue aplatie pouvant servir à la natation. Les membres sont courts et palmés. Ce sont des animaux redoutables. Il existe trois genres de Crocodiliens : le *Crocodile d'Egypte*, le *Gavial du Gange* et le *Caïman d'Amérique* (fig. 117).

Manipulation. — Anatomie du **Lézard**. — Étude des organes en place dans la cavité générale (fig. 118).

10e LEÇON

Classe des Oiseaux.

Les Oiseaux sont des vertébrés à respiration exclusivement pulmonaire et à température constante. Leur corps est couvert de plumes et leurs membres antérieurs sont transformés en ailes. Ils ont un bec corné et sont ovipares.

Caractères extérieurs. — Les Oiseaux sont essentiellement aériens. Ils sont presque tous organisés pour voler et sauter : aussi se ressemblent-ils beaucoup entre eux (fig. 119).

Ils ont le corps couvert de plumes, qui se développent à peu près comme les poils des Mammifères. Une plume se compose d'un axe ou *hampe* dont la base est creuse. L'axe porte des branches ou *barbes*. Celles-ci à leur tour présentent des branches secondaires ou *barbules*.

On donne le nom de *pennes* aux longues plumes des ailes et de la queue. Celles des ailes font office de rames, ce sont les *rémiges*. Celles de la queue servent de gouvernail ; ce sont les *rectrices*

Les *rectrices*, disposées en lignes régulières, forment le revêtement extérieur de l'Oiseau ; elles sont moins rigides que les pennes.

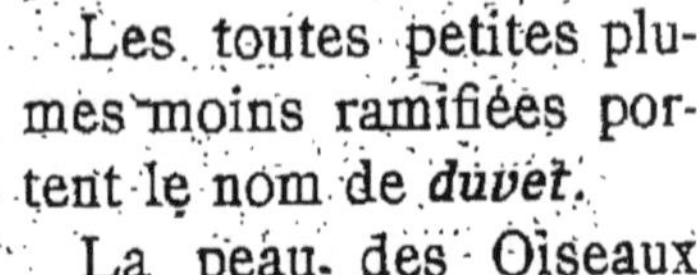

Les toutes petites plumes moins ramifiées portent le nom de *duvet*.

Fig. 119.
Noms des diverses parties du corps d'un Oiseau (le Chardonneret).
1, bec ; 2, mandibule inférieure ; 3, pointe du bec ; 4, mandibule supérieure ; 5, joue ; 6, région post-oculaire ; 7, front ; 8, vertex ; 9, occiput ; 10, région parotidienne ; 11, gorge ; 12, 13, dessus et devant du cou ; 14, dos ; 15, lombes ; 16, flancs ; 17, poitrine ; 18, 19, ventre ; 20, épaules ; 21, couvertures des ailes ; 22, rémiges ou pennes des ailes ; 23, couvertures inférieures de la queue ; 24, rectrices ou pennes de la queue ; 25, métatarses, 26, doigts.

La peau des Oiseaux est mince et ne renferme qu'une paire de glandes situées dans la région anale. Ces glandes sécrètent un liquide onctueux que l'Oiseau étale avec son bec sur les plumes.

Squelette. — Le squelette des Oiseaux est composé d'os légers creusés de cavités communiquant avec l'appareil respiratoire.

La tête relativement petite fait un angle presque droit avec la colonne vertébrale sur laquelle elle repose par un seul condyle (fig. 120).

Les côtes, divisées en deux segments, sont réunies entre elles par une apophyse.

Le *sternum* présente, chez les bons voiliers, une crête verticale, le *bréchet*. Cette crête ne sert pas, comme on le dit souvent, à fendre l'air, pour la bonne raison qu'elle n'est pas saillante à l'extérieur, mais elle offre une large surface d'insertion aux muscles des ailes.

Les ailes représentent les membres antérieurs. Elles sont solidement rattachées au tronc par l'intermédiaire de trois os : l'*omoplate*, l'*os coracoïde* et la *clavicule*. Les deux clavicules soudées forment la *fourchette*.

L'extrémité de l'aile, correspondant à la main, est très réduite. Le carpe comprend deux os ; les métacarpiens sont soudés et les doigts sont au nombre de trois seulement.

Le membre postérieur se compose de quatre parties : la *cuisse*, la *jambe*, le *métatarse* (os canon) et le *pied*.

Le pied est terminé par quatre doigts. Certains Oiseaux coureurs, comme le Nandou, l'Autruche, n'ont que trois ou deux doigts.

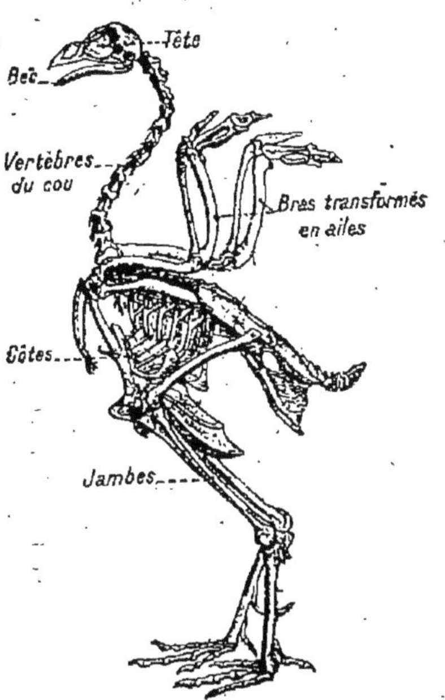

Fig. 120. — Squelette d'Oiseau.

Appareil digestif. — Les Oiseaux actuels ont un bec corné; mais leurs ancêtres avaient des dents. On trouve parfois, au début de la vie de certains Oiseaux, des germes dentaires qui disparaissent de bonne heure.

La forme et les dimensions du bec sont corrélatives du régime alimentaire de l'animal (fig. 121).

Le tube digestif comprend : la *bouche* renfermant une langue légèrement cornée;

l'*œsophage* souvent accompagné d'un *jabot*;

le *ventricule succenturié* ou estomac sécréteur;

le *gésier*, véritable estomac mécanique;

l'*intestin* plus ou moins contourné (fig. 122).

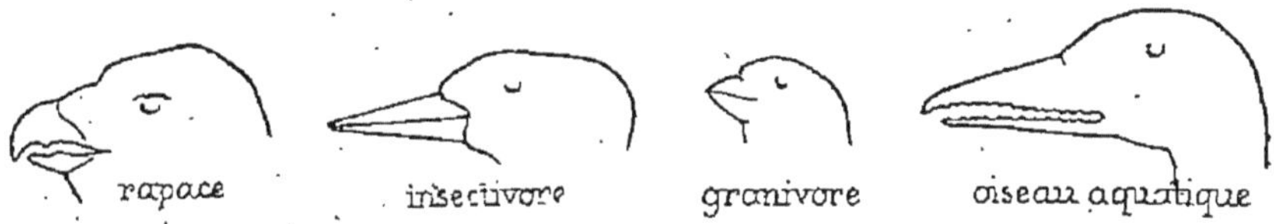

Fig. 121. — Becs d'Oiseaux.

L'intestin reçoit le canal pancréatique et la bile. Il porte près de son extrémité deux cæcums et se termine dans le cloaque.

Appareil respiratoire. — La respiration est très active. Les poumons sont exactement appliqués contre les vertèbres et les côtes. Plusieurs bronches arrivent à la surface des poumons et se prolongent jusque dans des *sacs aériens*. Ceux-ci sont au nombre de neuf : 1 *sac claviculaire*, 2 *sacs cervicaux*, 4 *sacs tho-*

raciques, 2 *sacs abdominaux*. Ils constituent une réserve d'air que l'Oiseau utilise pendant le vol.

La trachée, parfois très longue, renferme au niveau de sa bifurcation un appareil producteur de la voix appelé *Syrinx*.

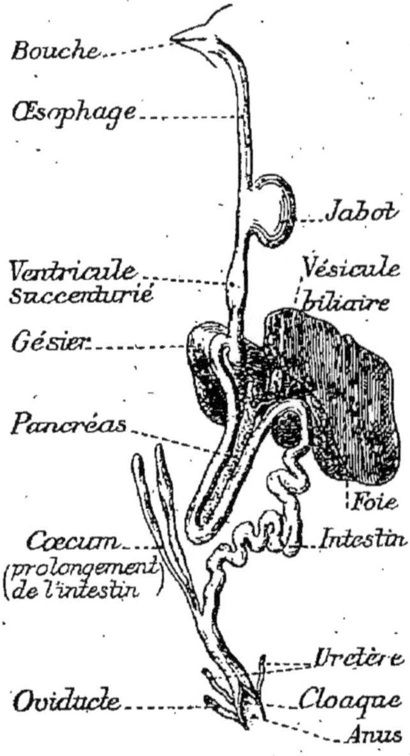

Fig. 122.
Appareil digestif d'un Oiseau.

Appareil circulatoire. — Le cœur présente quatre cavités. La crosse de l'aorte est toujours dirigée vers la droite, et l'un de ses premiers rameaux est une artère qui forme un réseau de capillaires dans la paroi abdominale (*réseau admirable*). (Voir 2e année, page 67.)

Système nerveux. — Le système nerveux central des Oiseaux est beaucoup plus développé que celui des Reptiles. Le cerveau et le cervelet sont les seules parties visibles à la face supérieure de l'encéphale. Les hémisphères ne présentent pas de circonvolutions.

Les organes des sens sont très perfectionnés. L'œil a une grande acuité, il est protégé par trois paupières. La chambre postérieure renferme une dépendance de la choroïde, le *peigne*, qui paraît assurer la nutrition de l'œil.

L'oreille comprend trois parties : l'oreille interne, l'oreille moyenne et l'oreille externe dépourvue de pavillon.

Développement : Œuf. — Les Oiseaux sont ovipares, les œufs sont habituellement pondus dans des nids et couvés par la mère qui les maintient à la température du corps (42° à 44°). Les Autruches déposent leurs œufs dans le sable et les abandonnent à la chaleur du soleil. L'observation de ce fait a donné naissance aux couveuses artificielles.

La durée de l'incubation est variable. Elle est de 21 jours pour la Poule, de 18 jours pour le Pigeon, de 60 jours pour l'Autruche.

Examinons un œuf de Poule. Il comprend quatre parties : le *jaune*, le *blanc* (albumine), deux *membranes minces* et l'enveloppe calcaire ou *coquille* percée de petits trous.

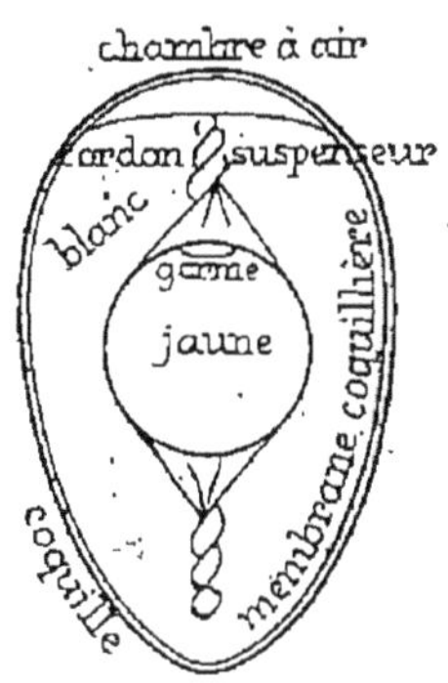

Fig. 123. — Œuf.

Le jaune est formé de matières grasses et présente à sa surface une tache blanche, la *cicatricule* ou *germe*.

Le germe se développe en un petit oiseau qui grandit aux dépens du jaune et du blanc.

Au gros bout de l'œuf, entre les deux membranes coquillières, se trouve la chambre à air[1] (fig. 123).

Classification. — Les Oiseaux sont répartis en deux groupes : les *Carinates*, pourvus d'un bréchet et doués de la faculté de voler ; les *Coureurs* ou *Ratites*, qui n'ont pas de bréchet et dont les ailes sont impropres au vol.

Les Carinates comprennent sept ordres.

Les Ratites forment un ordre.

La répartition en ordres repose sur la conformation du *bec*, des *pattes*, des *ailes*, etc.

Cette classification est résumée par le tableau suivant.

Carinates. Sternum pourvu d'un *bréchet.*	Doigts non palmés.	Pattes courtes.	3 doigts en avant et 1 en arrière.	Bec crochu, serres.	RAPACES.	*Aigle. Hibou.*
				Bec non crochu.	PASSEREAUX.	*Hirondelle. Rossignol.*
					GALLINACÉS.	*Coq. Poule. Paon.*
					COLOMBINS.	*Pigeon. Bisei.*
			Deux doigts en avant et deux doigts en arrière.		GRIMPEURS.	*Pic. Perroquet.*
		Pattes très longues.			ÉCHASSIERS.	*Héron. Bécasse. Ibis.*
	Doigts palmés et pattes courtes.				PALMIPÈDES.	*Canard. Mouette. Cormoran.*
Ratites. Sternum sans *bréchet.*	Pattes disposées pour la course.				COUREURS.	*Autruche. Nandou.*

1. Intelligence et mœurs des Oiseaux. — Voir 1re année, p. 95.

Rapaces (*Aigle, Hibou*). — Les *Rapaces* ou Oiseaux de proie sont carnassiers. Ils ont un bec crochu, à bords tranchants, revêtu à la base d'une membrane appelée *cire* (fig. 124).

Les pattes, terminées par quatre doigts, trois en avant et un

Fig. 124.
Bec crochu d'un Oiseau de proie.

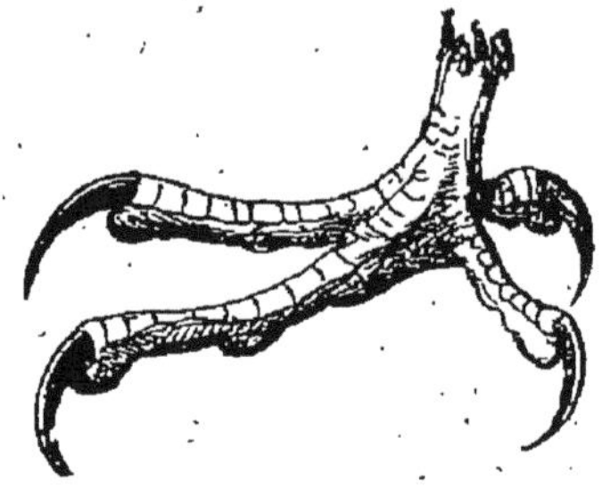

Fig. 125. — Pied de Rapace.

en arrière, sont armées de griffes puissantes nommées serres (fig. 125).

Deux grandes ailes, mues par des muscles solides, leur permettent des vols longs et rapides.

Ils forment deux groupes : les *Rapaces diurnes* et les *Rapaces nocturnes*.

Rapaces diurnes. — Les Rapaces diurnes recherchent leur nourriture pendant le jour.

L'*Aigle*, au plumage sombre, habite les hautes montagnes de l'Europe, où il chasse les Oiseaux, enlève les Moutons et parfois même s'attaque aux petits enfants.

Le *Faucon* est le plus rapide voilier.

Le *Vautour* a le cou nu et le bec très crochu.

Le *Condor* est le Vautour du Nouveau Monde.

Le *Gypaète* a les mœurs de l'Aigle.

Le *Serpentaire* vit en Afrique et se nourrit de Reptiles.

Fig. 126. — Chat-Huant.

Rapaces nocturnes. — Les Rapaces nocturnes ne chassent que la nuit. Ils ont un vol silencieux. On les reconnaît à leurs grands yeux ronds placés sur le devant de la tête.

Le *Hibou*, le *Grand Duc*, la *Chouette*, l'*Effraie* sont les principaux représentants de ce groupe. Ce sont des Oiseaux utiles à l'agriculture (fig. 126).

Passereaux *(Moineau, Rossignol, Pinson, Hirondelle)*. — Il est très difficile de définir l'ordre des Passereaux, car il comprend un très grand nombre d'espèces dont les habitudes et les adaptations sont diverses.

Ils sont de petite taille, vivent en général sur les arbres ou dans les buissons. Ils ont quatre doigts, trois en avant et un en arrière. A ce groupe appartiennent les Oiseaux chanteurs.

D'après la forme du bec, on peut diviser l'ordre des Passereaux en cinq sous-ordres :

1° les ***Fissirostres*** : bec plat et largement fendu ;

2° les ***Dentirostres*** : bec échancré et muni souvent de chaque côté d'une saillie ou dent ;

3° les ***Conirostres*** : bec gros et conique ;

4° les ***Coracirostres*** : bec conique et légèrement recourbé ;

5° les ***Ténuirostres*** : bec long et grêle.

Fissirostres. — La fidèle *Hirondelle* se nourrit d'Insectes qu'elle saisit au vol.

Les *Engoulevents* chassent pendant la nuit les Insectes nocturnes.

Les *Martinets* arrivent chez nous en mai et repartent à la fin de l'été.

Dentirostres. — Le *Merle noir*, au chant assez agréable, se nourrit d'Insectes.

La *Grive*, le *Gobe-Mouches* sont recherchés comme gibier.

Les *Mésanges* doivent être protégées.

L'*Oiseau Lyre* habite l'Australie ; il a la taille d'un Faisan.

Conirostres. — Le *Moineau*, pillard et indépendant, l'*Alouette des champs*, les *Bruants*, le *Bouvreuil* à la poitrine rouge, le *Chardonneret*, sont les principaux types de ce groupe. Ils se nourrissent d'Insectes et de graines (fig. 116).

Fig. 127. — Nid de la Fauvette couturière.

Coracirostres. — Le *Corbeau* se nourrit d'Insectes, de viande et de graines ; il est plutôt nuisible.

La *Corneille*, plus petite que le Corbeau, niche sur les arbres élevés. Elle est utile à l'agriculture, car elle détruit beaucoup d'Insectes et un grand nombre de petits Rongeurs. Citons encore la *Pie* et le *Geai*, qui nichent sur les arbres.

Ténuirostres. — La plupart de nos Oiseaux chanteurs appartiennent à ce groupe : le *Rossignol*, la *Fauvette*, le *Roitelet*, le *Rouge-Gorge*.

Les *Martins-Pêcheurs* vivent sur le bord des cours d'eau ; ils se nourrissent de Poissons et d'Insectes aquatiques (fig. 127).

L'*Oiseau-Mouche*, le *Colibri* de l'Amérique sont remarquables par leur extrême petitesse et l'éclat de leur plumage.

Fig. 128.
Pied de Gallinacé mâle.

Gallinacés ***(Coq, Poule, Dindon, Paon, Perdrix).*** — Les Gallinacés sont des Oiseaux de taille moyenne, au vol lourd, à la marche rapide, au corps épais et revêtu d'un plumage abondant. Ils ont un bec fort et convexe en dessus. Leurs pattes plus ou moins emplumées portent quatre doigts, trois en avant réunis à la base par une membrane et un en arrière qui n'est pas en contact avec le sol. Les doigts sont armés d'ongles avec lesquels ils grattent le sol pour y rechercher des graines, des Insectes et des Vers (fig. 128). Les mâles ont généralement un plumage brillant.

Fig. 129. — Le Coq, la Poule et ses Poussins.

Les *Poules* sont élevées pour leur chair délicate et leurs œufs. Les bonnes pondeuses appartiennent aux races de *Crèvecœur*, de *Houdan*, de la *Flèche*, du *Mans*, de la *Bresse*.

Le *Coq* est reconnaissable à la crête rouge qui couronne son crâne et à son *ergot* qui constitue une arme redoutable dans les combats que ces animaux se livrent entre eux (fig. 129.)

Le *Paon* est originaire de l'Inde ; le mâle a de larges plumes caudales qu'il relève et étale en éventail quand il fait la roue.

Le *Dindon* est originaire de l'Amérique du Sud.

La *Pintade* a un plumage tacheté de blanc et un chant désagréable.

Les *Perdrix* vivent en *compagnies* dans les régions accidentées.

La *Caille* entreprend de longs voyages malgré la faiblesse de son vol. Les cailles quittent nos régions en automne pour se rendre en Afrique.

Colombins. — Ils sont très voisins des Gallinacés dont ils ne diffèrent que par quelques caractères du bec et des doigts.

L'extrémité du bec est cornée; la base est renflée et recouverte d'une cire molle entourant les narines. Les doigts sont libres et placés à la même hauteur.

Le *Pigeon* est un excellent voilier; il possède à un très haut degré le sens de la direction. L'homme utilise cette faculté chez le Pigeon voyageur.

La *Tourterelle*, au corps gracieux, est élevée en domesticité.

Les *Ramiers* se distinguent des Pigeons par leurs pattes emplumées.

Le *Goura* porte une superbe aigrette sur la tête.

Grimpeurs ***(Pic, Coucou, Perroquet).*** — Les Grimpeurs ont les pattes terminées par 4 doigts : 2 dirigés en avant et 2 en arrière. Cette disposition particulière des doigts leur permet de serrer fortement les branches sur lesquelles ils perchent (fig. 130).

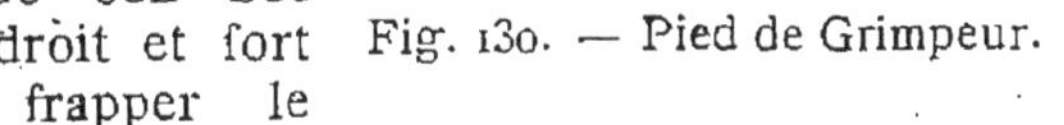

Fig. 130. — Pied de Grimpeur.

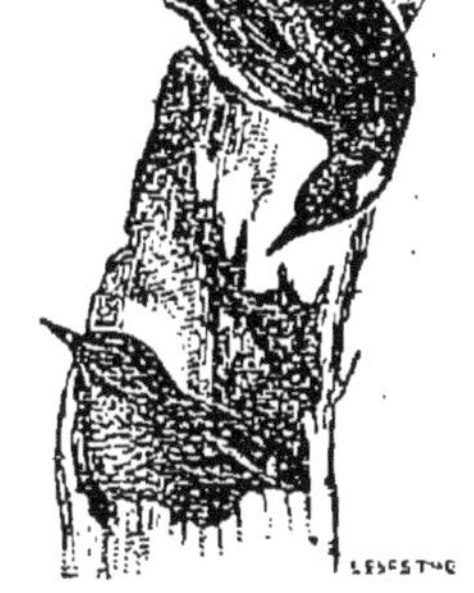

Fig. 131. — Pic-vert.

Le *Pic*, commun dans nos forêts, se sert de son bec long, droit et fort pour frapper le tronc des arbres et en faire sortir les Insectes dont il se nourrit. C'est un Oiseau très utile (fig. 131).

Le *Coucou* vit dans les bois et se nourrit de Chenilles.

Les *Perroquets*, les *Toucans* ont le bec crochu et la langue épaisse. Ils vivent en bandes dans les forêts tropicales.

Échassiers ***(Héron, Cigogne, Ibis, Bécasse).*** — Cet ordre est caractérisé par des jambes généralement longues, dépourvues de plumes sur le tarse, et par un « *long bec emmanché d'un long cou.* »

Fig. 132. — Hérons.

Le *Héron* vit au bord de l'eau et dans les marécages, il se nourrit de Poissons et de Grenouilles (fig. 132).

La *Cigogne* se rend utile en détruisant les Rongeurs et les Serpents.

L'*Ibis*, qui devient de plus en plus rare, était considéré autrefois comme un oiseau sacré.

Le *Marabout* a des plumes rares très recherchées.

Le *Râle des Genêts*, la *Bécasse*, l'*Outarde*, la *Poule d'eau* sont poursuivis comme gibier.

Palmipèdes *(Canard, Oie, Cygne, Cormoran, Pingouin, Manchot)*. — Les Palmipèdes sont des Oiseaux nageurs dont les doigts des pattes sont réunis par une membrane. Ils se meuvent facilement sur l'eau ; mais ils ont sur terre une démarche lente et disgracieuse.

Fig. 133. — Le Cormoran.

Le plumage des Palmipèdes est généralement serré et abondant. Une glande située près du cloaque sécrète une matière grasse qui empêche les plumes de se mouiller.

Cet ordre fort hétérogène comprend quatre groupes :

Fig. 134. — Le Nandou.

1° Les **Lamellirostres** : *bec large et garni de lamelles transversales destinées à tamiser la vase* ;

2° Les **Grands voiliers ou Longipennes** : *ailes puissantes et très longues* ;

3° Les **Palmipèdes complets** : *les quatre doigts sont réunis par une large membrane* ;

4° Les **Plongeurs ou Brachyptères** : *ailes courtes fonctionnant comme des rames*.

Lamellirostres. — Le *Canard sauvage* traverse nos régions au commencement de l'hiver. Le *Canard domestique* est plus gros que le Canard sauvage.

L'*Oie cendrée* est un Oiseau migrateur. Elle a donné naissance à nos variétés domestiques.

Le *Cygne* est l'ornement de nos pièces d'eau.

Avec le duvet de l'*Eider*, des régions boréales, on fabrique le véritable édredon.

Grands voiliers. — A ce groupe appartiennent les *Albatros*, du cap de Bonne-Espérance, les *Goélands*, les *Mouettes* communes sur nos côtes, les *Pétrels* des mers du Nord.

Palmipèdes complets. — Le *Pélican*, la *Frégate* et le *Cormoran* sont les principaux représentants de cette famille (fig. 133).

Plongeurs. — Ce sont des Palmipèdes dont les ailes peu développées servent surtout à la natation. Tels sont les *Pingouins*, les *Manchots* des régions antarctiques.

Ratites ***(Autruche, Nandou, Casoar).*** — Les Ratites sont des Oiseaux coureurs dont les ailes, relativement petites, sont impropres au vol. L'ordre des Coureurs est actuellement peu nombreux; il comprend l'*Autruche*, qui habite l'Afrique, le *Nandou* (fig. 134), ou Autruche d'Amérique, et le *Casoar* d'Australie, l'*Aptéryx* de la Nouvelle-Zélande.

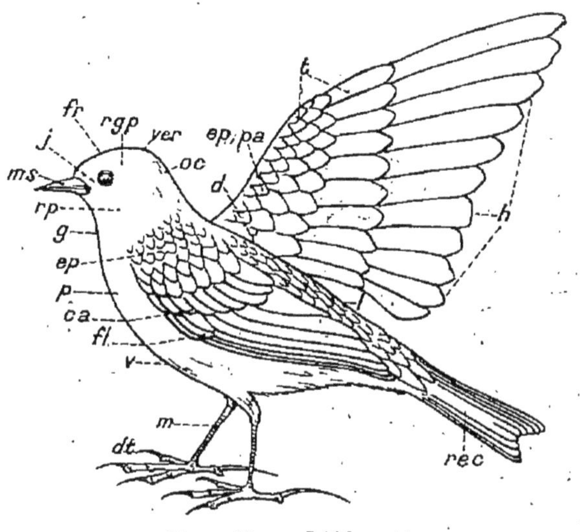

Fig. 135. — L'Alouette.

rgp, région post-oculaire; *fr*, front; *j*, joue; *ms*, mandibule supérieure; *mi*, mandibule inférieure (bec); *rp*, région parotidienne; *g*, gorge; *ep*, épaulette; *p*, poitrine; *ca*, couvertures des ailes; *fl*, flancs; *v*, ventre; *m*, métatarses; *dt*, doigts, 3 en avant, 1 en arrière; *l*, lombes; *h*, rémiges; *t*, tectrices; *ep*, *pa*, épaulette (paraptères); *d*, dos; *oc*, occiput; *ver*, vertex; *rec*, rectrices.

L'Autruche est le plus grand des Oiseaux actuels. Le mâle a un plumage noir, celui de la femelle est gris. Les plumes des ailes et de la queue sont recherchées pour la parure. Une dépouille d'Autruche vaut de 100 à 200 francs. On utilise sa chair et sa graisse; on l'emploie aussi comme bête de trait et de selle. La femelle pond une vingtaine d'œufs. Chaque œuf équivaut à 24 œufs de Poule.

Manipulation. — **L'Oiseau** : l'*Alouette*. (Fig. 135). — ***Morphologie externe*** : 1° Noms des diverses parties du corps; 2° Etude des plumes.

11e LEÇON

Classe des Mammifères.

Les Mammifères sont des vertébrés à respiration exclusivement pulmonaire et à température constante. Ils ont le corps couvert de poils. Ils sont vivipares et portent des mamelles.

Caractères extérieurs. — Les Mammifères ont le corps couvert de poils. Ceux-ci ne manquent que chez les Cétacés (*Baleine*) et encore en existe-t-il chez ces animaux à une certaine époque de leur développement.

Les poils proviennent d'un bourgeon épidermique qui s'enfonce profondément dans une cavité appelée *follicule*. Ils comprennent une partie libre, la *tige*, et une partie située dans le follicule, la *racine* (fig. 136).

Fig. 136. — Coupe de la peau chez l'Homme.
a, couche cornée ; *b*. couche de Malpighi ; *c*, derme ; *e*, glande sudoripare ; *f*, glande sébacée et poil ; *c*, graisse.

L'extrémité de la racine coiffe une papille du derme qui renferme un peloton de vaisseaux et des nerfs. La papille et la coiffe constituent le *bulbe*.

Un *muscle horripilateur* va de la base du bulbe à la surface du derme. En se contractant, il soulève et fait jaillir légèrement la peau ; c'est ce qui produit la *chair de poule*.

De petites glandes en grappes, les *glandes sébacées*, déversent un liquide gras dans le follicule. Cette secrétion lubrifie le poil. On distingue les poils longs et raides, les *jarres*, et les poils fins et courts, le *duvet*.

Les *crins* du Cheval, les *soies* du Porc, les *piquants* du Hérisson, la *laine* de la brebis sont autant de variétés de poils.

Le revêtement pileux s'oppose au refroidissement du corps ; cela explique pourquoi les Mammifères des régions froides ont des poils longs, soyeux et de couleur claire. Les magnifiques fourrures nous viennent des pays où les hivers sont très rudes.

Les Mammifères des contrées chaudes ont, au contraire, des poils secs et de couleur sombre.

Les ongles, les griffes, une partie de la carapace des Tatous sont également des productions de la peau.

Les mamelles, si caractéristiques des Mammifères, sécrètent le lait (2e année, page 76). Leur nombre est très variable, il peut en exister jusqu'à 10 paires.

Les membres au nombre de 4 : 2 membres antérieurs et 2 membres postérieurs, supportent le corps et assurent la locomotion de l'animal. Ils sont suspendus au tronc par deux ceintures : la ceinture scapulaire et la ceinture pelvienne dont nous avons étudié la constitution (2e année, page 92).

La clavicule est peu développée ou manque même chez les Mammifères dont les membres antérieurs n'effectuent pas des mouvements étendus de latéralité (*Ongulés*).

Appareil digestif. — L'appareil digestif des Mammifères comprend, comme celui de l'Homme, un *tube digestif* et des *glandes annexes*.

Les variations sont relatives :

1° *à la dentition et au mode d'articulation des mâchoires* ;
2° *au volume et à la forme de l'estomac* ;
3° *à la longueur de l'intestin* (2e année, page 27).

Appareil respiratoire et appareil circulatoire. — L'appareil respiratoire et l'appareil circulatoire n'offrent rien de particulier.

Le cœur est toujours à 4 cavités : 2 *oreillettes* et 2 *ventricules*.

L'aorte forme une crosse recourbée vers le côté gauche.

Système nerveux et organes des sens. — Le cerveau et le cervelet sont très développés. Chez les Primates (*Homme*, *Singe*), les hémisphères cérébraux recouvrent même le cervelet.

Les organes des sens sont très perfectionnés.

L'œil est bien protégé.

L'appareil auditif comprend l'*oreille interne*, l'*oreille moyenne* et l'*oreille externe* pourvue d'un pavillon souvent très mobile.

L'odorat est parfois d'une telle finesse que certains Mammifères (*Chien*) sentent leur proie à une grande distance.

Le toucher s'exerce par toute la surface de la peau ; mais certaines régions sont plus aptes que d'autres à recueillir les impressions tactiles. Les poils de la face sont souvent d'une sensibilité extrême.

Les Mammifères sont vivipares, c'est-à-dire que leurs œufs, très petits, se développent dans le sein maternel.

Les Monotrèmes seuls pondent des œufs ; cette particularité et plusieurs autres caractères les rapprochent des Oiseaux, ce qui leur a valu le nom d'*Ornithodelphes*.

Les Marsupiaux donnent naissance à des petits si faibles qu'ils doivent se réfugier dans une poche que possède la mère sur sa face ventrale. Au fond de cette poche, se trouvent les mamelles.

Les jeunes Marsupiaux n'en sortent que lorsqu'ils sont assez forts pour vivre en liberté. Il existe pour eux deux naissances en quelque sorte, de là le nom de ***Didelphes*** qu'on leur donne, les opposant aux autres Mammifères qui n'ont qu'une naissance (***Monodelphes***).

Classification. — D'après leur mode de développement les Mammifères se répartissent en trois classes :

1° les ***Ornithodelphes*** qui comprennent l'ordre des *Monotrèmes* ;

2° les ***Didelphes*** qui comprennent l'ordre des *Marsupiaux* ;

3° les ***Monodelphes*** qui comprennent 14 ordres environ comme l'indique le tableau suivant :

Mammifères.	I. — **Monodelphes.**	Plusieurs sortes de dents.	Onguiculés.	Mains		Primates.	*Homme.* *Gorille.*
						Lémuriens.	*Maki.*
				Carnassiers.	Terrestres.	Carnivores.	*Chat.*
					Aquatiques.	Amphibies.	*Phoque.*
				Insectivores.	Aériens.	Chéiroptères.	*Chauve-souris.*
					Terrestres.	Insectivores.	*Taupe.*
				Dentition incomplète		Rongeurs.	*Lapin.*
			Ongulés.	Nombre impair de doigts.	5 doigts.	Proboscidiens. (Éléphants.)	*Éléphant.*
					3 doigts.	Rhinocéros.	*Rhinocéros.*
					1 doigt.	Jumentés.	*Cheval.*
				Nombre pair de doigts.	4 doigts.	Porcins.	*Porc.*
					2 doigts.	Ruminants.	*Bœuf.*
		Dents semblables.		Vie terrestre		Édentés.	*Fourmilier.*
				Vie aquatique		Cétacés.	*Baleine.*
	II. — **Didelphes.**			Poche marsupiale.		Marsupiaux.	*Kanguroo.*
	III. — **Ornithodelphes.**			Pondent des œufs, un cloaque.		Monotrèmes.	*Ornithorhynque.*

Onguiculés.

PRIMATES

Les Primates sont les Mammifères pourvus de mains; ils comprennent deux groupes les *Bimanes* et les *Quadrumanes*.

BIMANES (HOMME)

L'Homme est le seul représentant de l'ordre des Bimanes. Il

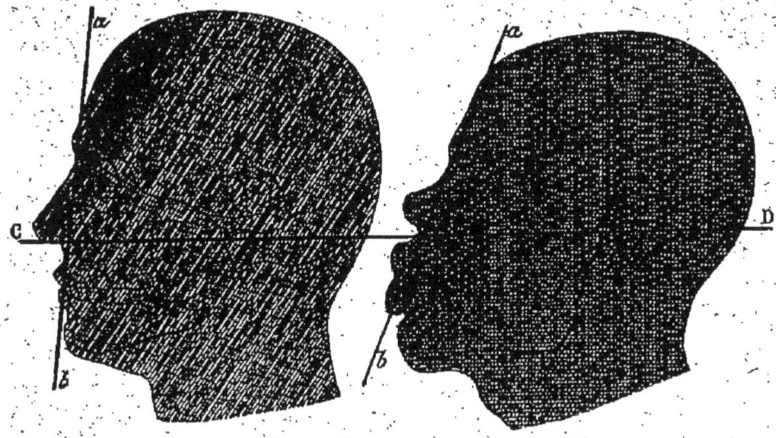

Fig. 137. — Comparaison de l'angle facial chez un Européen et chez un Nègre.

est supérieur aux autres Mammifères par son *intelligence*, son *langage articulé* et son *attitude droite*.

L'espèce humaine comprend quatre races principales :

La *race blanche* : peau blanche, lèvres minces, cheveux lisses, visage ovale, angle facial très ouvert. Occupe l'Europe, l'Afrique, une partie de l'Asie (fig. 137).

La *race jaune* : teint jaunâtre, nez écrasé, yeux obliques, pommettes saillantes (*Chine, Japon*).

La *race rouge* : teint cuivré, nez droit, joues saillantes (Amérique).

La *race nègre* : peau noire, cheveux crépus, nez écrasé, lèvres épaisses, angle facial aigu (*Afrique, Australie*).

QUADRUMANES (SINGES : *Gorille, Chimpanzé*).

Les Singes ont le pouce des mains et des pieds opposables aux autres doigts (fig. 138).

Leurs membres antérieurs sont plus longs que les membres postérieurs.

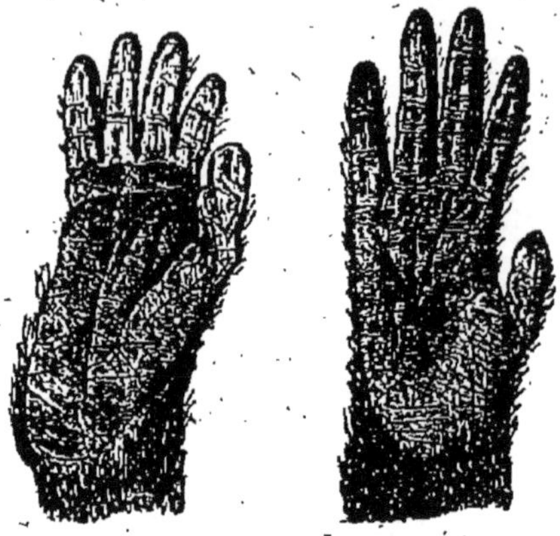

Fig. 138. — Pied et main d'un Singe.

Ils se tiennent obliquement ou horizontalement pendant la marche.

Leurs doigts sont armés d'ongles plats et leur corps est couvert de poils fins, sauf sur certaines parties de la face, de la paume de la main et parfois de la région postérieure du corps (*callosités fessières*).

Les singes sont arboricoles; ils se nourrissent de fruits, mais ne dédaignent pas les Insectes et les œufs.

Singes de l'ancien continent. — Ils ont comme l'Homme 32 dents $\left(\textit{formule dentaire} : \frac{2}{2}\text{ I.}, \frac{1}{1}\text{ C.}, \frac{2}{2}\text{ PM.}, \frac{3}{3}\text{ M.}\right)$. La bouche porte de chaque côté des poches (*abajoues*) destinées à loger les provisions.

La queue, quand elle existe, n'est jamais prenante.

On les divise en deux groupes : les *Anthropoïdes* et les *Singes ordinaires*.

Anthropoïdes. — Les Anthropoïdes ressemblent beaucoup à

Fig. 139. — Le Chimpanzé.

Fig. 140. — L'Ouistiti.

l'Homme, mais ils ont le front fuyant et les mâchoires proéminentes. Ils n'ont pas de queue.

L'*Orang-outang* (Bornéo), le *Gorille* (Afrique), le *Chimpanzé* (fig. 139) (Afrique), le *Gibbon* (Asie) sont les représentants de ce groupe.

Singes ordinaires. — Presque tous ces Singes ont une queue et marchent en s'appuyant sur leurs quatre mains

Les *Macaques* (Asie) et les *Guenons* (Afrique) ont une queue.
Le *Magot* habite le nord de l'Afrique et le sud de l'Espagne, il n'a pas de queue.
Les *Cynocéphales* ont le museau très allongé; ils habitent l'Afrique et l'Arabie (*Hamadryas*).

Singes du nouveau continent. — Ceux-ci ont 36 dents, les narines écartées, une queue longue, flexible et prenante. Ils n'ont pas de callosités fessières.

Parmi ces singes, il faut citer : les *Atèles*, les *Sapajous*, les *Ouistitis* (fig. 140).

LÉMURIENS

Les Lémuriens s'éloignent des vrais Singes par leur dentition qui se rapproche de celle des Insectivores, leur museau allongé et leurs nombreuses mamelles.

Ils sont cantonnés dans l'île de Madagascar et dans les îles de la Sonde.

Ce groupe comprend le *Maki* et les *Singes volants*.

CARNIVORES

Les carnivores se nourrissent presque exclusivement de chair.

Leur dentition est très particulière : Les *incisives* sont courtes; les *canines*, très longues, constituent les *crocs* ; les *molaires*, présentent des crêtes aiguës et tranchantes (fig. 141). L'une des molaires, plus grosse que les autres, est appelée *carnassière*; c'est la dernière prémolaire à la mâchoire supérieure, la première molaire à la mâchoire inférieure.

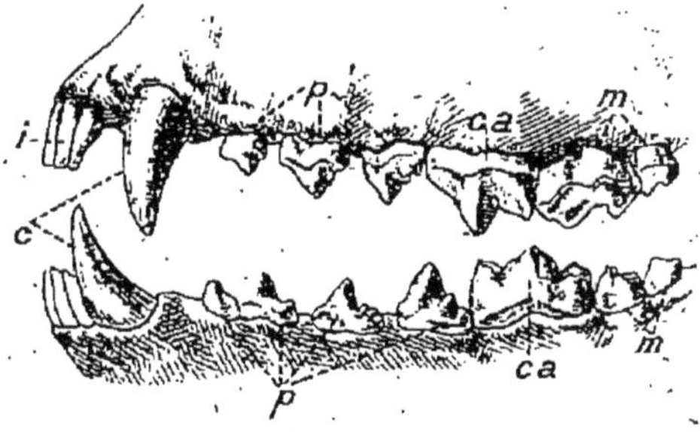

Fig. 141. — Dentition du Chien.
i, incisives; *c*, canines, *p*, prémolaires; *ca*, carnassières; *m*, molaires.

Les carnivores ont des doigts armés de griffes puissantes. Ils sont intelligents et très agiles.

Les uns marchent sur les extrémités des doigts ; ce sont les ***Digitigrades***. Les autres, plus lourds, appuient à terre la plante entière des pieds ; ce sont les ***Plantigrades***.

Carnivores.	I. Digitigrades.	Griffes rétractiles.	Félidés.	*Chat.* *Tigre.* *Jaguar.* *Lion.* *Couguar* ou *Puma.* *Panthère.*
		Dentition franchement carnivore, ongles non rétractiles.	Hyénidés.	*Hyène.*
		Moins carnassiers, griffes non rétractiles.	Canidés.	*Chien.* *Loup.* *Renard.* *Chacal.*
		Corps allongé, pattes courtes, très sanguinaires.	Mustellidés.	*Martre.* *Fouine.* *Zibeline.* *Hermine.* *Putois.* *Loutre.*
		Plantigrades ou digitigrades ; ongles rétractiles ou non.	Civettes.	*Civette.* *Genette.* *Mangouste.*
	II. Plantigrades.	Régime omnivore.	Ursidés.	*Ours.*

Félidés. — Les Félidés sont les carnassiers par excellence.

Le *Chat* vit dans nos maisons soit comme animal d'agrément, soit en auxiliaire, employé à la chasse des rongeurs. Le chat a 5 doigts aux pattes de devant et 4 à celles de derrière. La dernière phalange, qui porte la griffe, est relevée au repos par un ligament élastique. Dans cette position les griffes sont cachées dans la fourrure. On dit alors que le Chat fait « *patte de velours* ».

Fig. 142. — Le Tigre royal.

Le *Tigre* (Inde), au pelage rayé, est très féroce (fig. 142).

Le *Lion* (Asie, Afrique) est aussi fort que le Tigre, mais moins sanguinaire.

Le *Jaguar*, le *Couguar* ou *Puma*, habitent le nouveau monde.

Hyénidés. — Les Hyènes n'ont pas les ongles rétractiles, leur dentition rappelle celle du Chien. Ces animaux, qui habitent l'Afrique, se nourrissent de cadavres.

Canidés. — Le *Chien* a de grandes qualités, aussi est-il devenu dès la plus haute antiquité le fidèle compagnon de l'Homme. Il diffère des Félins par son museau plus allongé et ses pattes pourvues de griffes peu aiguës et non rétractiles. Il possède 42 dents, ses molaires tuberculeuses lui permettent de broyer les os.

Fig. 143. — Le Renard.

Fig. 144. — L'Hermine.

La domestication du Chien a eu pour résultat de faire apparaître un grand nombre de races. Toutes ces races se ramènent à quelques types principaux.

Type Lévrier : levrette, lévrier d'Afrique, lévrier d'Ecosse.

Type Mâtin : Chien danois, Chien du Mont Saint-Bernard.

Type Epagneul : Terre-Neuve, caniche, griffon.

Type Dogue : boule-dogue.

Type Basset : bassets, aux pattes très courtes, etc.

Le *Loup*, au museau pointu, aux oreilles droites, à la queue pendante, au pelage fauve, est peu courageux.

Le *Renard* a le museau pointu et la queue touffue (fig. 143).

Le *Chacal* vit en troupes nombreuses; il habite l'Afrique.

Mustélidés. — La *Martre*, le *Putois*, l'*Hermine*, la *Belette*, la *Loutre*, la *Moufette* forment une famille de petits Carnivores au corps allongé, aux pattes courtes. Ils sont très sanguinaires; ils commettent de grands dégâts dans nos volières et dans nos basses-cours. La plupart ont une fourrure très appréciée (fig. 144).

La *Loutre*, aux pieds palmés, se nourrit de Poissons.

Civettes. — La Civette vit en Afrique, c'est un animal très sanguinaire, remarquable par les glandes anales qui sécrètent un produit ayant l'odeur du musc.

Plantigrades : *Ursidés.* — L'*Ours* est le type des Plantigrades. Il se nourrit de viande, de fruits et de racines.

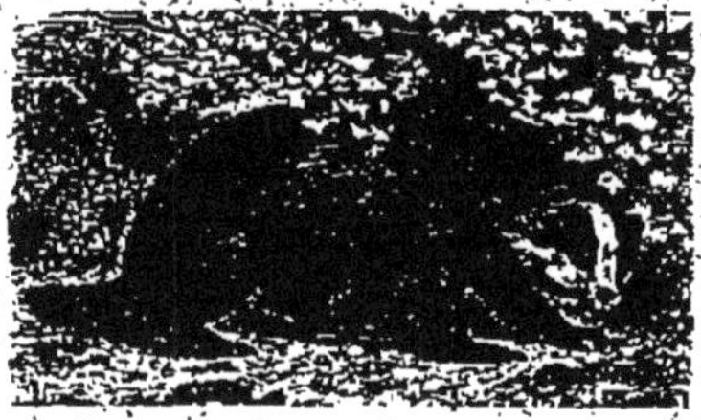

L'*Ours brun* habite l'Europe et une partie de l'Asie.

L'*Ours blanc* habite les régions polaires.

L'*Ours Malais* habite l'Inde.

Fig. 145. — Le Blaireau.

Le *Blaireau* est assez commun dans nos pays. On le reconnaît de loin à l'odeur que dégagent des glandes puantes. Son corps est recouvert de poils longs employés dans la brosserie fine (fig. 145).

AMPHIBIES

Les Amphibies, *Phoques*, *Morses*, *Otaries*, sont adaptés à la vie aquatique. Leur corps est allongé et presque cylindrique. Les membres antérieurs, courts, sont terminés par des palettes. Les membres postérieurs sont rejetés en arrière, dans le prolongement du corps. Leur dentition est voisine de celle du chat.

Fig. 146. — Le Morse.

Les *Phoques* et les *Morses* se rencontrent dans les régions arctiques; les Morses ont les canines supérieures prolongées en défenses (fig. 146). Les *Otaries* vivent sur les côtes du Pacifique.

INSECTIVORES

Caractères généraux. — Les Insectivores sont caractérisés par leur dentition, composée, pour chaque mâchoire, de

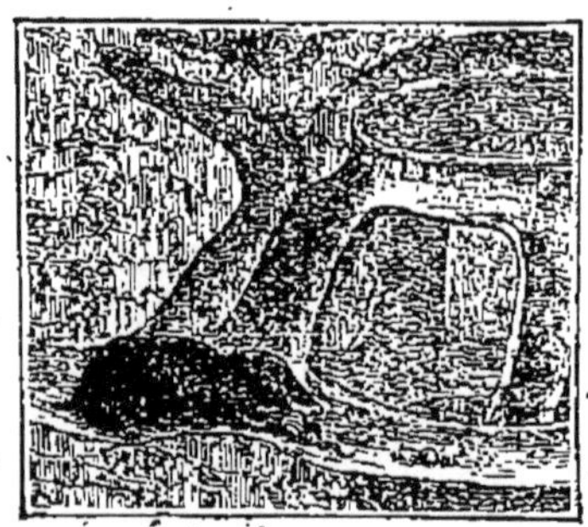

Fig. 147. — La Taupe.

Fig. 148. — Le Hérisson.

trois paires d'incisives, d'une paire de canines et d'un nombre variable de molaires présentant des tubercules aigus. Ils sont en général de petite taille; ils ont des yeux petits et un pavillon peu étendu.

Ils sont représentés dans nos pays par la *Taupe*, le *Hérisson* et la *Musaraigne*.

La **Taupe** est un animal très utile, se nourrissant d'Insectes, de larves, de Vers et de Reptiles. Elle creuse une habitation souterraine ou *taupinière* composée de plusieurs galeries. Son corps est protégé par une fourrure douce dont on fait des coiffures et des doublures (fig. 147).

Le **Hérisson** a le corps couvert de piquants; il peut se rouler en boule lorsqu'il est attaqué. Il chasse au crépuscule les Vers, les Souris et même les Vipères (fig. 148).

La **Musaraigne** a un museau long et pointu.

Le Hérisson et la Musaraigne sont des animaux *hibernants*. La Taupe, mieux abritée dans son souterrain, conserve son activité toute l'année.

CHÉIROPTÈRES

Caractères généraux. — Les Chéiroptères sont des Insectivores adaptés à la vie aérienne. Ils peuvent voler grâce à leurs membres antérieurs transformés en ailes. A cet effet, les doigts, sauf le pouce, sont longs, grêles et soutiennent, à la manière des baleines d'un parapluie, une large membrane qui part de la nuque, s'attache au corps, enveloppe les membres et la queue (fig. 149).

Ce sont des animaux nocturnes; leurs yeux sont très petits; mais les organes du tact et de l'ouïe sont très développés.

L'*Oreillard* est remarquable par ses longues oreilles.

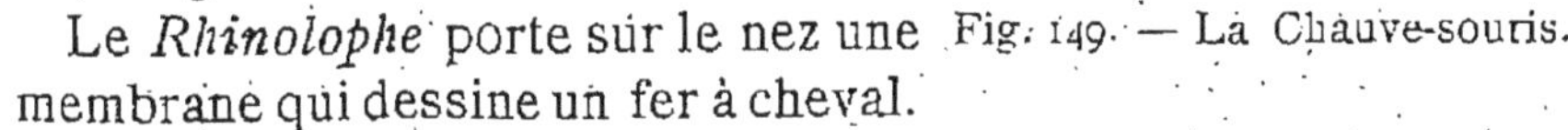

Fig. 149. — La Chauve-souris.

Le *Rhinolophe* porte sur le nez une membrane qui dessine un fer à cheval.

Le *Vespertilion* pénètre jusque dans nos maisons.

Tous ces Chéiroptères se nourrissent d'Insectes.

Les *Roussettes* de l'Inde et de l'Australie se nourrissent de fruits.

Les *Vampires* de l'Amérique ont une grande taille; ils sucent le sang des autres Mammifères.

RONGEURS

Caractères. — Les Rongeurs se nourrissent de fruits, de graines et de racines. Leur dentition est tout à fait en rapport avec ce régime alimentaire. Ils possèdent quatre grandes incisives recourbées en arc, dépourvues de racines (fig. 150), et protégées sur leur face antérieure par une couche d'émail. Ces incisives, à croissance continue, s'usent constamment par le frottement. Comme le bord postérieur, sans émail, s'use plus rapidement, elles sont taillées en biseau.

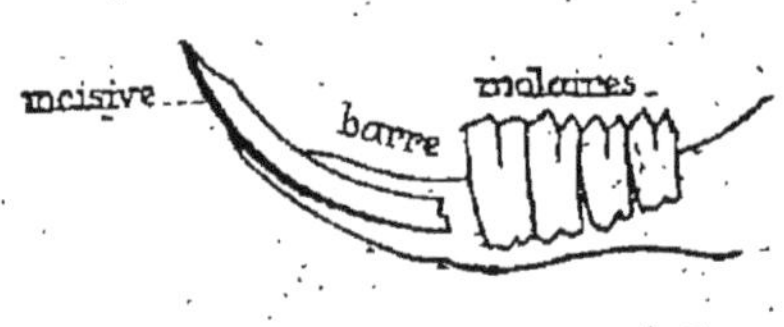

Fig. 150. — Dentition de Rongeur.

Les canines manquent. Les molaires recouvertes par des replis d'émail sont séparées des canines par un espace vide appelé *barre*. *Formule dentaire* $= \frac{1}{1}$ I. $\frac{0}{0}$ C. $\frac{2 \text{ à } 6}{2 \text{ à } 6}$ M.

Les mâchoires se déplacent d'avant en arrière et fonctionnent comme une râpe.

Principaux genres. — Les **Rats** ont un museau pointu, de grandes oreilles, une queue longue et écailleuse. Ils sont agiles, voraces et se multiplient avec une extrême rapidité. Le *Rat noir*, la *Souris* sont dans les greniers, le *Surmulot* visite les caves, le *Mulot* vit dans les champs, le Rat des moissons se construit un nid dans les Blés.

La ***Marmotte** commune* a les pattes courtes, les oreilles petites et un pelage sombre. Elle est répandue dans les montagnes de l'Europe centrale. Elle passe l'hiver endormie dans un profond terrier.

Le ***Loir***, au pelage gris, l'**Ecureuil**, de couleur rougeâtre, ont une queue touffue (fig. 151).

Fig. 151. — Le Loir.

Fig. 152. — Le Porc-épic.

Le **Cobaye** ou Cochon d'Inde, vrai *martyr de la Science*, sert aux inoculations dans les laboratoires.

Le **Porc-épic** est remarquable par ses piquants (fig. 152).

Les **Castors**, rares en Europe, forment au Canada des colonies nombreuses. Ils construisent des digues et des habitations dans l'eau avec de la vase et du bois.

Le *Lièvre* est un animal craintif et agile.

Le ***Lapin***, proche parent du Lièvre, préfère le calme du terrier aux émotions de la fuite.

Le Lièvre et le Lapin sont recherchés pour leur chair et pour leur peau dont les poils sont précieux pour la chapellerie.

Les Rongeurs sont mal outillés pour se défendre ; ils échappent à leurs ennemis en se dissimulant (*Souris*), en se rendant inaccessibles (*Marmotte*) ou en fuyant (*Lièvre*).

12e LEÇON

Ongulés.

Mammifères dont l'extrémité des doigts est entourée d'un ongle épais et fort appelé sabot. Ils sont herbivores.

Ils comprennent deux groupes :

1° *Les ongulés dont le nombre des doigts est impair : Proboscidiens, Rhinocéros, Jumentés.*

2° *Les ongulés dont le nombre des doigts est pair : Porcins, Ruminants.*

PROBOSCIDIENS OU ÉLÉPHANTS

Caractères. — Les Éléphants sont caractérisés par leur nez

Fig. 153. — L'Éléphant.

prolongé en une longue *trompe* qui leur sert d'organe de préhension, leurs défenses provenant de leurs incisives supérieures, leurs oreilles pendantes, leurs petits yeux et leur peau ridée.

Leur dentition comprend 2 incisives (défenses) et 4 grosses molaires.

Fig. 154. — Le Tapir.

Leurs membres sont terminés par 5 doigts munis de sabots aplatis.

Les *Éléphants* sont intelligents ; ces gros animaux, *comme les géants de tous les groupes,* tendent à disparaître.

Il n'en existe que deux espèces : l'*Éléphant d'Afrique* plus gros que l'*Éléphant d'Asie*. L'Éléphant peut vivre 150 ans (fig. 153).

Fig. 155. Pied de Cheval. *bc*, tibia et péroné ; *d*, carpe ; *d'*, os canon ; *d''*, doigt.

RHINOCÉROS

Le Rhinocéros est énorme et lourd ; sa peau est très épaisse et ses membres sont terminés par 3 doigts.

Le **Rhinocéros d'Afrique** a deux cornes sur le nez.
Le **Rhinocéros d'Asie** n'a qu'une corne.

Le **Tapir** a quatre doigts aux pattes de devant et trois à celles de derrière. Son museau est terminé par une petite trompe. Il vit dans les marécages de l'Inde et de l'Amérique du Sud (fig. 154).

JUMENTÉS

Caractères. — L'ordre des Jumentés ou des Solipèdes est caractérisé par la réduction du nombre des doigts à un seul placé dans le prolongement de l'*os canon* provenant de la soudure des os métacarpiens ou métatarsiens (fig. 155).

La dentition des Jumentés comprend des incisives, des canines très réduites, quand elles existent, et des molaires. Entre celles-ci et les incisives se trouve un large espace appelé *barre*.

Principales espèces. — Les ***Chevaux*** sont admirablement organisés pour la course, ils sont herbivores. Leur dentition comprend pour chaque mâchoire 6 incisives, 12 molaires et 2 canines très petites manquant souvent chez la Jument. Les incisives s'usent par leur extrémité libre. Suivant le degré d'usure et les dessins qu'elles présentent on reconnaît l'âge du Cheval. Le Cheval est devenu l'auxiliaire de l'Homme dès l'aurore de la civilisation ; il a donné naissance à une foule de races :

Cheval arabe, pur sang anglais, Cheval boulonnais, breton, ardennais, normand, percheron, etc.

L'***Ane*** est plus petit que le Cheval, mais plus sobre et plus rustique.

Le ***Mulet*** provient du croisement de l'Ane et de la Jument.

L'***Hémione*** est une espèce d'Ane sauvage.

Le ***Zèbre*** d'Afrique a le pelage rayé.

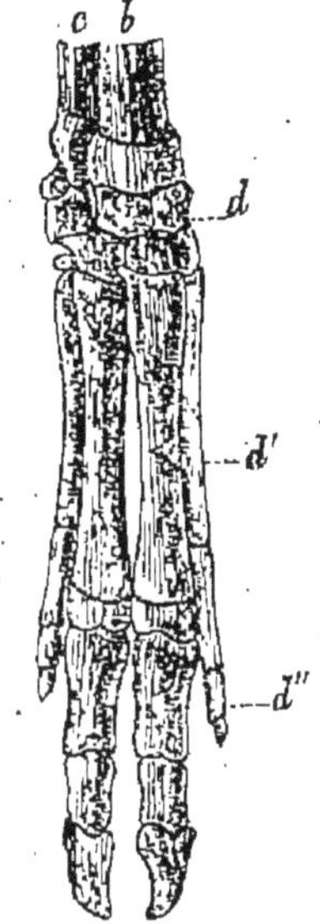

Fig. 156. Pied de Porc. *bc*, tibia et péroné ; *d*, carpe ; *d'*, métacarpe ; *d''*, doigt.

PORCINS

Caractères. — Les Porcins ont une peau épaisse recouvrant une couche de lard. Leur dentition est complète et adaptée au régime omnivore.

Leurs membres sont terminés par 4 doigts ; mais les os

Fig. 157. — L'Hippopotame.

du métacarpe et du métatarse ne sont pas soudés (fig. 156).

Principaux genres. — Le **Sanglier** est un assez gros animal. Son corps est couvert de poils raides (*soies*). Son museau est terminé par un *groin* ou *boutoir*.

Les Sangliers sortent de préférence la nuit pour dévaster les champs de Pommes de terre et de Betteraves. Ils fouillent le sol à l'aide de leurs canines inférieures dressées vers le haut et prolongées en défenses.

Les mâles sont appelés *solitaires*, les femelles *laies*, les petits *marcassins*.

Le **Porc** descend du Sanglier; il est élevé pour sa chair que l'on mange fraîche, salée et fumée.

L'**Hippopotame** vit dans les fleuves de l'Afrique centrale; c'est un animal hideux et féroce (fig. 157).

RUMINANTS

Caractères généraux. — Les Ruminants ont leurs membres terminés par 2 doigts égaux qui s'articulent avec 2 os métacarpiens ou métatarsiens soudés en un seul, appelé *canon*. Ces 2 doigts sont parfois accompagnés de 2 autres doigts latéraux très petits ou de 2 *stylets* (fig. 158).

Fig. 158. Pied de Ruminant. *cb*, tibia et péroné; *d*, carpe; *d'*, os canon; *d''*, doigt.

Ils sont tous herbivores et leurs molaires présentent des replis sinueux leur permettant de broyer les herbes coupées par les incisives de la mâchoire inférieure. Les canines peuvent exister à la mâchoire supérieure seulement, comme armes de défense, chez les Ruminants dépourvus de cornes.

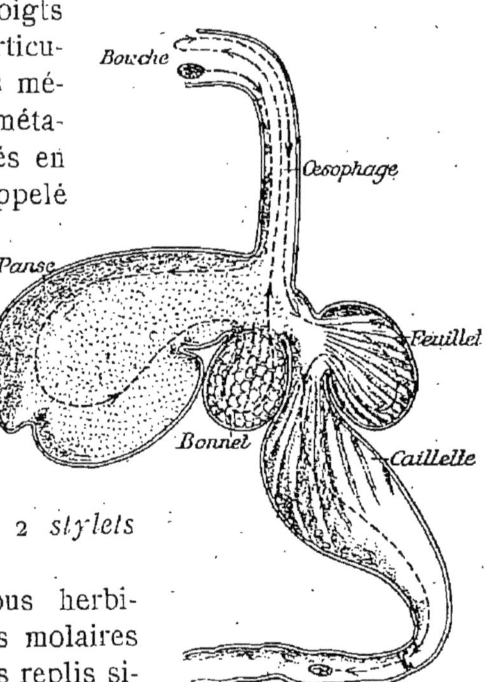

Fig. 159. Estomac de la Vache.

Tous ces animaux ont la faculté de *ruminer*, c'est-à-dire de mâcher et d'avaler deux fois de suite les mêmes aliments. Leur estomac est composé de 4 poches ; la *panse*, le *bonnet*, le *feuillet* et la *caillette* (fig. 159), (1re année, page 80).

La plupart des Ruminants ont le front orné de cornes persistantes (*Bœuf*) ou caduques (*Cerf*).

Classification et principaux genres. — L'ordre des Ruminants est intéressant par le nombre et l'utilité de ses représentants.

Il comprend 5 familles dont les caractères essentiels sont résumés dans le tableau suivant.

	Familles.		
Ruminants.	CAVICORNES.	Cornes creuses et persistantes soutenues par un prolongement de l'os frontal.	*Bœuf. Mouton. Chèvre. Chamois. Isard. Gazelle.*
	CERVIDÉS.	Cornes pleines, rameuses et caduques.	*Cerf. Renne. Chevreuil. Elan.*
	GIRAFES.	Cornes petites, pleines et persistantes.	*Girafe.*
	CAMÉLIDÉS.	Pas de cornes, mais des canines à la mâchoire supérieure.	*Chameau. Dromadaire. Lama. Vigogne. Alpaca.*
	CHEVROTAINS.	Pas de cornes, le mâle est pourvu de canines transformées en défenses.	*Chevrotain Porte-musc*

Cavicornes. — Le *Bœuf* est un animal très utile, il nous fournit son travail, sa chair, sa graisse, sa peau dont on fait du cuir, ses cornes avec lesquelles on fabrique divers objets. La *Vache* nous donne son lait; le jeune ou *Veau* a une chair délicate. Le Bœuf existait à l'état sauvage dans l'ancienne Gaule, on l'appelait *Auroch*; il a donné naissance à une foule de races dont les principales sont celles du *Charolais*, de *Durham*, de *Normandie*, de *Flandre*.

Fig. 160. — Mouton sauvage d'Asie.

Le *Zébu*, le *Bison*, le *Buffle* vivent à l'état sauvage.

La *Chèvre* est très rustique.

Le *Mouton* a des cornes ridées souvent enroulées en spirale et une longue queue pendante. Il fournit à l'Homme sa chair, son lait, son poil connu sous le nom de laine (fig. 160).

Le Chamois qui habite les hauts sommets des Alpes et des Pyrénées, la Gazelle qui habite l'Afrique sont très agiles.

Cervidés. — Les cornes des cervidés sont pleines et ramifiées. On leur donne le nom de *bois*. Elles sont sujettes à des chutes périodiques. Les cornes sont recouvertes d'une peau velue qui se dessèche et tombe; elles prennent alors l'aspect du bois. Les premières cornes sont simples, celles qui les remplacent présentent une ramification latérale ou *andouiller*; les suivantes sont de plus en plus ramifiées, si bien qu'on peut reconnaître, à l'aspect des bois, l'âge de l'animal.

Fig. 161. — Le Chevrotain.

Les *Cerfs* vivent en troupes avec leurs petits.

Le *Chevreuil* est plus petit que le Cerf, ses cornes sont peu ramifiées.

Le *Renne* est un animal précieux pour les habitants des régions septentrionales.

Girafes. — Les *Girafes*, au long cou, habitent l'Afrique.

Camélidés. — Cette famille est représentée par le *Chameau* à deux bosses (Asie); le *Dromadaire* (Afrique) qui n'a qu'une bosse; le *Lama* (Amérique) dépourvu de bosse ainsi que la *Vigogne* et l'*Alpaca* qui fournissent une laine très estimée.

Chevrotains. — Le *Chevrotain porte-musc* mâle a deux défenses à la mâchoire supérieure. Il porte sous le ventre une poche où se produit une matière odorante, le *musc*. Il vit dans l'Inde (fig. 161).

Mammifères dont les dents sont semblables (Homodontes).

ÉDENTÉS

Fig. 162. — Le Fourmilier.

Caractères. — Les Édentés sont complètement dépourvus de dents (*Fourmilier*) ou ils possèdent sur les parties latérales des deux mâchoires des dents petites et toutes semblables. Ils sont en général pourvus de griffes et se nourrissent d'Insectes et de matières végétales.

Principaux genres : Le *Fourmilier* a le corps couvert de poils et une queue touffue. Sa langue très longue et enduite d'une salive visqueuse, lui permet de capturer les fourmis (fig. 162).

Le *Tatou* a le corps recouvert d'écailles.

Le *Paresseux* est lent et craintif.

CÉTACÉS

Caractères. — Les Cétacés ressemblent à s'y méprendre à des Poissons; ils habitent la haute mer ou les grands fleuves. Leurs membres antérieurs sont transformés en nageoires. Leurs membres postérieurs ne se développent pas. Le corps est terminé par une nageoire horizontale formée par un large repli de la peau.

Principaux genres. — La *Baleine*, le *Dauphin*, le *Marsouin*, le *Cachalot*, méritent le nom de *Souffleurs*. Leurs narines s'ouvrent

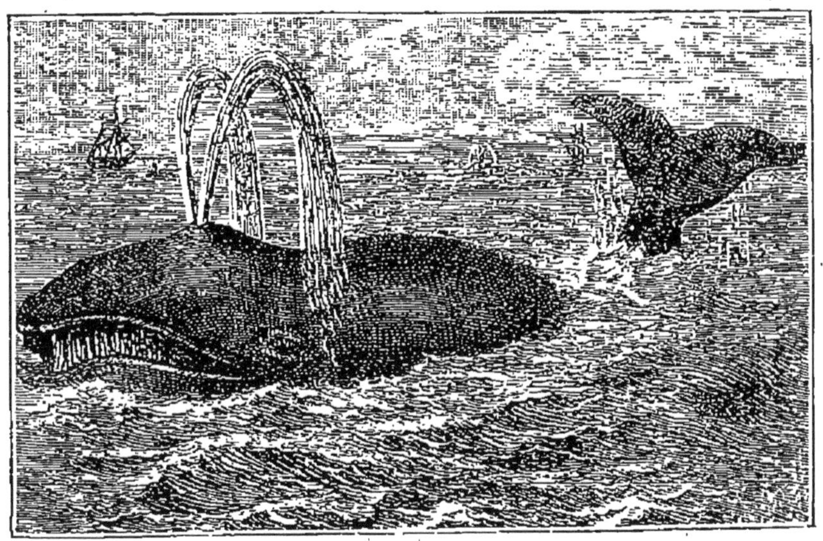

Fig. 163. — La Baleine.

sur le haut de la tête par deux orifices appelés évents, permettant à ces animaux de respirer en affleurant à la surface de l'eau. Ils rejettent avec force, par ces évents, l'air saturé de vapeur d'eau provenant de la respiration.

Chez la *Baleine*, les dents sont remplacées par des fanons (fig. 163).

L'intestin du *Cachalot* fournit l'ambre gris.

Le *Dugong* de l'Océan Indien, le *Lamantin* des grands fleuves de l'Amérique et de l'Afrique sont herbivores; ils ont des incisives et des molaires (*Siréniens*).

DIDELPHES : MARSUPIAUX

Caractères généraux. — Les Marsupiaux sont des Mammifères pourvus sur leur face ventrale d'une *poche marsupiale* où sont logées les mamelles et dans laquelle les jeunes achèvent leur développement (fig. 164).

Fig. 164. — Le Kanguroo.

Les jeunes, au moment de leur naissance, sont aveugles, très faibles et à peine formés. La mère les enferme dans sa poche marsupiale où ils restent fixés aux mamelles pendant quelque temps. Puis devenus plus forts, les jeunes marsupiaux prennent leur liberté complète.

Principaux genres. — Ce groupe complexe renferme des animaux carnivores (*Dasyure*), insectivores (*Sarigue*), herbivores (*Kanguroo*).

La plupart des Marsupiaux vivent dans les forêts de l'Australie et de l'Amérique.

Fig. 165. — Ornithorhynque.

Ornithodelphes.

MONOTRÈMES

Caractères. — Les Monotrèmes sont des animaux étranges présentant des caractères qui les rapprochent à la fois des Oiseaux et des Reptiles.

Ils pondent des œufs, ont un bec corné et leur intestin aboutit dans un cloaque.

Leurs membres sont rejetés sur les côtés comme ceux des Reptiles et la température de leur corps est de 27 degrés environ.

Genres. — Cet ordre comprend deux genres :

L'*Ornithorhynque*, aux mœurs aquatiques, vit en Australie, sur

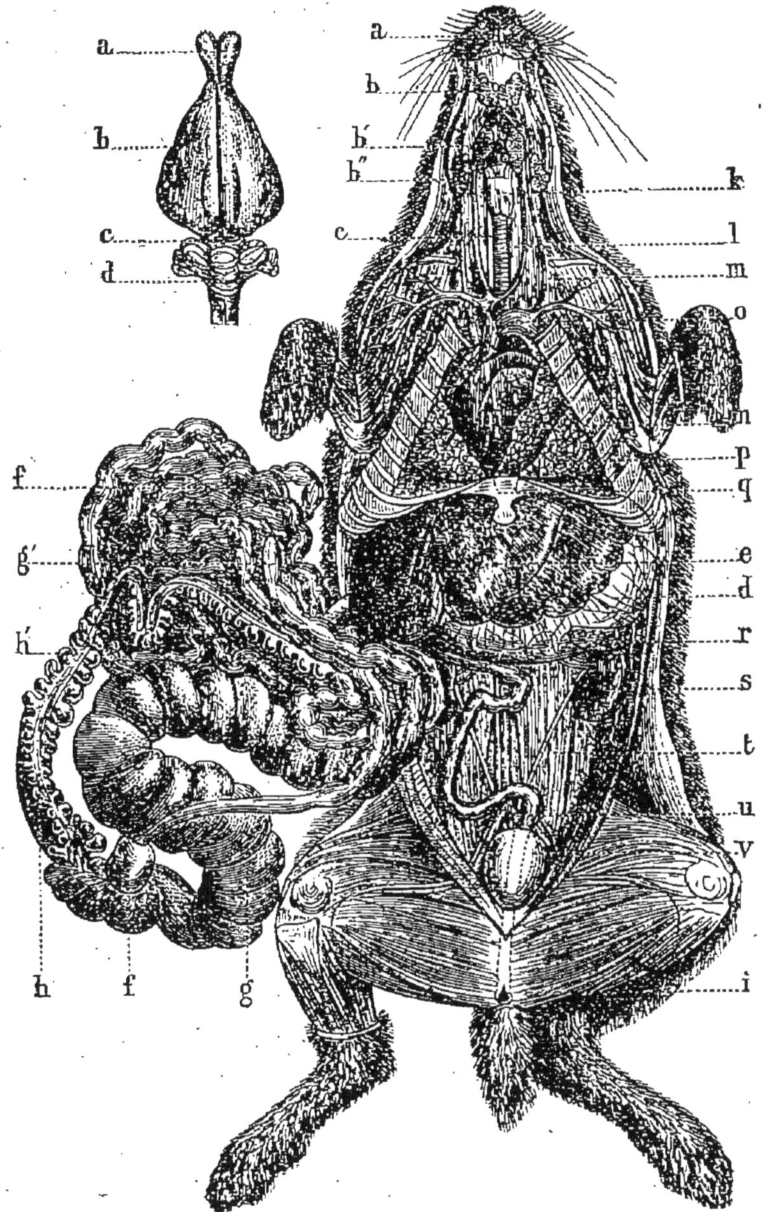

Fig. 166. — Organisation du Lapin.

a, dents incisives ; *b*, *b'*, *b''*, les trois paires de glandes salivaires ; *c*, œsophage ; *d*, diaphragme ; *e*, estomac ; *f*, intestin grêle ; *g*, cæcum ; *g'*, appendice vermiculaire du cæcum ; *h*, *h'*, côlon ; *i*, anus ; *k*, larynx ; *l*, trachée-artère ; *m*, artères carotides ; *n*, cœur ; *o*, aorte ; *p*, poumons ; *q*, extrémité du sternum ; *r*, rate ; *s*, rein ; *t*, uretère ; *v*, vessie. A gauche : *a*, *b*, *c*, *d*, encéphale.

les bords des cours d'eau et se nourrit de Vers et de Poissons. Il pond un œuf et le couve. A son éclosion, le jeune se nourrit du lait que la mère laisse couler dans l'eau (fig. 165).

L'*Échidné* a le bec allongé et le corps couvert de piquants. Il se nourrit d'Insectes.

FOURRURES ET LAINAGES

Les fourrures sont fournies par :

les grands fauves, le Renard bleu, le Renard argenté, la Martre la Zibeline, l'Hermine, la Loutre du Kamtchatka, la Moufette, l'Ours (*Carnivores*);

le Phoque à fourrure (*Amphibies*);

le Rat musqué, le Chinchilla, le Lièvre, le Lapin, l'Écureuil, le Castor (*Rongeurs*);

la Sarigue opossum (*Marsupiaux*).

Les lainages proviennent de la toison de certains Ruminants : le Mouton de Perse (Astrakan, Caracul), Chèvre de Cachemire, Lama, Chameau, etc.

Manipulation. — Organisation du Lapin (fig. 166).

a, dents incisives; *b*, *b' b'*, les glandes salivaires; *c*, œsophage; *d*, diaphragme; *e*, estomac; *f*, intestin grêle; *g*, cæcum; *g'*, appendice vermiculaire du cæcum; *h*, *h'*, côlon; *i*, anus; *k*, larynx; *l*, trachée-artère; *m*, artères carotides; *n*, cœur; *o*, aorte; *p*, poumons; *q*, sternum; *r*, rate; *s*, rein; *t*, uretère; *v*, vessie.

DEUXIÈME PARTIE

BOTANIQUE

13e LEÇON

CLASSIFICATION DES VÉGÉTAUX

Il suffit de regarder autour de soi, lorsqu'on parcourt les bois et les prairies, au printemps surtout, pour se convaincre que les plantes sont nombreuses et présentent une infinie variété de formes.

L'observateur le plus audacieux ne pourrait avoir l'idée de les considérer séparément pour en faire une étude complète. Il les réunirait suivant certaines ressemblances pour en former des groupes : *il les classerait* à sa manière.

C'est précisément ce qu'ont fait les Botanistes désireux de connaître et de nommer toutes les espèces végétales.

Ils ont été conduits à établir des *classifications*.

Classifications. — *Tournefort* (1656-1708), le grand *Linné* (1707-1778), *Lamarck* (1744-1829), nous ont laissé des classifications artificielles (page 1) permettant de retrouver assez aisément le nom des plantes.

Bernard et Antoine de Jussieu sont les premiers Botanistes qui aient posé les principes d'une classification naturelle ayant pour principal but de faire connaître les vrais rapports des végétaux.

Classification naturelle. — Dans la classification des de Jussieu, légèrement modifiée par leurs successeurs, la première division des végétaux est basée sur la présence ou sur l'absence des fleurs.

Les plantes pourvues de fleurs forment l'embranchement des *Phanérogames*.

Les plantes sans fleurs portent le nom de *Cryptogames*.

Phanérogames. — Les Phanérogames possèdent des *racines*, une *tige*, des *feuilles* et des *fleurs*, c'est-à-dire tous les organes que nous avons étudiés.

Certaines Phanérogames ont les ovules enfermés dans un ovaire clos; après la fécondation, l'ovaire devient un fruit abritant les graines. Elles forment le sous-embranchement des *Angiospermes* (*Haricot*, *Giroflée*, *Cerisier*).

D'autres Phanérogames ont des ovules nus sur un carpelle étalé, produisant des graines non enfermées dans un fruit. Elles forment le sous-embranchement des *Gymnospermes* (*Pin*, *Sapin*).

Angiospermes. — La structure de la graine a permis de diviser les Angiospermes en deux groupes : les Angiospermes *Dicotylédones* dont la graine renferme deux cotylédons et les Angiospermes *Monocotylédones* dont la graine ne renferme qu'un seul cotylédon.

La *Renoncule*, le *Coquelicot*, le *Rosier*, le *Haricot*, la *Primevère* sont des Dicotylédones.

Le *Blé*, le *Lis*, le *Palmier*, le *Jonc* sont des Monocotylédones.

Dicotylédones. — Les Dicotylédones sont très nombreuses ; pour en faciliter l'étude on les a divisées en trois classes :

Les *Gamopétales* dont les fleurs ont les pétales soudés (*Primevère*) ;

Les *Dialypétales* dont les fleurs ont les pétales distincts les uns des autres (*Giroflée*) ;

Les *Apétales* dont les fleurs n'ont pas de corolle (*Chêne*, *Sarrasin*). Ces trois classes de Dicotylédones ainsi que les Monocotylédones sont subdivisées en ordres et en familles.

Cryptogames. — Les Cryptogames sont les plantes dépourvues de fleurs.

Ce groupe immense présente une telle diversité qu'on a dû le diviser en trois embranchements :

1° Les *Cryptogames Vasculaires* (*Fougères*) ont des racines, une tige et des feuilles.

2° Les *Muscinées* (*Mousses*) dont l'appareil végétatif ne comprend qu'une tige et des feuilles sans vaisseaux. Les racines sont remplacées par des filaments absorbants.

3° Les *Thallophytes* (*Algues*, *Champignons*) sont les plus simples de tous les végétaux. Ces plantes n'ont ni racines, ni tige, ni feuilles, mais un *thalle*, sorte de cordon ou de lame plus ou moins ramifiée, affectant les formes les plus diverses.

I. Phanérogames. (Plantes à fleurs.)	ANGIOSPERMES. Ovules enfermés dans un ovaire, graines enfermées dans un fruit.	DICOTYLÉDONES. (Graine à deux cotylédons).	*Gamopétales.* Primevère. *Dialypétales.* Giroflée. *Apétales.* Chêne.
		MONOCOTYLÉDONES. (Graine à un cotylédon.)	Blé, Lis, Palmier.
	GYMNOSPERMES. Ovules nus, pas d'ovaire, graines non protégées.	Cycas. Pin, Sapin, Cyprès, Genévrier.	
II. Cryptogames. (Plantes sans fleurs.)	CRYPTOGAMES VASCULAIRES. (Plantes avec racines, tige et feuilles.)	Fougères. Prêles. Lycopodes, Sélaginelles.	
	MUSCINÉES. (Plantes avec tige et feuilles, sans racines.)	Polytric. } Mousses. Sphaigne. } Hépatiques.	
	THALLOPHYTES. (Plantes sans racines, sans tige, sans feuilles, *thalle*.)	Algues, Fucus. Champignons, Agaric. Lichens.	

Le tableau ci-dessus nous montre que la première division du règne végétal repose sur la présence ou l'absence de la fleur. La fleur est le berceau de la graine, et la graine doit assurer indéfiniment la conservation de la race, de l'espèce.

Si la graine est protégée par un fruit, elle se disséminera et germera plus sûrement ; si elle est nue, elle sera facilement détruite et ne remplira pas son rôle.

Donc les Gymnospermes à graines nues se séparent franchement des Angiospermes ; elles sont mal armées pour la conquête de l'espace, aussi tendent-elles à disparaître, vaincues et remplacées par les Angiospermes.

La constitution de la graine (nombre de cotylédons) permet de nouvelles subdivisions ; ce n'est qu'en dernier lieu que l'on s'adresse à la corolle, enveloppe protectrice, accessoire, pour différencier les classes.

Dans tous les cas, ce sont les caractères fournis par les organes reproducteurs qui précisent la position d'un groupe dans la série végétale. Ces caractères sont les plus constants, parce que les organes reproducteurs, étant bien protégés et se développant rapidement, échappent aux influences du climat et du sol.

Cryptogames.

THALLOPHYTES : CHAMPIGNONS, ALGUES

Le groupe des Cryptogames présente une telle diversité qu'on a dû le subdiviser en trois embranchements :

1° Les *Thallophytes* ;
2° Les *Mousses* ou *Muscinées* ;
3° Les *Cryptogames Vasculaires*.

THALLOPHYTES

Les Thallophytes sont des Cryptogames sans racines, sans tige, sans feuilles. Leur corps, purement cellulaire, est représenté par un *thalle* dont la forme et les dimensions sont très variables. Cet embranchement comprend deux groupes : les *Champignons* et les *Algues*, auxquels nous attribuerons la valeur de classes.

Classe des Champignons. — Les Champignons sont des Thallophytes sans chlorophylle conséquemment sans amidon. Ne pouvant assimiler le carbone de l'atmosphère, ils doivent trouver les substances nécessaires à leur développement dans les matières organiques en décomposition ou dans les organes des êtres vivants. Ils sont *saprophytes* ou *parasites*.

Par contre leur développement peut s'effectuer indépendamment de la lumière.

Appareil végétatif et appareil reproducteur. — Examinons le Champignon de couche (fig. 167) ou *Agaric champêtre*. Il vit sur les matières végétales en décomposition et notamment sur le fumier de Cheval. Les cultures sont établies dans les endroits où la température varie de 10° à 25°. Aussi les caves conviennent-elles particulièrement. On utilise dans le département de la Seine les galeries des carrières de Vanves, d'Issy, de Clamart.

La partie souterraine du végétal est formée de filaments enchevêtrés désignés sous le nom de *blanc de Champignon* ; c'est le thalle nourricier ou *mycélium*.

La partie aérienne se compose du pied surmonté du chapeau (fig. 167).

La face inférieure de ce dernier est couverte de lames rayonnantes autour du pied et sur lesquelles naissent de tout petits corps appelés *Spores*.

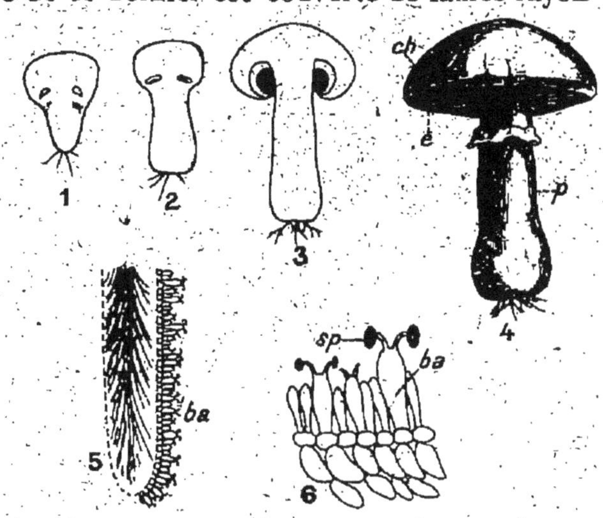

Fig. 167. — Agaric champêtre.
Développement et multiplication : 1, 2, 3, 4, divers états du développement de l'appareil sporifère ; *e*, lames portant les spores ; 5 et 6, lame fortement grossie permettant de voir les basides, *ba*, et les spores, *sp*, au sommet des basides ; *p*, pied ; *ch*, chapeau.

Ces spores se disséminent et, lorsqu'elles rencontrent un milieu favorable, elles germent et donnent un nouveau mycélium.

Tous les Champignons produisent des spores c'est-à-dire de petites boutures qui, en germant, reconstituent directement un nouveau thalle.

Champignons à chapeau. — Les *Agarics*, les *Lépiotes*, les *Coprins*, les *Russules*, les *Chanterelles* (fig. 168), les *Lactaires*, etc., ont comme le Champignon de couche la face inférieure du chapeau couverte de lames qui portent les spores.

Fig. 168.
Chanterelle
(comestible).

Fig. 169.
Bolet (comestible).

Fig. 170.
La Morille.

Les *Bolets* (fig. 169), les *Polypores*, les *Fistulines* ont les spores situées dans des tubes recouvrant la face inférieure du chapeau.

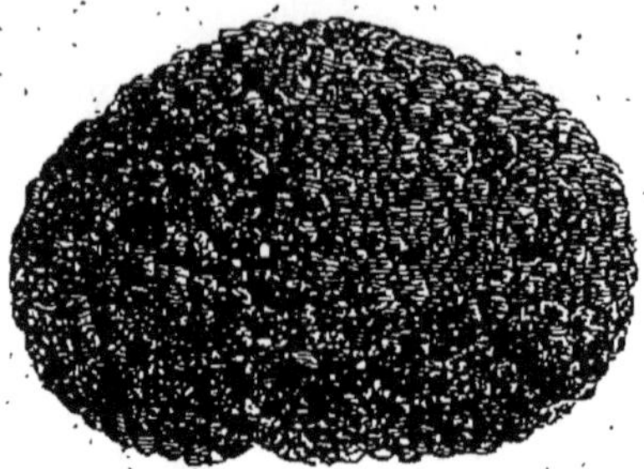
Fig. 171. — La Truffe.

Le *Lycoperdon*, vulgairement appelé vesce de Loup, a les spores renfermées dans une sorte de sphère jaunâtre qui éclate lorsqu'on la presse. Tous ces Champignons ont reçu le nom de ***Basidiomycètes*** parce que les spores sont portées sur de petits pédicelles, prolongements extérieurs d'une cellule privilégiée nommée *baside*.

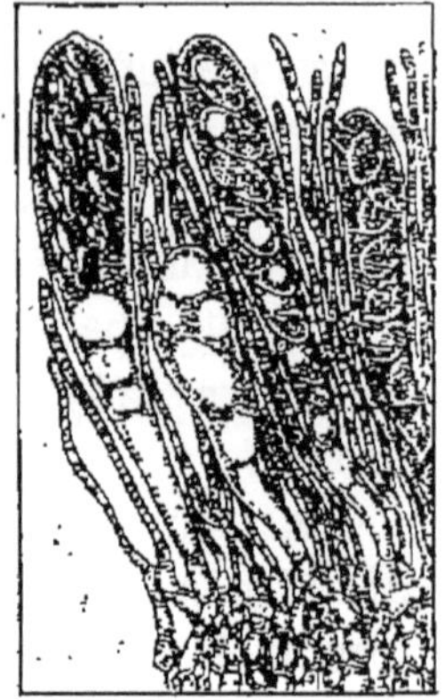
Fig. 172. — Asques renfermant huit spores. — Entre les asques, il existe des filaments stériles.

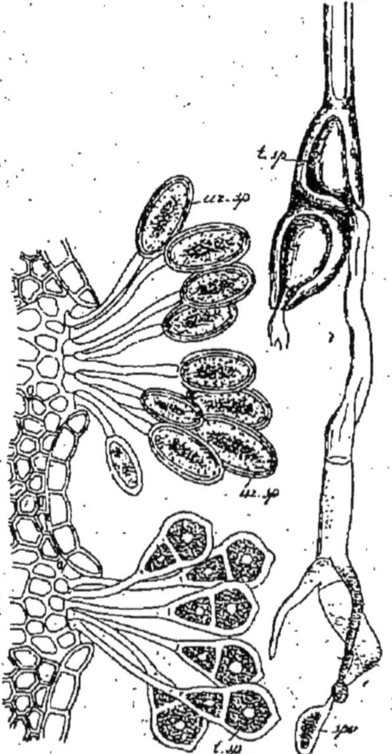

Fig. 173. — Coupe de l'épiderme de la feuille du Blé envahie par la rouille : *ur, sp*; *t, sp*; *sp*, spores.

Morille, Truffe, Pezize, Levure de bière. — La *Morille* (fig. 170) a la forme d'une massue dont la surface est couverte de plis contournés en tous sens.

La *Truffe* (fig. 171) que l'on recueille surtout dans les bois de Chênes ressemble à un tubercule.

La *Pezize* a la forme d'une coupe.

La Morille, la Truffe, la Pezize ont des spores qui se développent à l'intérieur de cellules spéciales appelées *asques* (fig. 172). On donne à ces Champignons le nom d'***Ascomycètes***.

La Levure de bière, employée pour obtenir la fermentation alcoolique des liquides sucrés, appartient au même groupe.

Rouille des Graminées. — La rouille des Graminées est produite par un Champignon parasite appelé Puccinie (fig. 173). (*Puccinia* *graminis*), et dont le développement complet exige la présence de deux hôtes successifs : l'Epine-vinette et le Blé.

L'***Ergot du Seigle*** est une maladie provoquée aussi par le développement d'un Champignon Ascomycète.

Champignons se reproduisant par des œufs : Moisissures. — Les Moisissures les plus communes, qui se développent rapidement sur le pain humide, sur les matières alimentaires plus ou moins altérées, sont des Champignons.

Leur thalle filamenteux est formé de longs tubes ramifiés. Quand ce thalle est assez étendu, certains rameaux se renflent à leur extrémité et se transforment en sporanges arrondis. Dans

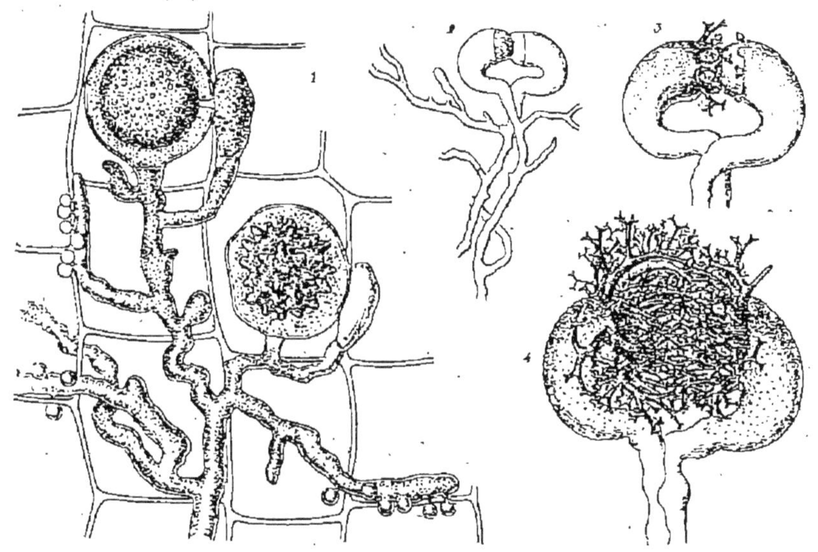

Fig 174. — Formation de l'œuf chez les Champignons du groupe des Oomycètes (Moisissures).

chacun d'eux apparaissent un grand nombre de spores. Puis la membrane du sporange se dissout et les spores se répandent dans les matières organiques. Elles germent et reproduisent un nouveau thalle.

Lorsque ces Champignons sont placés dans des conditions de milieu défavorables, deux filaments se renflent, se rapprochent, arrivent en contact. Les protoplasmes et les noyaux qu'ils renferment se fusionnent pour former un *œuf* (fig. 174).

Celui-ci grossit, s'entoure de plusieurs enveloppes résistantes et après une période plus ou moins longue de vie ralentie, il reproduit le thalle primitif.

Tous les Champignons voisins des Moisissures communes se reproduisant, suivant les circonstances, par œufs et par spores sont des *Oomycètes*. A ce groupe appartiennent : le Rhizopus qui apparait rapidement sur le pain humide, le *Mildew*, parasite de la vigne et de plusieurs autres végétaux, etc.

Champignons mobiles *(Myxomycètes)*. — Il existe des Champignons très curieux qui vivent dans les détritus de bois mort, sur les débris de feuilles. Leur thalle est représenté par une toute petite masse de protoplasma renfermant des noyaux distincts.

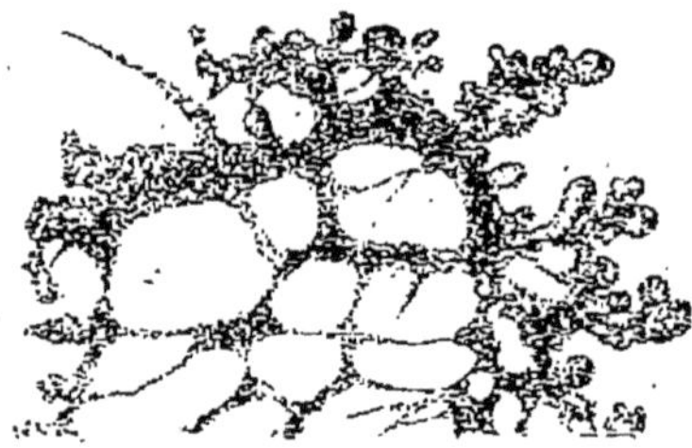

Fig. 175. — Myxomycète.

Ce thalle, n'étant pas limité par une membrane, change constamment d'aspect.

Il se déplace en rampant à la manière des Amibes (fig. 175).

Après avoir ainsi végété, le Champignon s'élève en glissant long des divers objets qu'il peut atteindre. Il s'arrondit et se transforme en un sporange. Les spores en germant donneront un nouveau thalle.

Ces organismes, d'une simplicité extrême, dont la place est presque intermédiaire entre les animaux et les végétaux, sont appelés *Myxomycètes*.

Champignons comestibles et Champignons vénéneux. — Parmi les espèces comestibles nous citerons :

L'*Agaric des champs*, l'*Oronge vraie* (bois de Châtaigniers), l'*Oronge blanche*, le *Lépiote*, le *Mousseron*, les *Bolets*, les *Clavaires*, la *Truffe*, la *Morille*, l'*Helvelle*.

Parmi les espèces vénéneuses nous citerons :

La *fausse Oronge*, Champignon qui contient deux alcaloïdes ayant une action énergique sur le système nerveux et sur le cœur.

L'*Amanite bulbeuse*, le *Tricholome* couleur de soufre, la *Russule* rouge, etc.

Comme les caractères extérieurs ne permettent pas toujours de reconnaitre les espèces vénéneuses, la plus grande prudence doit être apportée à la récolte des Champignons.

Pour rendre inoffensifs beaucoup de Champignons vénéneux, il suffit de les faire macérer pendant plusieurs heures dans de l'eau acidulée avec du vinaigre.

Résumé. — Les Thallophytes sont des Cryptogames sans racines, sans tige et sans feuilles. Leur appareil végétatif est un *thalle*.

Elles comprennent les Champignons et les Algues.

Champignons. — Les Champignons sont des Thallophytes sans chlorophylle. Ils sont *saprophytes* ou *parasites*.

Basidiomycètes : *Agaric, Lépiote, Coprin, Russule, Chanterelle, Lactaire*, etc.

Ascomycètes : *Morille, Truffe, Pezize, Levure de bière*.

Oomycètes : *Moisissures*.

Myxomycètes : Champignons très curieux dont le thalle rampe à la manière des Amibes.

Champignons comestibles : Agaric, Oronge vraie, Lépiote, Mousseron, Bolet, Truffe, Morille, etc.

Champignons vénéneux : *fausse Oronge, Amanite bulbeuse, Tricholome couleur de soufre, Russule rouge*, etc.

14e LEÇON

ALGUES

Caractères généraux. — Les Algues sont ordinairement pourvues de chlorophylle et presque toujours aquatiques.

Le Thalle, tantôt libre (*Bactéries*), tantôt muni de flotteurs (*Néréocystis*) (fig. 176), tantôt fixé au fond de l'eau par des crampons (*Laminaire*), affecte les formes les plus diverses.

C'est une simple cellule, un filament ramifié, un cordon, une lame élégamment découpée, ou bien une sorte de tige avec de nombreux rameaux dont l'aspect rappelle celui d'un petit arbre.

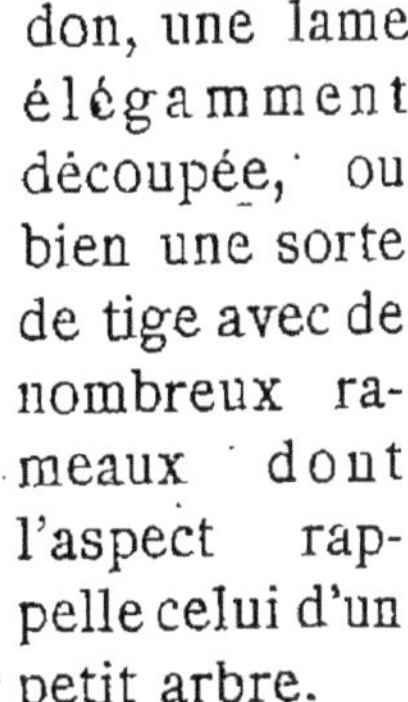
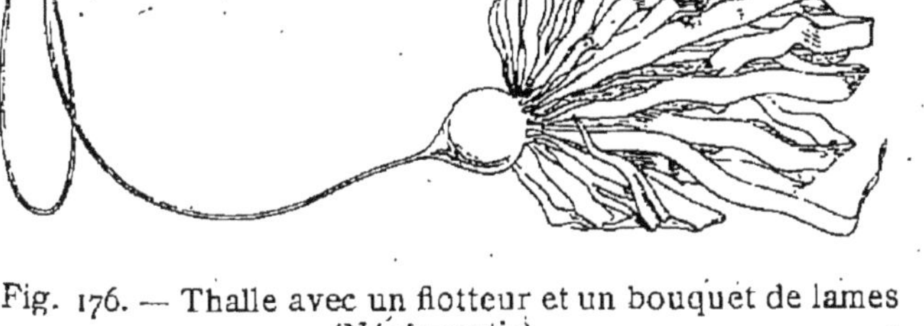

Fig. 176. — Thalle avec un flotteur et un bouquet de lames (Néréocystis).

Certaines Algues microscopiques ont un thalle de quelques millièmes de millimètre, tandis que d'autres ont un appareil végétatif de plus de 500 mètres de longueur.

Les Algues se multiplient par simple division, ou se reproduisent par spores et par œufs. Le thalle peut produire soit seulement des spores, soit seulement des œufs, soit à la fois des spores et des œufs.

Les spores se meuvent ordinairement à l'aide de cils vibratiles. Aussi leur a-t-on donné le nom de *zoospores*, pour rappeler un caractère de l'animalité.

Les Algues vivent dans les eaux douces et dans la mer, mais elles se rencontrent parfois dans les lieux humides.

Leur coloration verte est souvent masquée par une matière colorante bleue, brune ou rouge. La présence de ces pigments permet de les diviser en quatre groupes :

1° Les *Algues bleues*;
2° — *vertes*;
3° — *brunes*;
4° — *rouges*.

Algues bleues. — Les Algues bleues ont un thalle très simple. Elles se multiplient par spores et souvent par simple fragmentation du thalle.

A ce groupe, on rattache habituellement la classe des Bactéries dont la place dans le monde organisé est encore discutée.

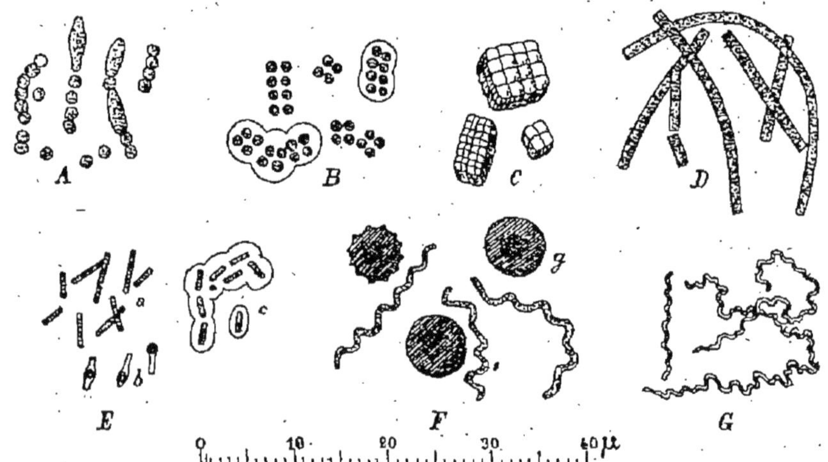

Fig. 177. — Formes diverses des Bactéries.

A. *Micrococcus aceti*. B, *Micrococcus tetragenus*, dans la salive, les crachats. C. *Sarcina ventriculi*, dans l'estomac de l'homme. D, *Bacillus septicus* (vibrion septique). E, Bacille du lait bleu : *a*, forme végétative ; *b*, spores ; *c*, forme de zooglée. F, Spirillum de la fièvre récurrente dans le sang : *g*, globules ; *s*, spirilles. G, *Spirillum plicatile*, dans l'eau stagnante renfermant des détritus de plantes. Le grossissement est indiqué par l'échelle micrométrique dans laquelle un μ représente un millième de millimètre.

Les *Bactéries* sont caractérisées par l'absence à peu près

constante de chlorophylle et par la faculté qu'elles possèdent de se multiplier rapidement par simple division et par spores. Elles sont parasites ou saprophytes.

Les espèces parasites sont les agents de la plupart des maladies contagieuses (*Fièvre Typhoïde, Charbon, Diphtérie, Tuberculose*, etc).

On les appelle vulgairement *Microbes*.

Les Bactéries (fig. 177) sont très nombreuses, on les a divisées d'après leur forme en :

Bactéries arrondies. — *Microcoques* ;
Bactéries ovoïdes. — *Bacilles* ;
Bactéries en bâtonnets. — *Bactéries* ;
Bactéries recourbées. — *Vibrions* ;
Bactéries spiralées. — *Spirilles, Spirochètes*.

Cette classification n'a pas une grande valeur, car les Bactéries sont très polymorphes.

Leur forme est souvent subordonnée aux conditions dans lesquelles elles vivent. Ainsi le *Bacillus Anthracis*, ou microbe du Charbon est en bâtonnets isolés quand il se développe dans le sang des Mammifères, il forme de longs filaments lorsqu'on le cultive dans le bouillon de viande (voir hygiène, 29e leçon).

Au point de vue de leur mode de vie, on peut les diviser en Bactéries saprophytes et en Bactéries parasites.

Les ***Bactéries saprophytes***, dont le nombre est immense, transforment les matières organiques en composés plus simples qui font retour au monde inorganique. Ces transformations sont appelées *fermentations*.

La plupart de ces microbes sont utiles : tels sont le *ferment nitrique*, les ferments qui agissent sur la cellulose et isolent les fibres textiles du Lin, du Chanvre (*rouissage*), etc.

Les Bactéries parasites sont redoutables pour l'Homme et les animaux. C'est parmi elles que se placent les microbes pathogènes, agents infectieux des maladies transmissibles.

Depuis les géniales découvertes de Pasteur, on sait cultiver beaucoup de microbes, on les isole, on atténue même leur virulence pour les employer à enrayer les troubles qu'ils déterminent à l'état de vie très active : C'est d'ailleurs le but des *vaccins*, des *sérums* que nous étudierons dans nos leçons d'hygiène.

Algues vertes. — La plupart des Algues vertes vivent dans l'eau douce, sur la terre humide; quelques-unes vivent dans la mer.

Elles sont souvent filamenteuses et se reproduisent par spores et par œufs.

Dans les bassins, dans les mares, on rencontre des *Spirogyres* (fig. 178), des *Vauchéries*.

Les *Protococcus* donnent la couleur verte aux troncs d'arbres exposés à l'humidité.

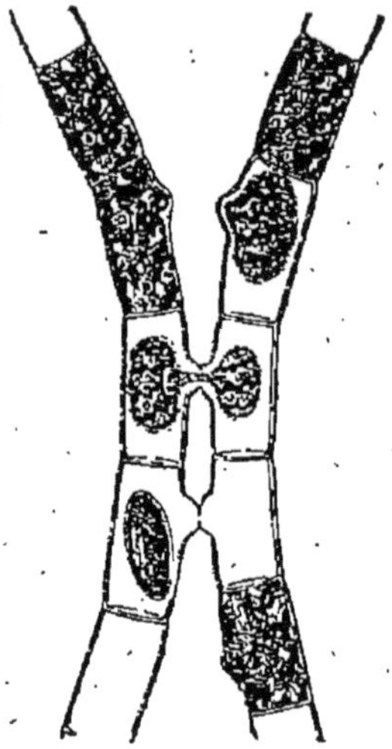

Fig 178. — Rameaux de Spirogyre au moment de la formation des œufs.

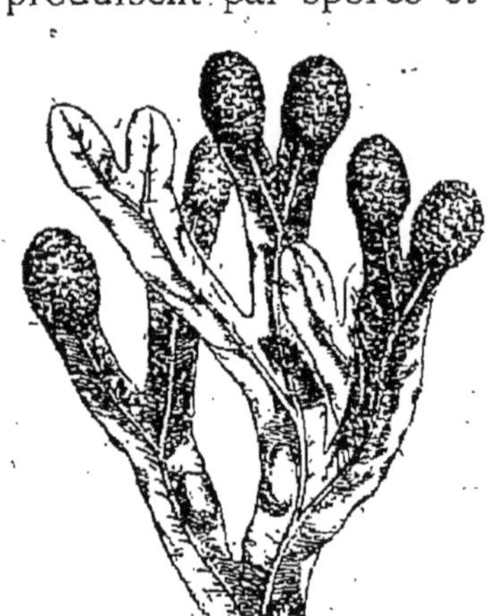

Fig. 179. — Fucus. — Les renflements du thalle renferment les organes reproducteurs.

Algues brunes. — Les Algues brunes atteignent des dimensions considérables, elles vivent pour la plupart dans la mer. Les *Laminaires* comestibles, les *Fucus* ou *Varechs* (fig. 179), très abondants sur nos côtes, constituaient autrefois une des principales sources de la soude ; les *Diatomées*, pourvues d'un test siliceux dont les débris constituent le tripoli, sont des Algues.

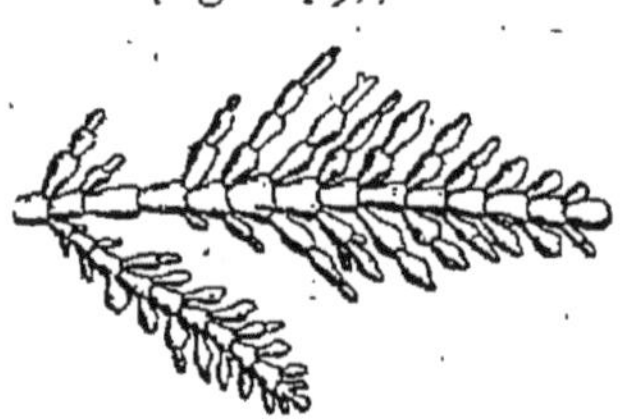

Fig. 180. Coralline (Algue rouge).

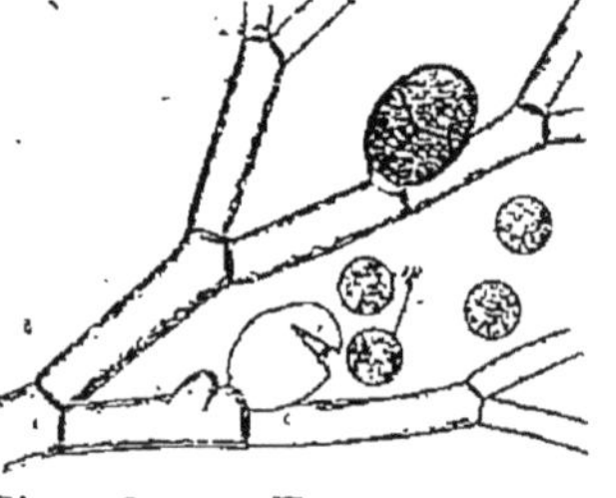

Fig. 181. — Formation des spores, *sp*, chez une Algue rouge.

Algues rouges. — Les Algues rouges ou Floridées réalisent le type d'organisation le plus élevé. Leur thalle affecte des formes très variées. Citons la *Coralline* (fig. 180), le *Porphyra*, le *Némalion* (fig. 181).

Lichens. — Les Lichens sont des plantes étranges résultant de l'union d'une Algue et d'un Champignon (fig. 182). Les deux individus retirent de cette association un bénéfice réciproque : l'Algue, pourvue de chlorophylle, nourrit le Champignon ; le Champignon protège l'Algue et produit les spores.

Le Lichen des Rennes (*Cladonia rangiferina*) constitue en grande partie la nourriture des Rennes en Laponie.

Le *Lichen d'Islande* est employé en médecine (fig. 179).

Le *Rocella* fournit une matière colorante rouge, l'orseille.

Fig. 182. — Lichen d'Islande ; les petits disques renferment les spores.

Résumé. — Les Algues sont ordinairement pourvues de chlorophylle et presque toujours aquatiques. Leur thalle affecte les formes les plus diverses.

Les Algues se multiplient par simple division, par spores et par œufs.

La coloration verte est parfois masquée par des pigments bleus, bruns ou rouges.

Algues bleues : Nostoc, Bactéries.

Algues vertes : Protococcus, Spirogyre, Vauchérie.

Algues brunes : Laminaires, Fucus, Diatomées.

Algues rouges : Coralline, Porphyra, Némalion.

Lichens. — Les Lichens résultent de l'union d'une Algue et d'un Champignon.

Fig. 183. Polytric commun.

Fig. 184. Sporogone de Polytric : 3, capsule (sporange) ; 4, opercule ; 5, coiffe.

MOUSSES — MUSCINÉES

Les *Mousses* qu'on trouve dans les endroits humides, sur la terre, dans les fentes des murs et des rochers, sont des Cryptogames sans racines et par conséquent sans vaisseaux.

Leur appareil végétatif est ordinairement composé d'une tige grêle couverte de petites feuilles ; il est fixé au sol par de simples filaments absorbants.

Les Mousses sont de petite taille, l'une des plus grandes est le *Polytric* (fig. 183) qui se rencontre abondamment dans les terrains sablonneux.

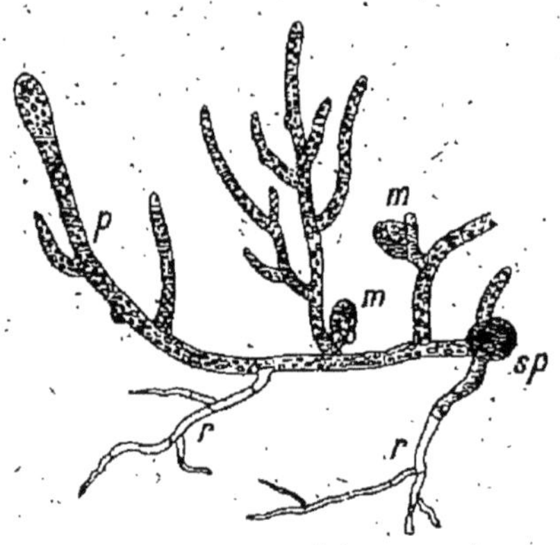

Fig. 185.
Germination de la spore.
sp, spore; *p*, protonéma; *m*, bourgeons destinés à former de nouveaux pieds de Mousse; *r*, rhizoïdes.

Au printemps, un Polytric présente une tige feuillée suivie d'un filament portant un sporange.

Ce sporange est surmonté d'une coiffe (fig. 184). Quand il est mûr, il s'ouvre vers le sommet, par une fente circulaire d'où se détache une sorte de couvercle appelé opercule. Les spores légères s'échappent.

La spore ne tarde pas à germer et à produire un cordon ou ***protonéma*** sur lequel naissent une ou plusieurs tiges feuillées (fig. 185).

Au printemps apparaissent sur les tiges des rosettes de feuilles au milieu desquelles on peut voir, à la loupe, des petites excroissances (fig. 186).

Les unes, appelées *anthéridies*, produisent des organes mâles ou ***anthérozoïdes***; les autres, appelées *archégones*, renferment un organe femelle ou ***oosphère***. Les anthérozoïdes, mis en liberté, nagent à l'aide de leurs cils dans la rosée, pénètrent dans l'archégone et se fusionnent avec l'oosphère. Il en résulte un œuf qui se développe immédiatement aux dépens de la tige en un sporange pédicellé (fig. 187).

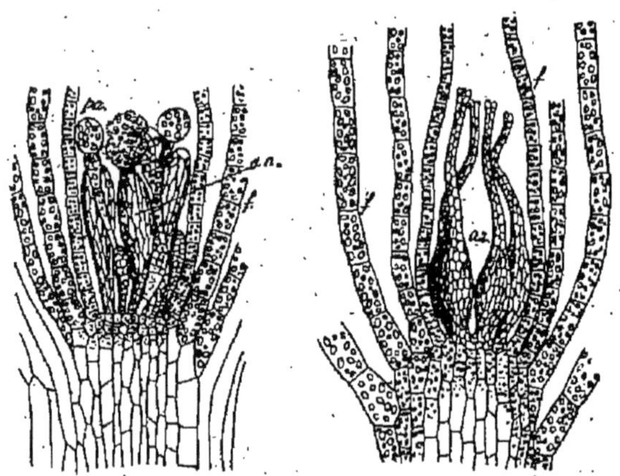

Fig. 186. — A gauche : Anthéridies, *an*; paraphyses, *pa* et feuilles, *f*. — A droite : Archégones, *ar* et feuilles, *f*.

Résumons en quelques mots le développement de cette mousse.

1° *La spore germe et produit une tige et des feuilles* (Mousse).

2° *La Mousse produit des organes mâles, des organes femelles et conséquemment un œuf.*

L'œuf donne un sporange pédicellé et des spores.

Nous revenons donc à la spore qui nous a servi de point de départ (fig. 186 *bis*).

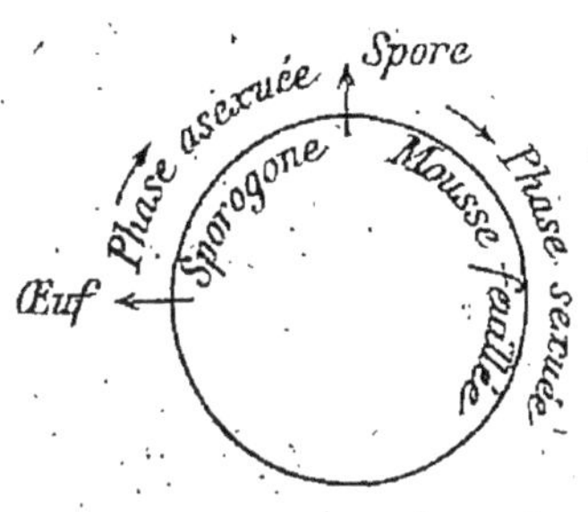

Fig. 186 *bis*.
Cycle évolutif d'une Mousse.

Le développement de la Mousse comprend deux périodes, *deux phases successives* : la première, de *longue durée*, de la spore à l'œuf, est représentée par la plante feuillée, *c'est la phase sexuée*; la seconde, de *courte durée*, correspond au sporange, c'est *la phase asexuée*. Ces deux phases doivent alterner régulièrement pour que le cycle évolutif de la plante ne soit pas interrompu.

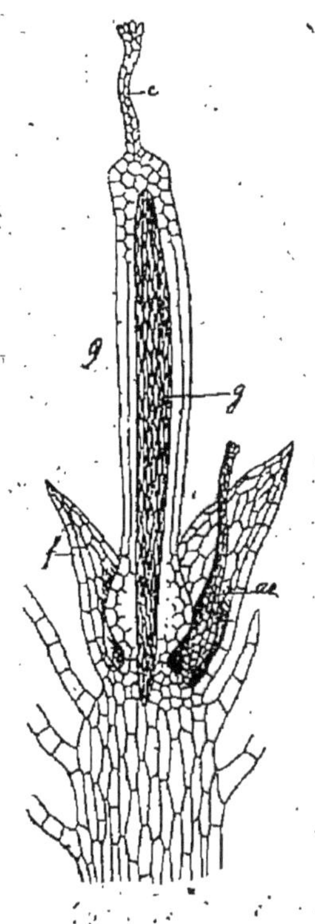

Fig. 187. — Œuf se développant en sporogone *g*; *c*, sommet de l'archégone destiné à former la coiffe qui surmonte la capsule; *ar*, archégone flétri; *f*, feuille (Funaire hygrométrique).

Par leur mode de développement les Mousses se séparent franchement des Thallophytes qui se multiplient comme nous venons de le voir soit par spores, soit par œufs, sans présenter cette alternance régulière et nécessaire de deux générations.

Chez le Polytric, certains pieds portent les anthéridies, d'autres pieds portent les archégones.

Dans d'autres espèces de Mousses, les anthéridies et les archégones sont réunis sur le même pied.

Principales Mousses. — Les Mousses les plus communes sont le *Polytric*, l'*Hypnum*, la *Funaire hygrométrique*, les *Sphaignes* des pays marécageux qui donnent par leur lente décomposition *la tourbe*.

Hépatiques. — A côté des Mousses nous devons placer les Hépatiques (fig. 188). Ces plantes diffèrent des Mousses par leur appareil végétatif représenté souvent par une lame plus ou moins découpée rappelant le thalle des Algues. Leur développement est le même. Les Hépatiques servent de transition entre les Thallophytes et les Muscinées.

Manipulation. — Etude d'une Mousse.

Funaire hygrométrique : Étudier et dessiner rapidement :

1° Les rhizoïdes ;

2° La tige et les feuilles ;

Fig. 188. — Hépatique (*Marchantia*).
A droite, chapeau contenant les archégones.
A gauche, chapeaux renfermant les anthéridies.

3° Examiner une feuille au microscope pour voir la répartition des corpuscules chlorophylliens ;

4° *Sporogone* : pédicelle et capsule ;

5° *Capsule* : coiffe, opercule, urne, spores ;

6° Examiner une spore au microscope ;

7° Faire germer des spores sur une lame de verre, celle-ci étant placée dans un milieu humide et chaud.

15e LEÇON [1]

Cryptogames vasculaires.

FOUGÈRES

Les Cryptogames pourvues de racines, de tige, de feuilles et de vaisseaux forment l'*Embranchement des Cryptogames vascu-*

1. Pour résumer les leçons relatives à l'étude des familles végétales, il suffira d'indiquer les caractères généraux et les principales plantes de chaque famille.

laires représenté par les *Fougères*, les *Prêles*, les *Lycopodes*, les *Isoëtés*, les *Sélaginelles*.

Fougères. — Les Fougères sont très diverses comme taille et comme aspect. Dans les régions tropicales et subtropicales, elles sont arborescentes et ont le port des Palmiers;

Fig. 189. — Feuille de Polystic portant des *sores*.

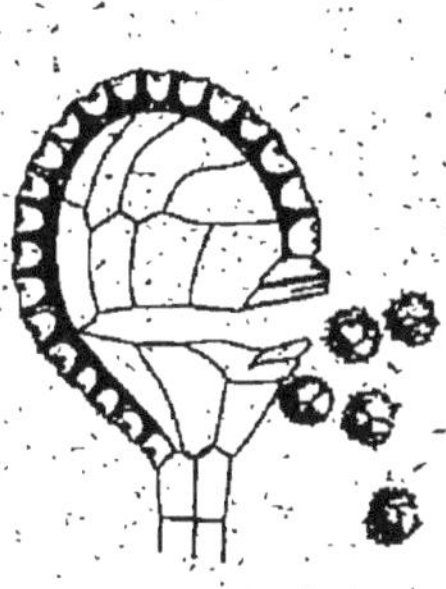

Fig. 190. — Sporange de Fougère ouvert avec des spores.

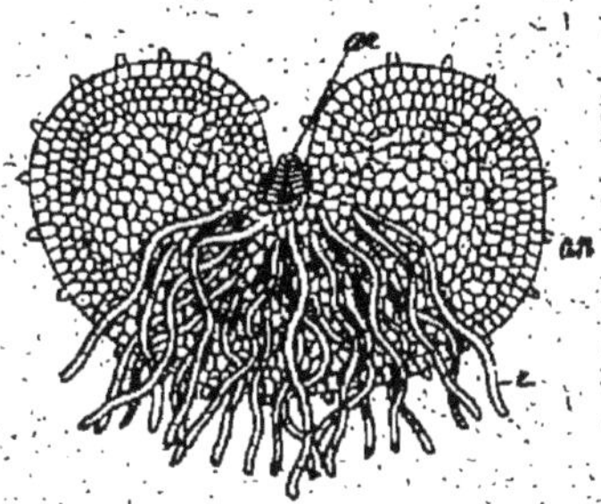

Fig. 191. — Prothalle de Fougère vu par sa face inférieure : *r*, rhizoïdes; *ar*, archégone ; *an*, anthéridie.

dans nos pays tempérés et froids, elles sont de petite taille.

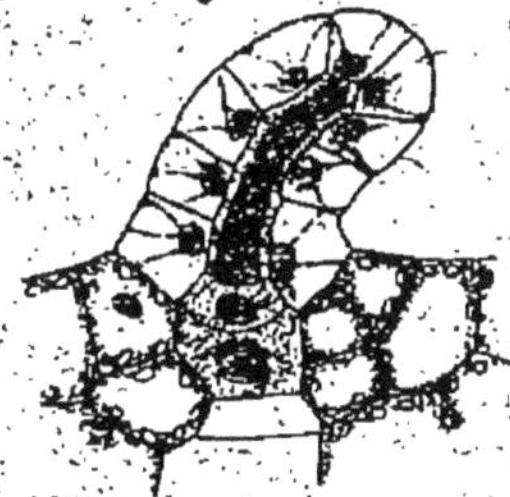

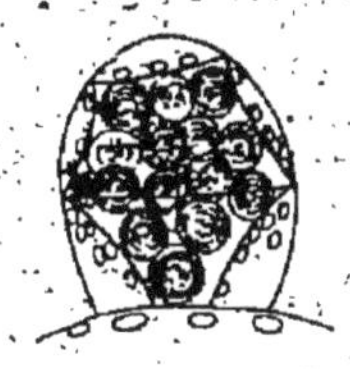

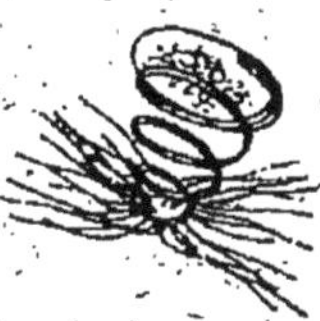

Fig. 192. — De gauche à droite : Archégone, anthéridie, anthérozoïde.

Prenons comme type de cet embranchement une espèce indigène, le *Polystic*, par exemple (fig. 189).

La tige souterraine ou rhizome porte de nombreuses racines et produit des feuilles longues et très découpées. Ces feuilles sont enroulées en crosse et en dedans quand elles sont jeunes.

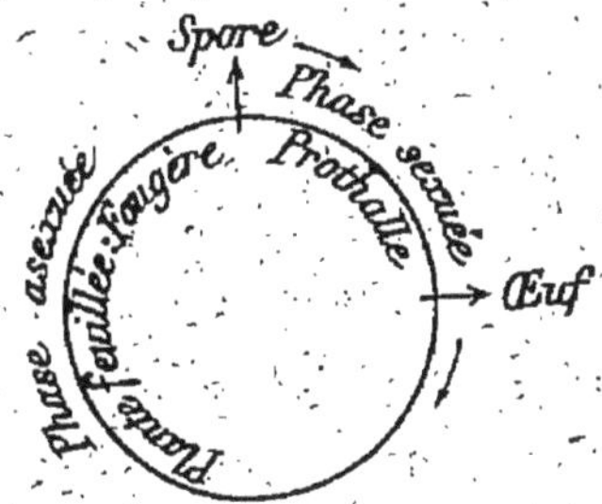

Fig. 192 *bis*. — Cycle évolutif d'une fougère.

Vers la fin de l'été, elles portent sur leur face inférieure de petites masses brunes arrondies (fig. 189). Examinons-les à la loupe ou au microscope : ces masses, appelées ***sores***, protégées par une fine membrane (*indu-*

sie), se montrent formées de petits sacs, ou *sporanges*, contenant un grand nombre de *spores*. Quand le sporange est mûr, il se déchire transversalement (fig. 190) et laisse échapper les spores que le vent emporte.

Placée dans des conditions de température d'humidité et d'aération convenables, la spore germe. Elle produit une petite lame verte, qui se nourrit au moyen de poils absorbants fixés à sa face inférieure : cette lame est un *prothalle* (fig. 191).

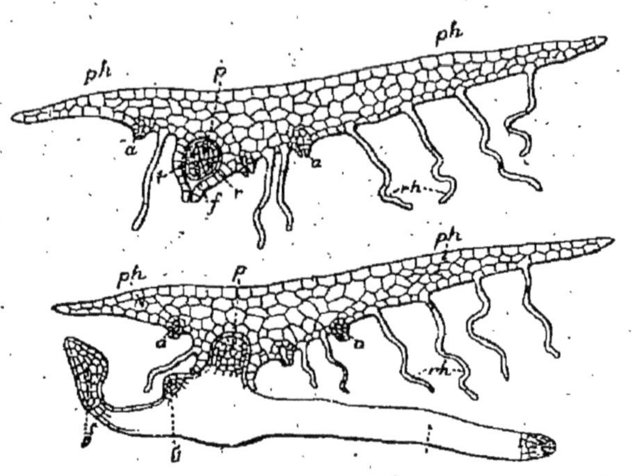

Fig. 193. — Coupes verticales de prothalles pendant le développement de l'œuf.
En haut, la jeune plantule est emprisonnée dans l'archégone; en bas, elle a formé une racine, une tige, une feuille : *ph*, prothalle; *a*, archégone; *p*, pied ou suçoir; *r*, racine; *t*, tige; *f*, feuille; *rh*, rhizoïdes.

Il apparaît bientôt sur la face inférieure de ce prothalle de petites excroissances cellulaires. Les unes appelées *anthéridies* produisent des organes mâles, les *anthérozoïdes*, les autres, appelées *archégones*, renferment un organe femelle appelé *oosphère* (fig. 192).

Les anthérozoïdes, mis en liberté, nagent à l'aide de cils vibratiles dans la rosée, rentrent dans l'archégone; un anthérozoïde se fusionne avec l'oosphère. Il en résulte un œuf qui se développe immédiatement aux dépens du prothalle et forme une nouvelle Fougère dont les feuilles se couvriront plus tard de spores (fig. 193)

Nous pouvons résumer en peu de mots le développement du Polystic depuis la spore jusqu'à la spore.

1° *La spore germe et donne un prothalle. Le prothalle produit des organes mâles, des organes femelles et conséquemment l'œuf.*

2° *L'œuf reproduira une nouvelle Fougère dont les feuilles porteront sur leur face inférieure des spores.*

Le développement de la Fougère comprend deux phases : la première, de *courte durée*, de la spore à l'œuf, correspond au prothalle; la seconde, de *longue durée*, correspond à la plante feuillée (fig. 192 *bis*).

Ces deux phases sont nécessaires et doivent alterner régulièrement.

L'évolution des Fougères n'est pas sans analogie avec l'évolution des Mousses. Dans l'un et l'autre cas, l'œuf doit succéder nécessairement à la spore et la spore doit procéder de l'œuf. Mais les deux phases n'ont pas, dans les deux groupes, la même durée; en effet, tandis que chez les Mousses la sporé produit la plante et plus tard l'œuf, chez les Fougères la spore produit un individu transitoire et fugace, le prothalle, sur lequel apparaît de bonne heure l'œuf.

Le *Polypode vulgaire*, la *Scolopendre*, la *Capillaire*, sont également des Fougères indigènes. La *Prêle des Marais* (fig. 194) ou queue de cheval, le *Lycopode commun* ont un développement analogue à celui du Polystic.

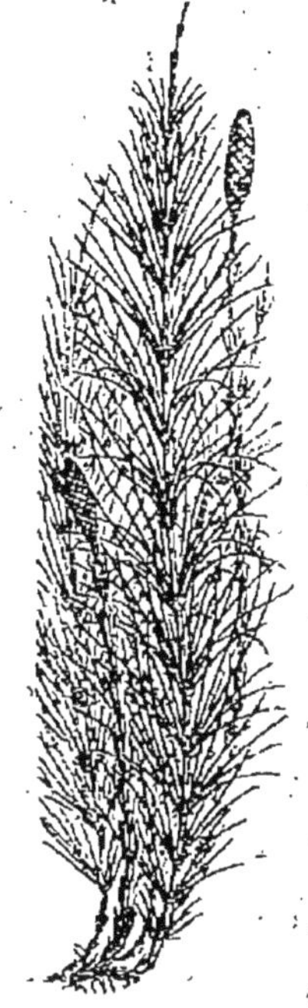

Fig. 194. Prêle des champs.

Autres Cryptogames vasculaires. — Il existe des Cryptogames vasculaires dont le développement est un peu différent : ce sont les *Isoétés*, les *Sélaginelles* que l'on cultive en bordure dans les serres et les jardins d'hiver. Ces plantes produisent deux sortes de spores; les unes petites et les autres grosses.

Les spores petites germent et forment un prothalle très réduit sur lequel apparaîtront des organes mâles.

Les grosses spores germent et forment un prothalle très réduit sur lequel apparaîtront des organes femelles.

Les spores petites correspondent aux grains de pollen des plantes Phanérogames, et les sporanges qui les renferment rappellent les sacs polliniques.

Chaque grosse spore est l'homologue d'un sac embryonnaire, et le sporange qui la renferme peut être comparé à un ovule.

Cette particularité rapproche les Cryptogames vasculaires des Gymnospermés et notamment des Cycadées dont nous allons étudier la disposition des éléments reproducteurs.

DÉVELOPPEMENT D'UNE SÉLAGINELLE, PAR EXEMPLE

Spores petites. → Prothalle mâle. Anthéridies. → Anthérozoïdes.

Spores grosses. → Prothalle femelle. Archégone. → Oosphère.

Anthérozoïdes + Oosphère → Œuf. → Plante feuillée. Sélaginelle.

Plante feuillée → Feuilles portant des spores petites. ↓

Plante feuillée → Feuilles portant des spores grosses. ↓

PHANÉROGAMES — GYMNOSPERMES

Les Gymnospermes sont des Phanérogames à *graines nues* et à feuilles ordinairement persistantes.

Fig. 195. — Pin. — *a*, rameau court portant des feuilles étroites (aiguilles); *b*, cône non encore mûr.

Les fleurs toujours dépourvues de périanthe sont de deux sortes les unes à étamines (*fleurs mâles*) les autres à carpelles (*fleurs femelles*).

La plupart des Gymnospermes de nos régions sont appelées *Conifères* parce que les graines sont abritées par des écailles réunies en une masse conique.

Conifères. Pin Sylvestre. — Le Pin Sylvestre, commun dans les parcs et les bois, est un arbre toujours vert. Ses feuilles étroites, nommées aiguilles, portées par des rameaux courts, sont enfermées par deux dans une gaine qui entoure leur base.

Les fleurs nues se développent au printemps; elles sont à étamines (mâles) ou à pistil (femelles) et disposées en épis serrés ou cônes (fig. 195).

Fig. 196. Etamine avec ses deux sacs polliniques.

Fig. 197. — Coupe longitudinale de l'inflorescence femelle d'une Conifère.
a, tige; *b*, bractée; *r*, rameau axillaire; *ov*, ovule fixé sur le carpelle *cp*; *f*, faisceau.

Chaque fleur mâle est composée d'une écaille portant sur sa face dorsale deux sacs polliniques, ceux-ci crèvent en laissant échapper un pollen abondant et léger (fig. 196).

Chaque fleur femelle naît à l'aisselle d'une bractée et consiste en un court pédoncule portant deux carpelles soudés par leurs bords en une écaille unique. Sur la face dorsale de ces carpelles étalés, on voit deux ovules. Il n'y a donc ni *ovaire*, ni *style*, ni *stigmate* (fig. 197).

Le pollen emporté par le vent tombe sur les ovules et les féconde. Désormais, les fleurs à étamines se flétrissent, les ovules se transforment en graines et les écailles qui les soutiennent s'épaississent et se rapprochent les unes contre les autres. Leur ensemble constitue le cône de Pin ou pomme de Pin (fig. 195).

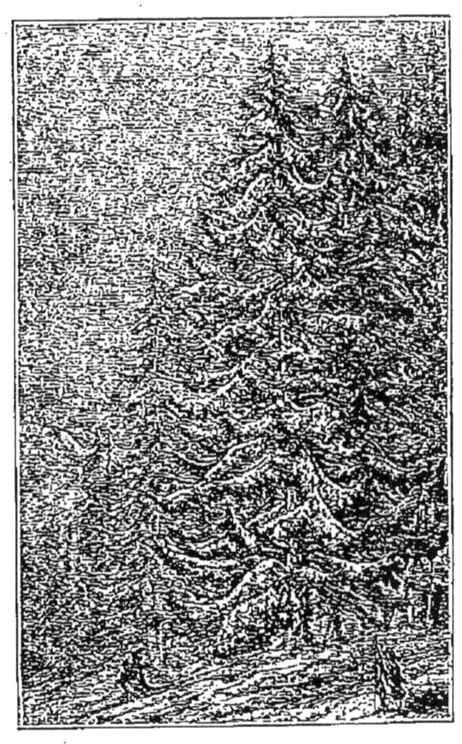

Fig. 198. — Le Sapin.

Du Pin on retire la résine; c'est un commerce assez important de certaines régions où la pauvreté du sol ne permet pas d'autres cultures, comme dans les Landes. De la résine, on extrait l'essence de térébenthine et la colophane.

Principales Conifères. — Le *Pin*, le *Sapin*, l'*Epicéa*, le *Mélèze* à feuilles caduques, le *Cèdre du Liban* sont des Conifères dont les fleurs femelles forment des cônes plus ou moins parfaits.

Citons encore le *Cyprès*, le *Genévrier*, le *Thuya*, dont les feuilles carpellaires, moins nombreuses que dans les genres précédents, ne forment jamais de cônes parfaits (fig. 199).

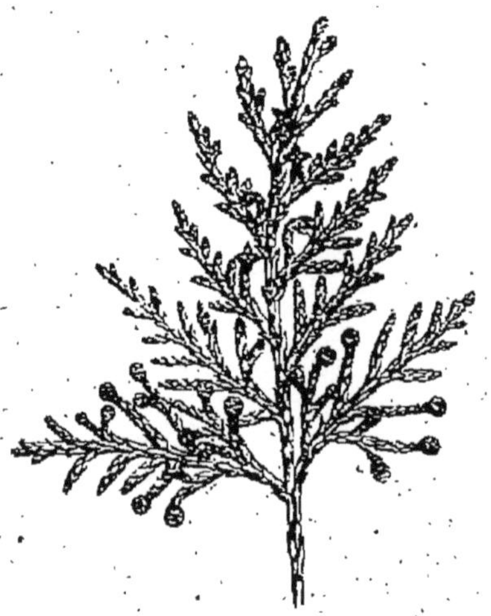

Fig. 199. — Rameau de Tuya.

Fig. 200. — Un Cycas.

L'*If* produit une graine entourée d'une cupule charnue d'un beau rouge.

Le *Ginkgo* de la Chine et du Japon est une curieuse Conifère dont les feuilles caduques ont un limbe étalé en une sorte d'éventail. Les fleurs mâles et les fleurs femelles sont portées par deux pieds distincts. La graine est entourée d'une enveloppe charnue. L'If et le Ginkgo n'ont pas de fleurs femelles réunies en cônes.

Cycadées. — Les Cycadées sont des Gymnospermes propres aux pays chauds. Elles ont la physionomie des Fougères. Ces plantes sont dioïques. Les fleurs mâles et les fleurs femelles sont des feuilles peu modifiées qui portent des étamines dans un cas, des ovules dans l'autre.

Dans le *Cycas* notamment, le carpelle est une feuille végétative dont les lobes inférieurs sont remplacés par des ovules.

Le *Cycas*, le *Zamia*, sont les types les plus connus ; ils ornent nos serres et nos appartements (fig. 200).

16e LEÇON

Phanérogames.

ANGIOSPERMES

Les Angiospermes sont des Phanérogames caractérisées par leurs ovules enfermés dans un ovaire et par leurs graines toujours protégées par un fruit clos tout d'abord.

Ce sous-embranchement comprend deux classes :

1° les *Monocotylédones* ;
2° les *Dicotylédones*.

Les Dicotylédones très nombreuses, sont à leur tour divisées d'après le nombre et la disposition des pièces florales en trois groupes :

1° les *Apétales* ;
2° les *Dialypétales* ;
3° les *Gamopétales*.

Chacun de ces groupes comprend plusieurs familles de plantes.

Nous allons étudier les principales familles et de préférence celles qui sont représentées autour de nous, dans nos champs et dans nos jardins.

Nous suivrons l'ordre établi ci-dessus :

MONOCOTYLÉDONES

Caractères généraux. — Les *Monocotylédones* ont des graines à un seul cotylédon. Elles sont caractérisées par des feuilles étroites à nervures parallèles et par une tige dont les faisceaux libéro-ligneux, dépourvus de cambium, sont disposés en cercles concentriques.

Les fleurs sont en général *trimères*, c'est-à-dire que chaque verticille floral est composé de trois pièces : *trois sépales*, *trois pétales*, *trois étamines*, *etc*.

Les Monocotylédones ont été divisées en un grand nombre de

familles. Nous étudierons la famille des *Liliacées* et la famille des *Graminées*.

Liliacées. — Le Lis blanc est cultivé dans nos jardins. Les fleurs très belles exhalent un parfum pénétrant (fig. 201). Elles sont groupées en grappe lâche sur un haut pédoncule. Chaque fleur présente trois sépales verts et blancs alternant avec trois pétales d'une éclatante blancheur, six étamines et un ovaire libre à trois loges contenant chacune plusieurs ovules.

Fig. 201.
Inflorescence du Lis.

Le fruit est une capsule qui s'ouvre lors de la maturité par trois fentes en long (fig. 202).

Principales Liliacées. — L'*Ail*, l'*Oignon*, l'*Echalote*, la *Ciboule*, dont nous mangeons les bulbes sont des plantes vivaces.

L'*Asphodèle*, le *Muguet de Mai* (porte-bonheur) ont un rhizome persistant.

La *Jacinthe* (fig. 203), l'*Ornithogale*, l'*Asphodèle*, le *Phormium tenax*, l'*Aloès* (fig. 204), le *Yucca*, le *Sceau de Salomon*, l'*Asperge*, dont nous mangeons les jeunes pousses, et l'*Aspidistra* aux larges feuilles vertes sont des Liliacées.

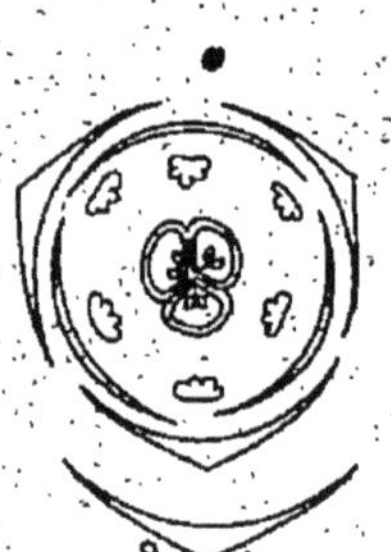

Fig. 202.
Diagramme de la fleur du Lis.
Inflor. : grappe; fleur : *régulière*, *complète*; fruit : *capsule*; formule florale : 3 S + 3 P + 3 + 3 E + 3 C.

Fig. 203.
Fruit de la Jacinthe (capsule).

Fig. 204. — L'Aloès.

Familles voisines. — On doit placer tout à côté des Liliacées, les *Joncacées* (Jonc) dont les fleurs très petites ont un périanthe écailleux.

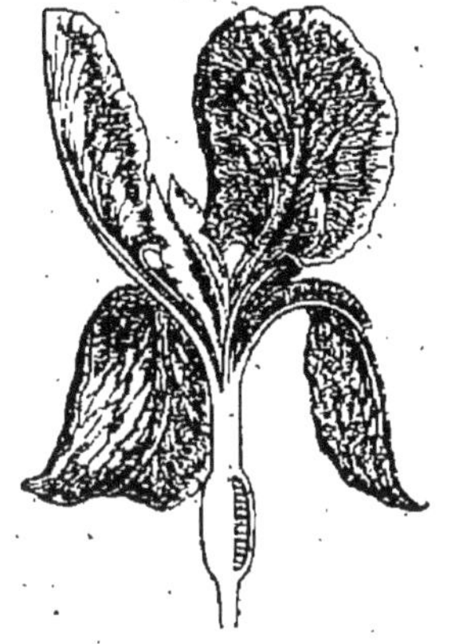

Fig. 205. — Fleur d'Iris coupée en long.

Fig. 206. — Diagramme de la fleur d'Iris.

Fig. 207. Épi de Blé.

Les *Amaryllidacées* dont les principaux genres sont l'*Amaryllis*, l'*Agave*, le *Narcisse*.

Les *Iridacées* dont les fleurs n'ont que trois étamines. L'*Iris*, le *Safran*, le *Glaïeul*, appartiennent à cette famille (fig. 205 et 206).

Les *Liliacées*, les *Joncacées*, les *Amaryllidacées*, les *Iridacées*, constituent l'ordre des *Liliiflores*.

Graminées. — Cette grande famille renferme tous les végétaux connus sous les noms vulgaires de céréales, d'herbes, de gazon.

Ce sont des plantes généralement herbacées dont la tige (*chaume*) est creuse, sauf à l'endroit des nœuds.

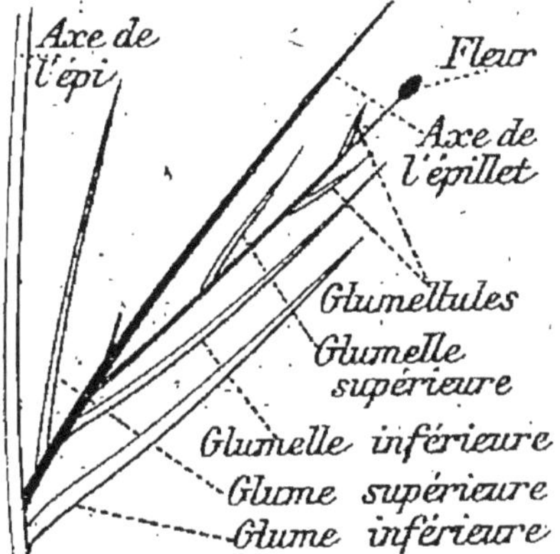

Fig. 208. — A droite, fleur entière avec ses *glumelles*; au milieu, fleur isolée avec l'ovaire renflé, protégé par deux petites écailles, les *glumellules*; à gauche, épillet simplifié montrant la disposition des glumes, des glumelles, des glumellules et des fleurs.

Le *Blé*, que nous prendrons comme type de la famille, est une plante annuelle à racines fasciculées ; la tige porte à chaque nœud une feuille engainante. La gaine est fendue longitudinalement et offre, à son point de jonction avec la feuille, une collerette appelée ligule.

Les fleurs sont réunies en épi au sommet de la tige (fig. 207).

L'épi est composé d'épillets et chacun d'eux comprend plusieurs fleurs dont celles de la base sont seules fertiles. L'épillet est protégé à la base par deux *glumes* (fig. 208). Chaque fleur est accompagnée d'une glumelle inférieure et d'une glumelle supérieure à deux nervures. A l'intérieur des glumelles, à droite et à gauche se trouvent deux glumellules.

Glumes, glumelles, glumellules constituent des pièces protectrices de la fleur composée de trois étamines longues et d'un ovaire surmonté de deux stigmates plumeux.

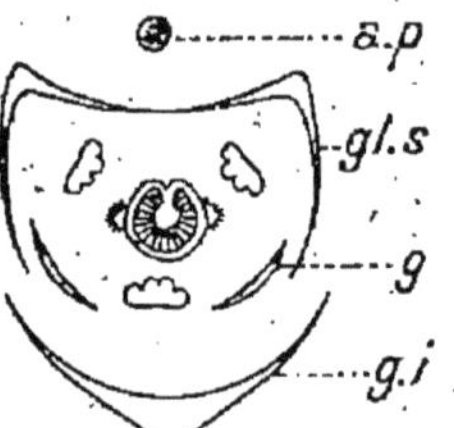

Fig. 209. — Diagramme de la fleur du Blé.
g.i, glumelle inférieure ; *gl.s*, glumelle supérieure ; *g*, glumellule ; *a.p*, axe.
Inflorescence : *épi* ; fleur : *nue*, *hermaphrodite* ; fruit : *caryopse* ; formule florale : 3 E + 1 ovaire à 1 loge.

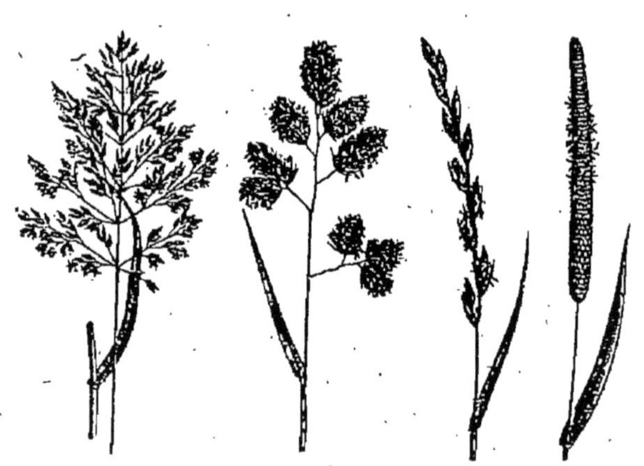

Fig. 210. — De gauche à droite : Paturin, Dactyle, Ray-grass, Fléole.

L'ovaire renferme un seul ovule, il produit un fruit appelé *caryopse*.

Quand le Blé est mûr, on détache les grains des glumelles par l'opération du vannage.

Les glumes, les glumelles forment les *balles* (fig. 209).

Principales Graminées. — Les Graminées sont cultivées depuis l'antiquité : elles fournissent toutes les céréales : le *Blé*, l'*Orge*, le *Seigle*, l'*Avoine*, le *Maïs*, le *Riz*.

Le *Ray-Grass*, le *Paturin*, la *Fétuque*, le *Vulpin*, le *Dactyle*, la *Flouve*, sont des Graminées fourragères (fig. 210).

La *Canne à sucre* est cultivée pour sa moelle sucrée, le *Bambou* pour sa tige, l'*Alfa* pour ses feuilles.

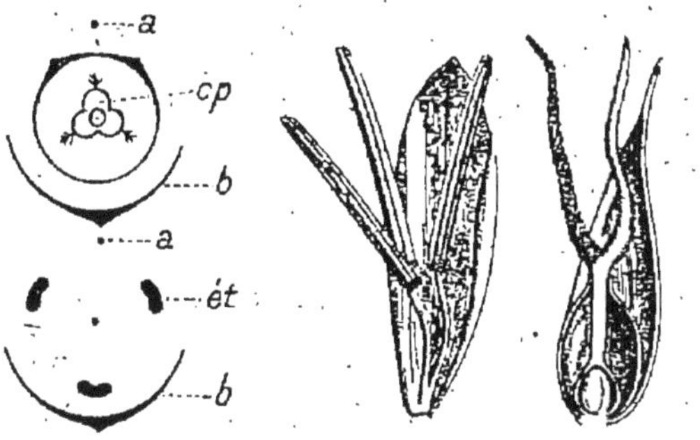

Cypéracées. — Les Cypéracées forment avec les Graminées l'ordre des Glumiflores.

Cette famille est représentée par les *Carex*, les *Scirpes*, les *Souchets*, les *Linaigrettes*.

Fig. 211. — Fleurs du Carex.
A droite, fleur femelle; au milieu, fleur mâle; à gauche, diagrammes des deux fleurs; *a*, axe; *b*, brachée; *cp*, carpelle; *ét*, étamine.

Le Carex est une plante commune dans les prairies humides, au bord des ruisseaux et des étangs.

La tige a trois angles; les feuilles portent de très petites dents; les fleurs, protégées par des bractées, sont groupées en épis. Ceux-ci renferment des fleurs mâles à trois étamines et des fleurs femelles (fig. 211).

Fig. 213.
Palmiers cultivés aux Antilles (*Cocotiers*).

Autres familles de Monocotylédones. — *Famille des Orchidées.* — La famille des Orchidées est une des plus nombreuses parmi les Monocotylédones. Elle atteint son plus grand développement dans les régions tropicales.

Fig. 212.
Grappe fleurie d'Orchis tacheté.

Les Orchidées sont cultivées dans nos serres chaudes pour la beauté et la durée de leurs fleurs. Celles-ci ont une forme bizarre et possèdent ordinairement un petit nombre d'étamines (fig. 212) parfois une seule.

La Vanille aux fruits aromatiques est une Orchidée.

Famille des palmiers. — Les Palmiers sont de beaux arbres des pays chauds. Ils sont cultivés dans nos régions pour l'ornement des jardins (fig. 213).

Le *Dattier*, le *Cocotier*, le *Sagoutier*, l'*Areca*, le *Chou-palmiste*, dont on mange les bourgeons terminaux en sont les principaux représentants.

Famille des Bananiers. — Le Bananier, aux feuilles énormes, répandu dans les contrées tropicales, produit un fruit (*banane*) farineux, parfumé et sucré, qui est très estimé.

DICOTYLÉDONES

Apétales. — Les Dicotylédones Apétales ont des fleurs petites toujours sans corolle et souvent sans calice.

Certaines comme le *Chêne*, le *Chanvre*, ont des fleurs unisexuées; d'autres, comme l'*Oseille*, le *Sarrasin* ont des fleurs hermaphrodites.

La classe des Apétales comprend trois ordres :

Les *Amentinées* : *Saule, Peuplier, Châtaignier, Chêne, Charme, Noyer.*

Les *Polygonées* : *Oseille, Sarrasin, Rhubarbe.*

Les *Urticinées* : *Ortie, Pariétaire, Chanvre, Orme, Mûrier.*

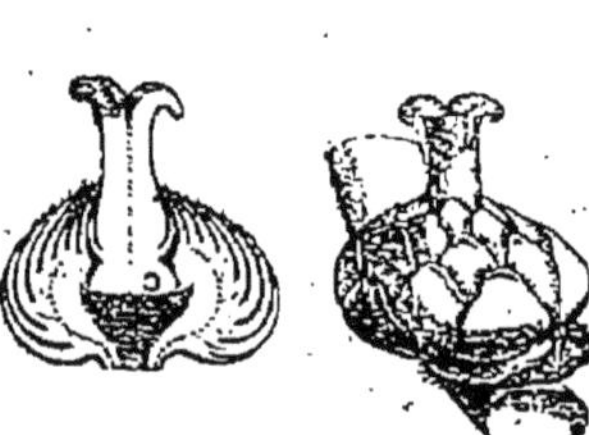

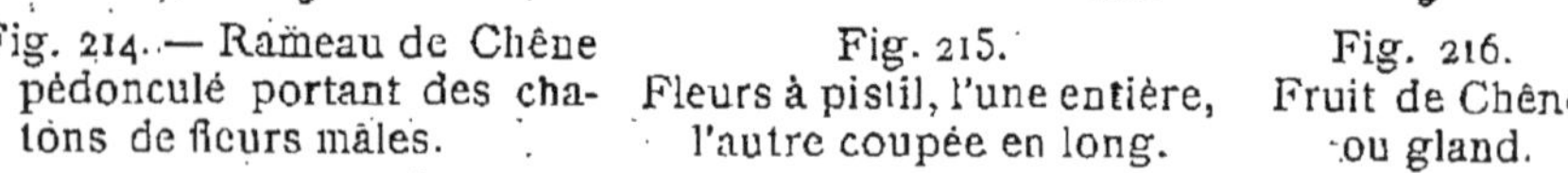

Fig. 214. — Rameau de Chêne pédonculé portant des chatons de fleurs mâles.

Fig. 215. Fleurs à pistil, l'une entière, l'autre coupée en long.

Fig. 216. Fruit de Chêne ou gland.

Amentinées. — Les Amentinées renferment plusieurs familles; ce sont des arbres ou des arbrisseaux à feuilles alternes et à fleurs incomplètes et unisexuées. Les fleurs mâles sont disposées en chaton (latin : *amentum*), les fleurs femelles sont solitaires ou diversement groupées. Presque tous les arbres qui servent à notre chauffage et à nos constructions, appartiennent à ce groupe.

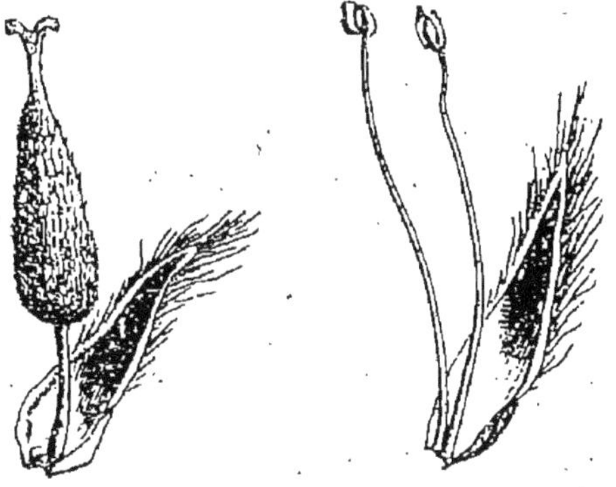

Fig. 217.
Fleur mâle et fleur femelle du Saule.

Examinons un *Chêne* au printemps ; nous remarquons sur certaines branches des fleurs verdâtres de deux sortes. Les unes, groupées en chatons pendants, s'ouvrent graduellement de la base au sommet ; elles sont formées le plus souvent de cinq à huit petites écailles entourant un même nombre d'étamines. Ce sont des fleurs mâles (fig. 214).

Les autres, disposées en épis dressés, ont un périanthe en forme de godet à six lobes protégeant un ovaire à trois loges. Ce sont les fleurs femelles (fig. 215). Elles sont entourées par des bractées formant une coupe qui grandira avec le fruit et l'enveloppera à sa base. Ce fruit ou gland se trouve ainsi emprisonné dans une cupule (fig. 216).

Fig. 218. — Le Châtaignier.

Principales Amentinées. — Le *Saule* et le *Peuplier* ont des fleurs très simples; les fleurs à étamines et les fleurs à pistil sont portées par des pieds distincts. Ils sont dioïques (fig. 217).

Le *Châtaignier*, dont le fruit est comestible (fig. 218), le *Hêtre*, dont le fruit appelé *faîne* fournit de l'huile, le *Charme*, le *Noisetier*, l'*Aulne*, le *Bouleau*, le *Noyer* reconnaissable à ses feuilles composées et à son fruit, la noix, sont les principales Amentinées.

Polygonées : Les Polygonées sont représentées par le *Sarrasin* ou Blé noir dont les graines fournissent une farine employée dans l'ouest de la France ; l'*Oseille* dont on mange les feuilles (fig. 219).

Urticinées. — A cet ordre appartiennent :

Le *Houblon*, dont les cônes des fleurs femelles servent à aromatiser la bière.

Fig. 220.
Le Chanvre ; à gauche, fleurs à étamines ; à droite, fleurs à pistil.

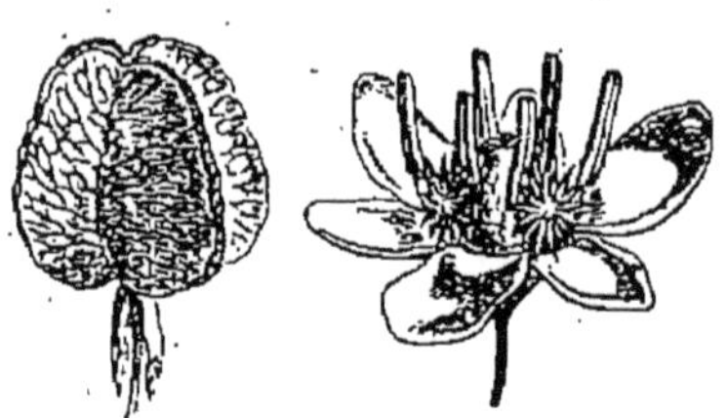

Fig. 219.
Fleur et fruit de l'Oseille.

Le *Chanvre* qui fournit des fibres textiles et dont la graine, constituant le Chènevis, renferme de l'huile (fig. 220).

La *Ramie*, l'*Ortie*, etc.

17e LEÇON

Dialypétales.

Renonculacées. — Le *Bouton d'or* ou *Renoncule*, fleurit de mai en août ; c'est une herbe commune dans les champs et les prés humides (fig. 221).

Fig. 221. — La Renoncule.

La fleur se compose de cinq sépales libres colorés en jaune, de cinq pétales distincts d'un beau jaune d'or présentant à la base, sur la face interne, une fossette nectarifère, d'un grand nombre d'étamines disposées en spires et non en verticilles, et un grand nombre de carpelles indépendants. Chaque carpelle contient un ovule et est surmonté d'un style court et d'un stigmate crochu.

Le fruit est formé par des akènes (fig. 222).

Principales Renonculacées. — La plupart des Renonculacées sont vénéneuses, notamment l'*Hellébore*, le *Pied d'alouette*, l'*Aconit*.

La *Clématite*, l'*Anémone* (fig. 223), la *Pivoine*, l'*Ancolie* sont cultivées dans nos jardins comme plantes d'ornement.

La *Clématite* (fig. 224) et l'*Anémone* n'ont pas de corolle

Le fruit de l'*Hellébore*, de la *Pivoine* est un follicule.

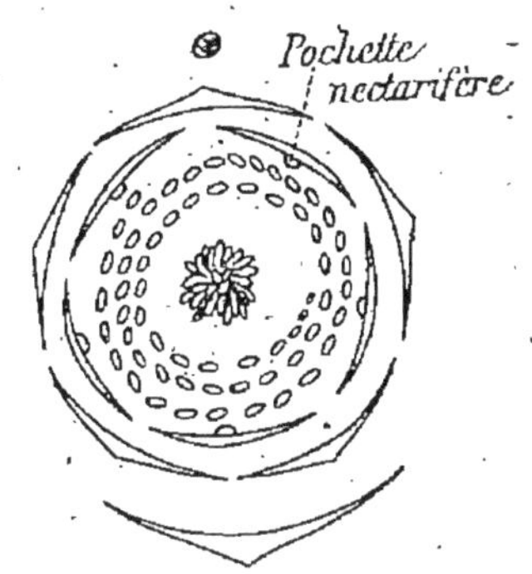

Fig. 222. — Diagramme de la fleur de Renoncule (Bouton d'or).

Inflorescence : *cyme*; fleur : *complète, non verticillée*; fruit : *akène*; formule florale : 5 S + 5 P + *n* E + *n* C; *n*, représente un nombre indéterminé.

Caryophyllacées. — L'*Œillet*, le *Lychnis*, la *Saponaire*, la *Stellaire* ou *Mouron blanc* des petits Oiseaux (fig. 225), la *Nielle* des Blés sont autant de plantes herbacées de la famille des *Caryophyllacées*. On les reconnaît facilement à leurs tiges renflées aux nœuds sur lesquels sont insérées des feuilles opposées.

Crucifères. — La famille des Crucifères est remarquable par son uniformité. Les Crucifères ont une corolle à quatre pétales disposés en croix, d'où leur nom.

La *Giroflée*, dont nous avons déjà donné la description, peut être prise comme type de ce groupe (fig. 226).

Fig. 223. Pied d'Anémone sylvie.

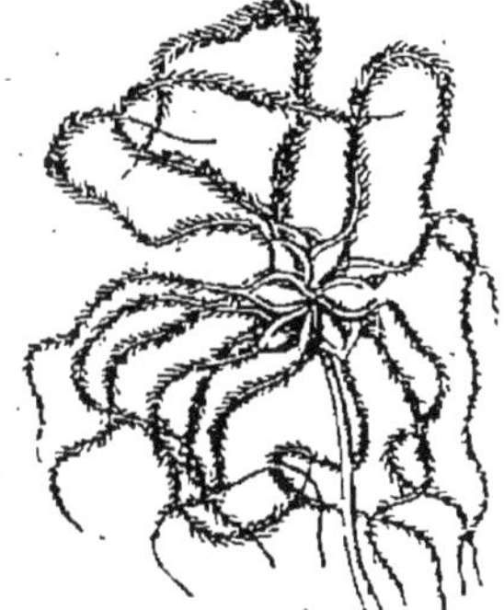

Fig. 224. Fruit de la Clématite.

Fig. 225. — Rameau fleuri d'Œillet.

Ses fleurs disposées en grappes simples s'épanouissent de bas en haut. Chacune d'elles comprend *quatre sépales en croix*, *quatre pétales en croix*, *six étamines inégales*, quatre longues

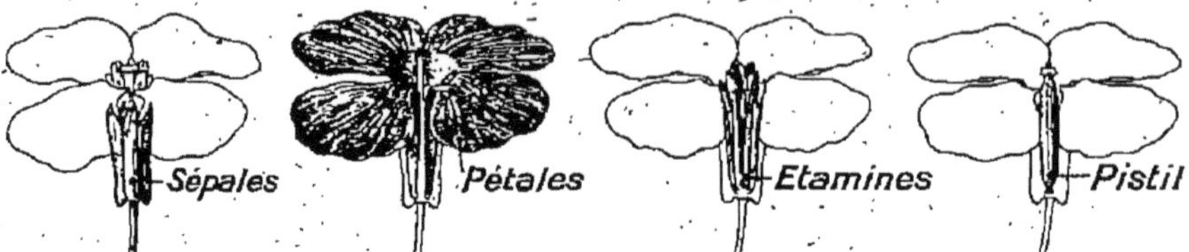

Fig. 226. — Fleur de Giroflée.

rapprochées deux par deux et deux plus courtes, un *ovaire libre* au centre de la fleur. Cet ovaire est divisé en deux loges par une fausse cloison portant les ovules (fig. 228).

Le fruit est une silique ; il s'ouvre en deux valves lorsqu'il est mûr, mais les graines restent suspendues à la cloison.

Fig. 228. — Diagramme de la fleur de Giroflée.

Infloresc. : *grappe* ; fleur : *complète* ; fruit : *silique* ; formule florale : 4 S + 4 P + 6 E + 2 C.

Fig. 227. Fruit de Giroflée (*silique*).

Principales Crucifères. — Parmi les Crucifères alimentaires, nous citerons le *Chou* (fig. 229), le *Navet*, le *Radis*, le *Cresson*.

Les graines du *Colza*, de la *Navette*, de la *Cameline* donnent des huiles employées surtout pour l'éclairage.

La *Giroflée*, la *Julienne*, la *Corbeille d'or*, l'*Ibéride* sont des Crucifères ornementales.

Fig. 229. — Chou de Bruxelles. La réserve de nourriture est localisée dans les bourgeons axillaires.

Fig. 230. Le Coquelicot.

Familles voisines des Crucifères. — On range à côté des Crucifères : les ***Capparidacées*** (Câprier), les ***Papavéracées*** (Pavot, Coquelicot) (fig. 230), les ***Résédacées*** (Réséda).

Malvacées. — La *Mauve*, la *Guimauve*, la *Rose Trémière*, le *Cotonnier* sont des plantes de la famille des Malvacées (fig. 231).

Les ***Tiliacées***, représentées par le *Tilleul*, et les ***Sterculiacées*** représentées par le *Cacaoyer* sont des familles inséparables des Malvacées (fig. 232).

Ombellifères. — Voici une famille très naturelle, facile à

Fig. 231. — Fleur et fruit du Cotonnier.

Fig. 232. — Branche de Cacaoyer.

reconnaître grâce aux fleurs très petites disposées en ombelles. Elle est représentée dans nos régions par une foule d'espèces dont la plus connue est la *Carotte sauvage*. La Carotte sauvage est commune dans les champs et les haies. Sa racine pivotante est suivie d'une tige fistuleuse portant des feuilles profondément découpées et engainantes.

Les fleurs sont disposées en *ombelles composées* (fig. 233).

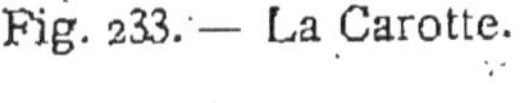

Fig. 233. — La Carotte.

Fig. 234. Fleur de Carotte coupée en long.

Fig. 235. Fruit d'Ombellifère; deux akènes qui se séparent quand ils sont mûrs.

A la base de ces groupes de fleurs se trouvent des bractées formant une collerette nommée *involucre* ou *involucelle*, selon qu'elle entoure l'inflorescence ou une partie de l'inflorescence (*ombellule*). Chaque fleur (fig. 234) se compose d'un calice adhérent à l'ovaire, d'une corolle à cinq pétales insérés sur l'ovaire, de cinq étamines et d'un ovaire à deux loges renfermant chacune un ovule. Le style est élargi en disque à la base. Le fruit est composé de deux akènes qui se séparent lors de la maturité (fig. 235).

Principales Ombellifères. — La *Carotte*, le *Panais*, le *Persil*, le *Cerfeuil*, le *Céleri*, l'*Anis*, l'*Angélique* sont alimentaires.

La grande *Ciguë* et la petite *Ciguë* sont vénéneuses.

Familles voisines. — Le *Lierre*, avec ses racines adventives crampons appartient à la famille des ***Araliacées*** (fig. 237). Avec l'***Aralia papyrifera***, on fabrique le papier de riz.

Le *Cornouiller*, au bois très dur, est le type de la famille des **Cornacées**. Les *Araliacées* et les *Cornacées* sont très voisines des *Ombellifères*.

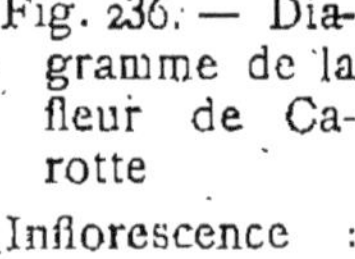

Fig. 236. — Diagramme de la fleur de Carotte

Inflorescence : *Ombelle*; fleur : *petite, régulière, complète*; fruit : *diakène*; formule florale : 5 S + 5 P + 5 E + 2 C.

Légumineuses-Papilionacées.

— La famille des Légumineuses-Papilionacées ou simplement des Papilionacées est caractérisée par la forme bizarre de la corolle qui rappelle celle d'un papillon et par la nature du fruit, qui est dans toutes les espèces une *gousse* ou *légume*.

Prenons comme type de la famille le Pois (fig. 238), cultivé pour ses graines. C'est une plante annuelle dont la tige grimpante porte des feuilles composées alternes, stipulées. Dans chaque feuille les folioles terminales sont transformées en vrilles. La fleur offre à considérer cinq sépales soudés à la base, cinq pétales libres et inégaux. Le plus grand, extérieur, est l'*étendard*, il recouvre deux pétales latéraux, les *ailes*. Les ailes recouvrent deux pétales plus petits, partiellement soudés par leur bord, appelés *carène* (fig. 239).

Fig. 237. Inflorescence du Lierre.

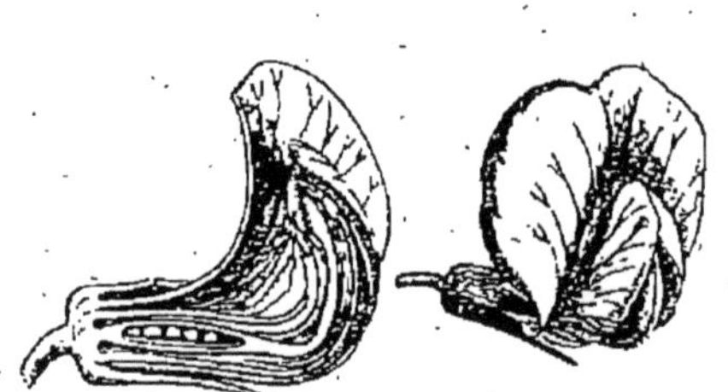

Fig. 238. — Le Pois.

L'androcée est composé de dix étamines, neuf soudées par leurs filets et une libre. Les étamines soudées forment une gouttière dans laquelle est logé le pistil unicarpellé. L'ovaire allongé renferme deux rangées d'ovules (fig. 240).

Le fruit sec et déhiscent s'ouvre en deux valves.

La graine renferme deux cotylédons charnus et riches en amidon (fig. 241).

La famille des Légumineuses-Papilionacées est l'une des plus nombreuses et des plus naturelles du règne végétal. Les principales espèces sont : Le *Haricot*, le *Pois*, la *Fève*, la *Lentille* dont les graines farineuses servent à la nourriture de l'Homme.

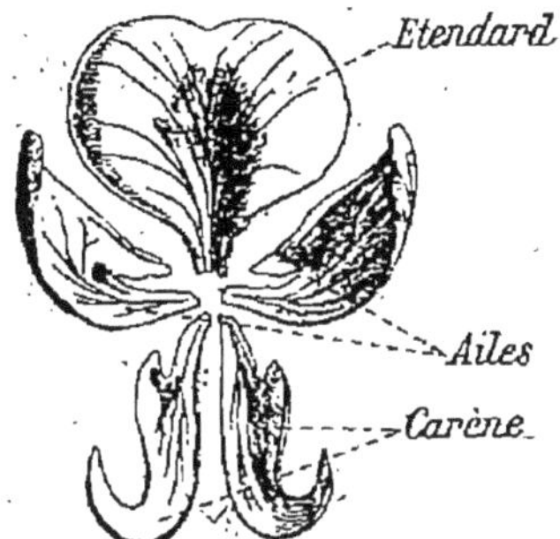

Fig 239.
Diverses parties de la fleur.

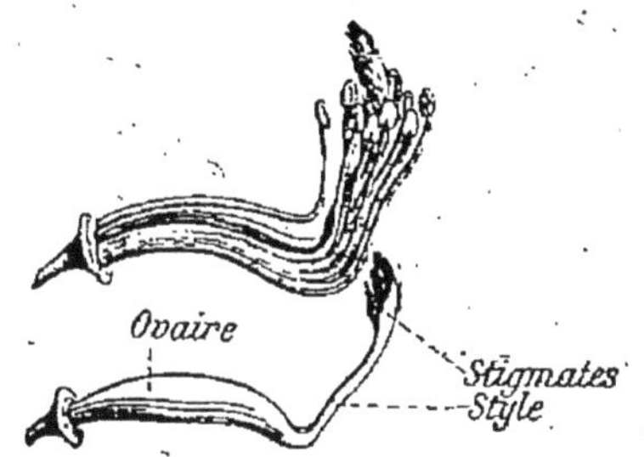

Fig. 240. — Fruit du Pois (*gousse*).

La *Luzerne*, la *Vesce*, le *Trèfle* (fig. 242), le *Sainfoin*, la *Gesse*, sont cultivés pour leurs tiges et leurs feuilles qui donnent un excellent fourrage.

Citons encore l'*Indigo*, le *Genêt* (10 *étamines soudées*), la *Réglisse*, etc.

Familles voisines. — Les ***Mimosacées***, avec les *Acacias*, les *Mimosas* et les **Césalpiniées**, avec l'*Arbre de Judée*, sont inséparables des Papilionacées.

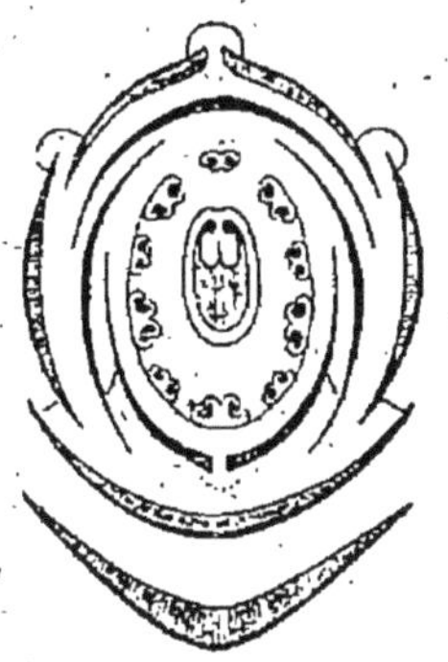

Fig. 241. — Diagramme de la fleur du Pois.

Fleur : *complète*, corolle, *papilionacée* ; fruit : *gousse* ou *légume* ; formule florale : 5 S + 5 P + 10 E + 1 C.
(9 E soudées + 1 libre.)

Rosacées. — La famille des Rosacées renferme des végétaux herbacés et ligneux. Le *Fraisier*, le *Potentille*, l'*Églantier*, la *Pimprenelle*, le *Pommier*, l'*Amandier* sont autant de types de Rosacées que nous pouvons facilement nous procurer.

Fig. 242.
Trèfle des champs.

Examinons le *Fraisier*. C'est une plante herbacée et vivace. Ses tiges rampantes ou coulants s'allongent sans cesse produisant de loin en loin des racines adventives et de nouvelles feuilles (fig. 243). Au point où elles apparaissent naîtra un nouveau pied qui se séparera de la plante mère pour vivre d'une vie indépendante. Le Fraisier est couvert de fleurs dès le printemps. La fleur se compose d'un calice double, *calicule* et *calice* proprement dit à cinq sépales,

Fig. 243. — Fraisier (tige rampante).

Fig. 244. Fleur de Fraisier.

Fig. 245. La Fraise.

d'une corolle à cinq pétales, d'un grand nombre d'étamines, d'un pistil à plusieurs carpelles libres contenant chacun un seul ovule (fig. 244).

Chaque carpelle devient un fruit sec à une seule graine ou *akène*.

Après la fécondation, le réceptacle s'accroît rapidement, devient charnu et les akènes se trouvent placés dans de petites fossettes creusées dans ce réceptacle succulent appelé vulgairement *fraise* (fig. 245). En réalité, ce que nous mangeons, c'est le support des fruits.

Fig. 246. — Diagramme de la fleur du Fraisier.

Fleur : *régulière, complète*; fruit : *akène. Les akènes sont portés par un réceptacle charnu communément appelé fraise*; formule florale : *calicule* + 5 S + 5 P + *n* fois 5 E + *nc*.

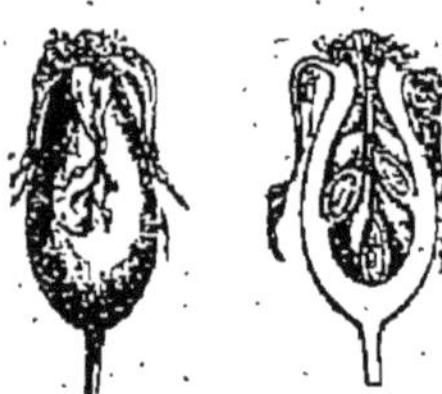

Fig 247. Fruit de l'Églantier entier et coupé en long.

Fig. 248. Rameau fleuri de Poirier.

Principales Rosacées. — Les *Potentilles*, les *Ronces*, les *Framboisiers* ont des fleurs assez semblables à celles du Fraisier. Dans l'Eglantier, il n'y a plus de calicule, le réceptacle, creusé en forme de coupe, renferme des carpelles indépendants (fig. 247).

La *Pimprenelle*, commune dans les prés, offre des épis serrés de petites fleurs.

Le *Pommier*, le *Poirier* (fig. 248), le *Sorbier*, le *Cognassier* ont des fruits à *pépins*.

Le *Cerisier*, le *Pêcher*, l'*Abricotier*, le *Prunier*, l'*Amandier* ont le pistil formé d'un seul carpelle qui se transforme en une *drupe*. On dit que ces plantes ont des fruits charnus à noyau.

Autres familles de la classe des dialypétales. — On peut encore citer quelques familles moins importantes que les précédentes :

Les ***Géraniacées*** : *Geranium*, *Pelargonium*.
Les ***Linacées*** : *Lin*, *Coca*.
Les ***Tropéolacées*** : *Capucine*.
Les ***Crassulacées*** : *Joubarbe*, *Sedum*.
Les ***Acéracées*** : *Erables*.
Les ***Hippocastanacées*** : *Marronnier*.
Les ***Ampélidacées*** : *Vigne*.

18e LEÇON

Gamopétales.

Primulacées. — *Primevère.* — La Primevère officinale (*Coucou*) (fig. 249), ainsi nommée parce qu'elle fleurit au premier printemps, présente une tige très courte portant au niveau du sol une rosette de feuilles simples et entières. La corolle gamopétale a la

Fig. 249. — Primevère officinale.

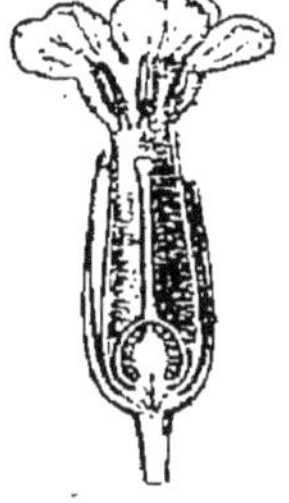

Fig. 250. Fleur de Primevère coupée en long.

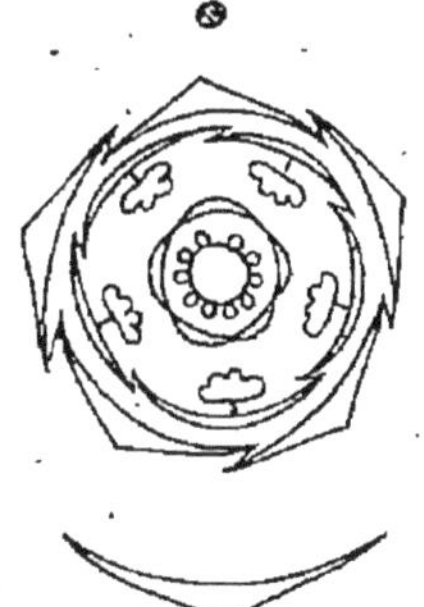

Fig. 251. Diagramme de la fleur de Primevère.

Inflorescence : *sorte d'ombelle*; fleur : *régulière, complète*; fruit : *capsule*; formule florale : (5 S) + [(5 P) + 5 E] + 5 C.

forme d'un entonnoir, elle comprend cinq pétales égaux. Dans la fleur de Primevère, les étamines au nombre de cinq sont opposées aux pétales au lieu d'alterner avec eux, ce qui paraît être une exception à la loi de l'alternance des pièces florales d'un verticille à l'autre (fig. 250).

Le pistil est formé de cinq carpelles réunis en un ovaire à une seule loge. Au centre de l'ovaire se dresse une colonne charnue portant de nombreux ovules. Il se transforme en un fruit déhiscent (*capsule*) entouré du calice persistant (fig. 251).

Les principales Primulacées de nos régions sont : Le *Faux-mouron*, le *Cyclamen*, la *Lysimaque*, la *Soldanelle*.

Personées ou Scrofulariées. — Le *Muflier* ou *Gueule de loup, Gueule de lion* est le type de la famille des Personées. C'est une plante vivace à tige cylindrique portant des feuilles opposées à la base, alternes au sommet. Les fleurs purpurines ou jaunes sont disposées en grappes (fig. 252).

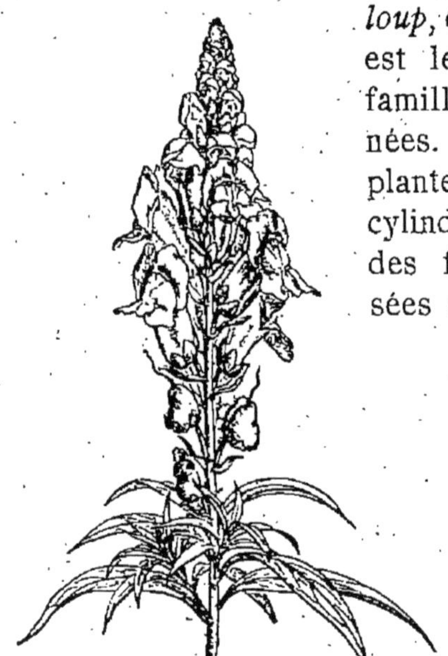

Fig. 252. — Rameau fleuri de Muflier.

Fig. 253. Étamine du Muflier.

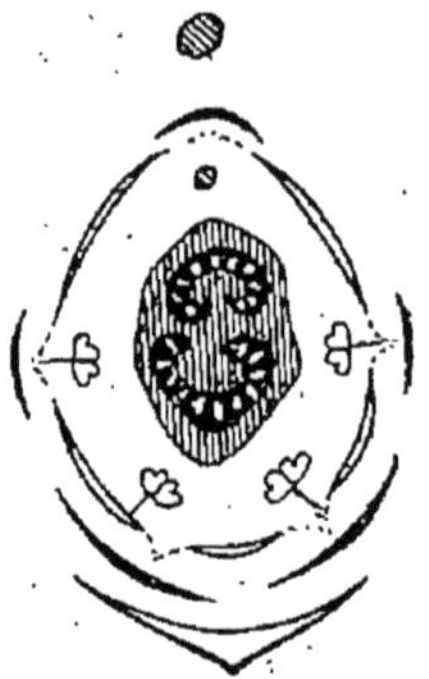

Fig. 254. Diagramme de la fleur du Muflier.

Inflonesc. : *grappe*; fleur : *complète à deux lèvres*; fruit : *capsule*; formule florale : 5 S + [(5 P) + 4 E] + 2 C.

Elles ont un calice à cinq sépales. La corolle gamopétale, bossue à la base, forme deux lèvres et ressemble grossièrement à un masque (*persona en latin*). Ces deux lèvres, à l'état normal, sont appliquées l'une sur l'autre et la corolle est close; elle s'ouvre quand on presse sur les parties latérales.

Les étamines, insérées sur la corolle, sont au nombre de quatre : deux grandes et deux petites (fig. 253).

L'ovaire, a deux loges, renferme beaucoup d'ovules. Le fruit est une capsule (fig. 254).

Le *Bouillon blanc*, la *Linaire*, la *Scrofulaire*, la *Digitale* (fig. 255) ont des fleurs presque régulières; les petites *Véroniques* sont des Personées. A cette même famille appartiennent quelques plantes parasites, telles que : l'*Euphraise*, le *Mélampyre* et l'*Orobranche*.

Solanées : *Pomme de terre.* — La plante que l'on connaît le mieux parmi les Solanées est la *Pomme de terre*. C'est une plante herbacée vivace, grâce à ses tubercules (fig. 256).

Fig. 255.
La grande Digitale.

Fig. 256. — Pied de Pomme de terre.

Les fleurs groupées en cymes sont blanches ou violacées et régulières. Le calice, à cinq divisions, entoure une corolle *rotacée* à cinq pétales égaux, soudés par leur base (fig. 257). La corolle

Fig. 257.
Fleur et fruit de la Pomme de terre.

Fig. 258. — Diagramme de la fleur de Pomme de terre.

supporte cinq étamines dont les anthères sont serrées les unes contre les autres entourant le style terminé par un stigmate en bouton. Au centre de la fleur, on trouve le pistil dont l'ovaire présente deux cavités renfermant un grand nombre d'ovules. Cet ovaire devient à la maturité une baie.

Fig. 259. — Rameau de Belladone.

Fig. 260. — Le Lamier blanc.

La Pomme de terre, originaire de l'Amérique du Sud, est aujourd'hui cultivée partout dans nos pays. Elle produit en été des tubercules dans lesquels s'amasse la fécule.

La *Tomate*, l'*Aubergine*, sont cultivées dans nos jardins. La *Belladone*, le *Tabac*, la *Jusquiame* sont des espèces vénéneuses (fig. 259).

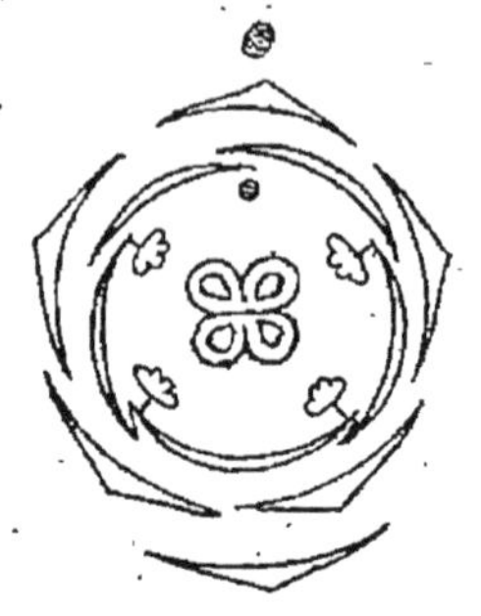

Fig. 262. — Diagramme de la fleur du Lamier.

Inflorescence : *glomérule*; fleurs : *irrégulières* (*zygomorphes*); fruit : *tétrakène* (réunion de 4 akènes ou nucules); formule florale : 5 S + [(5 P) + 4 E] + 2 C.

Labiées : Lamier blanc. — Le Lamier blanc (fig. 260) désigné à tort sous le nom d'*Ortie blanche* est très commun sur le bord des chemins. Sa tige quadrangulaire porte des feuilles opposées et dentées.

Fig. 261. Fleur du Lamier.

Les fleurs apparaissent au printemps et en été; elles sont groupées en glomérules au-dessus des feuilles.

La corolle est formée de cinq pétales soudés en tube dont les bords sont partagés en deux lèvres : la lèvre supérieure, recourbée en capuchon, est composée de deux pétales et la lèvre inférieure de trois pétales (fig. 261).

La corolle porte quatre étamines inégales, deux grandes et deux petites, alternant avec les pétales. Le pistil comprend deux carpelles produisant chacun deux ovules. De bonne heure, une fausse cloison partage l'ovaire en quatre loges. Le style est terminé par deux stigmates.

Le fruit est la réunion de quatre akènes. Le *Lamier blanc* est le type des Labiées (fig. 262).

Quelques labiées. — La *Lavande*, la *Menthe*, la *Mélisse*, le *Thym*, l'*Origan*, la *Sauge* (2 étamines), le *Romarin* sont des Labiées. Toutes possèdent des poils sécréteurs produisant une huile odorante.

Borraginacées. — On range à côté des Labiées la famille

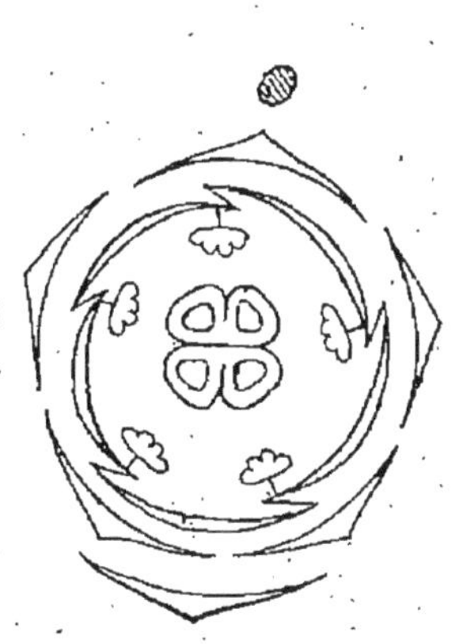

Fig. 263. — Diagramme de la fleur de Bourrache.

Fig. 264. Rameau fleuri de Consoude.

des Borraginacées. Celles-ci ont ordinairement des fleurs régulières à cinq étamines.

La *Bourrache* (fig. 263), le *Myosotis*, l'*Héliotrope*, la *Vipérine*, la *Consoude* appartiennent à cette famille (fig. 264).

Composées. — La *Grande-Marguerite* (fig. 265) ou *Chrysanthème des prés* est une plante vivace, très abondante dans les prairies. Les fleurs se montrent de mai en juillet et sont très recherchées pour la confection des bouquets.

Ce qu'on appelle vulgairement la fleur de Grande-Marguerite est une inflorescence, un *capitule*. Ce capitule, entouré de plusieurs rangées de bractées, comprend un grand nombre de fleurs insérées sur un large réceptacle.

Elles sont de deux sortes (fig. 266).

Les fleurs centrales sont jaunes, petites et régulières. Le calice adhérent à l'ovaire est indiqué par cinq dents, la corolle tubulée, formée de cinq pétales soudés, porte cinq étamines dont les anthères sont réunies en un tube donnant passage au style terminé par deux stigmates. L'ovaire, à une loge, renferme un seul ovule. Le fruit provenant de cet ovaire est un akène.

Faisons le diagramme et résumons les caractères de cette fleur centrale ou fleuron (fig. 267).

Les fleurs périphériques sont blanches. La corolle terminée par trois dents arrondies est déjetée en languette (ligule) vers l'extérieur (fig. 265, 266, 267).

Ces fleurs sont ligulées et non tubulées; elles ne possèdent pas d'étamines, mais seulement un pistil dont on voit les deux stigmates.

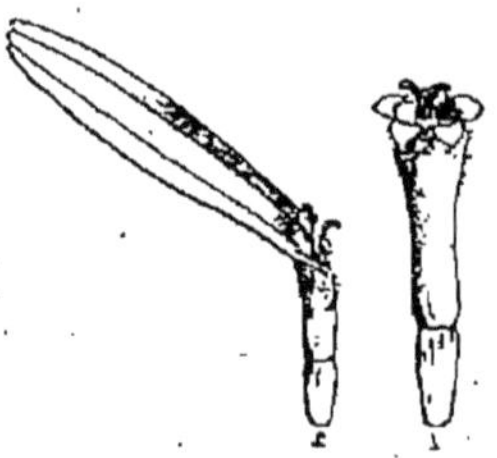

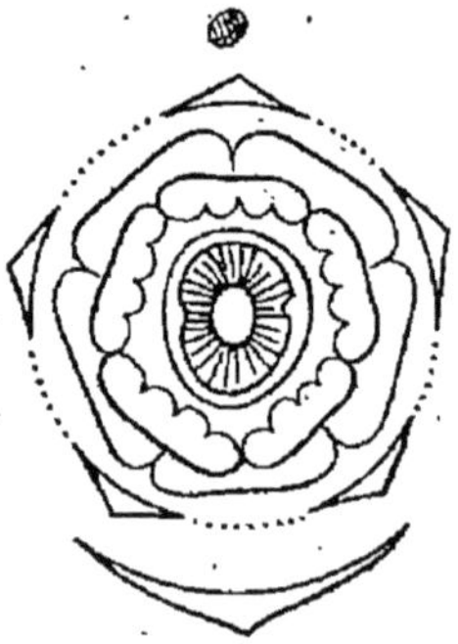

Fig. 267. — Diagramme d'une fleur *Centrale tubulée* de la Grande-Marguerite.

Inflorescence : *capitule* ;

fleurs { Centrales : *tubulées, régulières, complètes.* Périphériques : *ligulées, incomplètes* :

fruit : *akène* ; formule florale : 5 S + (5 P) + (5 E)] + 2 C.

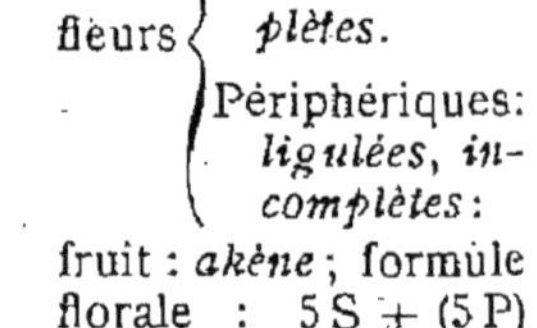

Fig. 265. La Grande-Marguerite. 1, fleur tubulée ; 2, fleur ligulée.

Fig. 266. — Capitule de la Grande-Marguerite.

La réunion d'un grand nombre de fleurs sur un réceptacle commun a fait donner le nom de composées aux plantes qui ont des fleurs comme la Grande-Marguerite (fig. 267).

Quelques composées. — Le *Souci*, la *Camomille*, l'*Absinthe*, le *Topinambour*, ont des capitules avec des fleurs tubulées au centre et ligulées à la périphérie ; ils appartiennent à la tribu des ***Composées radiées***.

Le *Bleuet*, le *Chardon*, l'*Artichaut* (fig. 268), l'*Echinops* ou *Boulette*, la *Centaurée*, qui ont toutes les fleurs du capitule tubulées, forment la tribu des ***tubuliflores***.

Le *Pissenlit*, la *Chicorée* (fig. 269), la *Laitue*, le *Salsifis*, qui ont toutes les fleurs du capitule ligulées ou en languette, constituent la tribu des ***liguliflores***.

La famille des Composées comprend plus de 10 000 espèces répandues par toute la terre et notamment dans les régions tempérées et chaudes. La plupart des Composées ont un akène surmonté d'une aigrette de poils ; le moindre vent les dissémine de toutes parts.

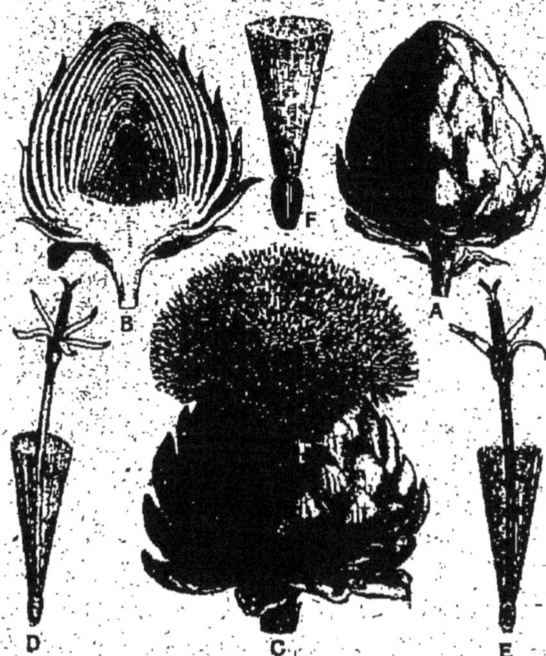

Fig. 268. — Artichaut.

A, B, capitule non épanoui, entier et coupé en long ; C, capitule épanoui ; D, E, fleur tubulée entière et non coupée en long ; F, fruit avec son aigrette.

Importance des Composées. — La *Chicorée*, la *Laitue*, le *Salsifis*, la *Scorsonère*, le *Topinambour*, sont des espèces potagères.

Fig. 269. — Chicorée. C'est une liguliflore.

La *Grande-Marguerite*, le *Chrysanthème*, le *Soleil*, le *Dahlia*, le *Zinnia* sont des espèces ornementales.

La *Camomille*, l'*Absinthe*, l'*Arnica* sont médicinales.

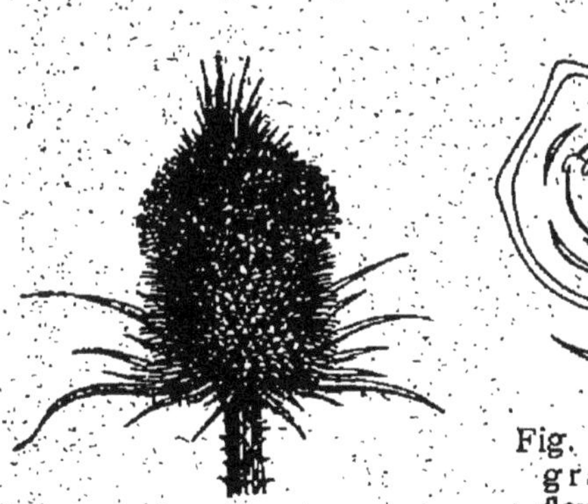

Fig. 270. — La Cardère sauvage.

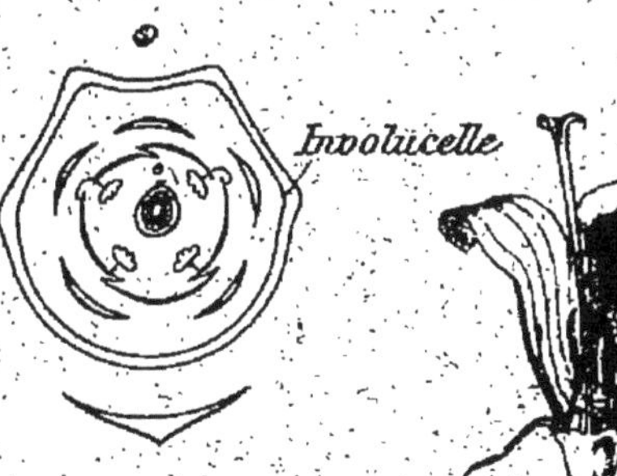

Fig. 271. — Diagramme d'une fleur de Scabieuse (Dipsacées).

Fig. 272. — Fleur de Raiponce coupée en long.

Familles voisines des Composées. — Les *Dipsacées*,

représentées par le *Chardon à foulon* et par les *Scabieuses* (fig. 270 et 271).

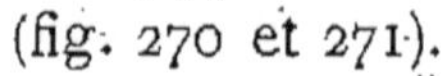

Les *Campanulacées*, représentées par la *Campanule*, la *Raiponce* (fig. 272).

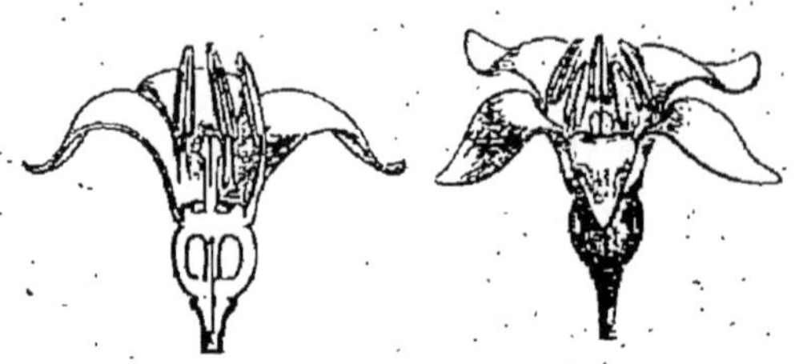

Fig. 273.
Fleur de Garance entière et coupée en long.

Les *Rubiacées*, représentées dans nos régions par la *Garance*, le *Caille-lait* et dans les pays chauds par le *Quinquina* et le *Caféier* (fig. 273).

Caractères généraux des Gamopétales. — La Classe des Dicotylédones Gamopétales est très homogène. Elle comprend un certain nombre de familles faciles à distinguer d'après la constitution de la fleur.

La corolle est toujours gamopétale. Les étamines sont toujours insérées sur la corolle et les carpelles sont peu nombreux, de deux à cinq ordinairement. Ce sont les plantes les plus élevées en organisation, celles dont la fécondation des ovules, par suite de dispositions particulières, est le mieux assurée, ce qui leur donne la prépondérance dans la nature actuelle.

Manipulation : Étude d'une famille de la classe des Dialypétales. **Labiées** : Type : le *Lamier blanc*.

1° Examiner la tige et les feuilles;
2° Définir l'inflorescence;
3° Analyser une fleur : *calice*, *corolle*, *étamines*, *carpelles*;
4° Établir la formule florale;
5° Dessiner le diagramme;
6° Décrire le fruit : *nature*, *forme*, *origine*;
7° Etudier la graine.
8° Conclusion : *caractères généraux de la famille des Labiées.*

Composition d'un herbier.

QUELQUES PHANÉROGAMES ANGIOSPERMES

Plantes	Familles
Avoine. Froment. Chiendent. Brome mou. Ivraie. Vulpin.	*Graminées.*
Lis. Muguet. Tulipe. Jacinthe. Muscari. Ornithogale.	*Liliacées.*
Iris.	*Iridacées.*
Narcisse.	*Amaryllidacées.*
Orchis	*Orchidées.*
Houblon. Orme.	*Urticinées.*
Saule. Peuplier noir. — blanc. Aulne glutineux. Noisetier. Chêne rouvre. Hêtre. Charme.	*Amentinées.*
Renoncule tête d'or. — bulbeuse. — âcre. Ancolie. Clématite. Anémone sylvie.	*Renonculacées.*
Millepertuis.	*Hypéricacées.*
Mauve sauvage.	*Malvacées.*
Euphorbe. Mercuriale.	*Euphorbiacées.*
Buis.	*Buxacées.*
Violette.	*Violacées.*
Réséda.	*Résédacées.*
Coquelicot. Chélidoine.	*Papavéracées.*
Moutarde des champs. Bourse à Pasteur. Draba. Radis sauvage.	*Crucifères.*
Géranium. Erodium.	*Géraniacées.*
Lychnis dioïque. Mouron des oiseaux. Nielle. Œillet. Saponaire.	*Caryophyllacées.*
Trèfle des prés. — rampant. Sainfoin. Lotier corniculé. Genêt. Vesce des haies. Robinier.	*Papilionacées.*
Aubépine. Rose de Chien. Potentille argentée. — ansérine. Ronce. Framboisier. Aigremoine. Reine des prés.	*Rosacées.*
Groseillier rouge. Saxifrage granulé.	*Saxifragées.*
Carotte sauvage. Petite ciguë. Grande ciguë. Panicaut.	*Ombellifères.*
Lierre.	*Araliacées.*
Cornouiller.	*Cornacées.*
Bruyère commune.	*Ericacées.*
Primevère. Mouron des champs. Lysimaque.	*Primulacées.*
Pomme de terre. Morelle noire. Douce-amère. Jusquiame. Belladone.	*Solanacées.*
Thym. Serpolet. Menthe. Sauge. Romarin.	*Labiées.*
Bourrache. Myosotis. Consoude. Vipérine. Buglosse. Pulmonaire.	*Borraginées.*
Liseron des haies. Grande Cuscute.	*Convolvulacées.*
Frêne. Olivier. Troène.	*Oléacées.*
Bouillon blanc. Muflier. Scrofulaire. Linaire. Véronique. Gratiole.	*Scrofulariacées.*
Plantain.	*Plantaginacées.*
Verveine sauvage.	*Verbénacées.*
Garance. Gaillet gratteron.	*Rubiacées.*
Sureau noir. Yèble. Chèvrefeuille.	*Caprifoliacées.*
Valériane. Mâche.	*Valérianacées.*
Scabieuse.	*Dipsacées.*
Grande Marguerite. Salsifis des prés. Souci des champs. Pissenlit. Bleuet. Chausse trappe. Bardane. Pulicaire. Chardon penché. Millefeuille.	*Composées.*

TROISIÈME PARTIE

GÉOLOGIE APPLIQUÉE

19e LEÇON

GÉOLOGIE APPLIQUÉE
APPLICATION DE LA GÉOLOGIE A L'ART DES MINES

Intérêt pratique que présente la géologie. — L'étude des phénomènes actuels (1re *année*) et des phénomènes anciens (2e *année*) nous a fait connaître les matériaux du globe au point de vue de leur origine, de leur constitution et de leur distribution dans l'épaisseur de l'écorce terrestre. Ces notions ont un intérêt pratique incontestable.

Le *Mineur* doit savoir dans quels terrains se rencontrent telles ou telles roches, tels ou tels minerais. Il lui est utile de prévoir l'importance d'un filon métallifère et d'en suivre les vicissitudes d'après les mouvements orogéniques dont la région a été le théâtre.

L'*Ingénieur*, chargé de travaux publics, tiendra compte pour tracer les routes, creuser les canaux, percer les tunnels, de la nature des divers terrains et des assises plus ou moins compactes qui les supportent.

L'*Architecte* ne peut ignorer les propriétés des matériaux qu'il emploie.

La Géologie fournit à l'*Agriculteur* des données précieuses sur la composition du sol et du sous-sol. Elle le renseigne sur la vocation agricole de telle ou telle région, sur la nature des amendements et des engrais dont il doit faire usage.

La Géologie permet de résoudre le problème de l'adduction des eaux; problème dont les leçons d'hygiène nous révèleront toute l'importance.

APPLICATION DE LA GÉOLOGIE A L'ART DES MINES

Minéraux. — La Minéralogie étudie la composition de 4000 minéraux environ. Ce nombre ne doit pas nous effrayer; car un

Géologue professionnel n'en utilise que 400 environ et, parmi ceux-ci, une cinquantaine à peu près présentent quelques difficultés au point de vue de la détermination.

On range les minéraux usuels dans quatre groupes principaux :

1° *les éléments minéraux des roches fondamentales* ;
2° *les éléments des gîtes minéraux* ;
3° *les minerais* ;
4° *les combustibles minéraux.*

Cette classification due au Géologue de Lapparent a l'avantage de correspondre aux diverses étapes de la civilisation humaine : *pierres*, *métaux*, *combustibles* et, par conséquent, *force motrice*.

Gîtes minéraux : Nature, importance. — On nomme gîtes minéraux des dépôts limités d'espèces minérales disséminés parmi des masses puissantes et homogènes de roches. Ils remplissent des fentes ou des fractures de ces roches (*filons*), parfois ils sont intercalés entre les strates des terrains sédimentaires.

Les éléments des gîtes minéraux sont :

1° des *pierres* ;
2° des *minerais.*

Le premier groupe renferme les minéraux qui ne contiennent pas des métaux.

Les minerais renferment des métaux usuels soit à l'état *natif*, soit à l'état de combinaison avec le *soufre*, le *carbone*, l'*oxygène*, etc. Ces derniers éléments sont appelés *minéralisateurs*.

L'importance d'un gîte métallifère dépend :

1° ***de sa nature*** ;
2° ***du prix du traitement métallurgique.***

De sa nature, c'est-à-dire de la *valeur du métal, de la richesse du minerai, des difficultés d'exploitation.*

Le prix du traitement métallurgique est subordonné *à la nature de la combinaison du métal, au prix du combustible utilisé dans le traitement, aux difficultés de transport*, etc.

Ainsi, les minerais de fer doivent contenir 20 pour 100 de ce métal ; ceux d'étain sont parfois exploités bien qu'ils ne contiennent que 1/2 pour 100 et cela parce que l'étain a une valeur supérieure à celle du fer et qu'on l'isole facilement de sa gangue.

Principaux minerais. — Les principaux minerais sont :

Minerais d'or : or natif, pyrites de cuivre et de fer aurifères.
— *Platine* : platine natif.
— *Argent* : argent natif, argyrose, cuivre argentifère, plomb argentifère.
— *Cuivre* : cuprite, azurite.
— *Plomb* : galène et cérusite.
— *Zinc* : blende, calamine.
— *Fer* : magnétite, hématite, limonite, sidérose, fer oligiste.
— *Étain* : cassitérite.
— *Mercure* : mercure natif, cinabre.
— *Manganèse* : pyrolusite, acerdèse.
Minerais de *Nickel*, d'*Antimoine*, de *Bismuth*, de *Cobalt*, etc.

Filons. — D'une manière générale, on donne le nom de filons à des fentes de l'écorce terrestre, remplies par des roches éruptives, par des roches combustibles ou par des minerais.

Le filon comprend une *fente* et le *remplissage* dont les matériaux résultent d'actions chimiques diverses.

La fente a une *allure régulière* ou *irrégulière*; mais elle présente souvent des variations dans son développement qui lui ont valu le nom d'allure en *chapelet*.

Le point où le filon atteint la surface du sol est un point d'*affleurement*.

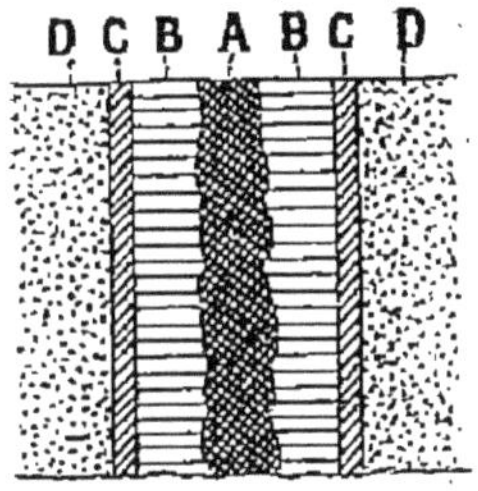

D C B A B C D

Fig. 274.
Filon métallifère.
A, minerai ; B, gangue ; C, salbande : D, épontes.

Les parois de la fente portent le nom d'*épontes*; si la direction n'est pas verticale la surface supérieure est le *toit*, la surface inférieure le *mur*.

La *puissance* du filon est représentée par son épaisseur comptée normalement d'une éponte à l'autre. Ordinairement le minerai est séparé des parois de la fente par une couche de matières détritiques de nature argileuse (*salbande*).

Le filon est aussi défini par son *inclinaison ou pendage*, c'est-à-dire par l'angle que fait sa ligne de plus grande pente avec l'horizon, et par sa *direction* ou *orientation*. La direction est parfois modifiée par des plissements du sol (*selle*, *fond de bateau*) et par la rencontre d'un filon croiseur qui divise le premier en deux tronçons.

Remplissage. — Le remplissage s'opère de trois manières différentes :

1° *par injection directe* (filons des roches éruptives) ;
2° *par sublimation* ;
3° *par circulation d'eau minérale.*

Ce dernier mode est très fréquent. La gangue et le minerai proviennent de l'activité des eaux chaudes qui ont parcouru le filon. Ces eaux ont déposé des substances chimiques, lesquelles ont réagi sur la roche encaissante et celle-ci sur le minerai.

Recherche des minerais. — On extrait les matières minérales du sol en creusant des *carrières* et des *mines.*

Les carrières fournissent surtout les matériaux de construction ; les mines renferment les minerais et les combustibles.

Pour découvrir un gîte métallifère, on creuse des galeries ou l'on procède à des sondages. Les instruments qui servent à ces diverses opérations varient avec la nature des terrains.

L'existence d'un gîte étant reconnue, il faut, avant de l'exploiter, déterminer :

1° *sa direction* ;
2° *son importance* (longueur, largeur, puissance) ;
3° *sa teneur.*

L'étude géologique de la région permet dans certains cas de découvrir l'allure d'un filon ou l'étendue d'un amas métallifère.

Dans quelques cas particuliers, on dispose de moyens ingénieux ; ainsi, quand le minerai agit sur l'aiguille aimantée, comme la magnétite, on emploie le *magnétomètre* de *Thalen.*

Ce magnétomètre est une boussole de déclinaison qui permet, au moyen d'un aimant mobile et de certains repères, de mesurer la composante horizontale de l'intensité magnétique terrestre. A l'aide de ces observations, on trace une carte donnant les points correspondant à la plus grande et à la plus petite déviation. On détermine l'axe du gisement.

La teneur ou richesse du minerai est déterminée par les analyses de plusieurs échantillons prélevés en divers points.

Lorsque, après ces recherches et ces essais, l'exploitation d'un gisement est décidée, on ne peut entreprendre des travaux sans avoir rempli des formalités administratives telles que permis de recherches, demande de concession, etc., que la législation des mines fait connaître.

Richesses minérales de la France (*année* 1907). — I. ***Métaux***. — ***Fer*** : Poids du minerai, 10 000 000 de tonnes; valeur 47 millions de francs.

Ariège : 40 000 tonnes.
Aveyron : 60 000 tonnes.
Gard : 37 000 tonnes.
Ile-et-Vilaine : 83 000 tonnes.
Orne : 103 000 tonnes.
Pyrénées-Orientales : 320 000 tonnes.
Saône-et-Loire : 50 000 tonnes.
Haute-Marne : 830 000 tonnes.
Meurthe-et-Moselle : 8 821 000 tonnes.

Zinc. — Gard : 44 000 tonnes.
Pyrite de fer. — Rhône : 282 000 tonnes.
Plomb. — Ardèche (Chassezac) 18 000 tonnes.
Antimoine. — Mayenne, Haute-Loire, Cantal : 24 000 tonnes.

II. ***Combustibles.*** — Houille : Production, près de 36 millions de tonnes.

	Millions de tonnes.		Millions de tonnes.
Valenciennes	23,5	Commentry	0,3
Saint-Etienne	3,6	Brassac	0,3
Creusot	1,7	Champagnac	0,1
Alais	2	Le Drac	0,3
Graissessac	0,2	Chantonnay	0,04
Carmaux	0,7	Basse-Loire	0,03

Tourbe. — Production : 91 000 tonnes.
Lignite. — Production : 700 000 tonnes.

RÉSUMÉ

Application de la géologie à l'art des mines.

- La minéralogie étudie 4000 minéraux environ.
- On les range en 4 groupes :
  - Éléments minéraux des roches fondamentales.
  - Éléments des gîtes minéraux.
  - Minerais.
  - Combustibles minéraux.
- Gîtes minéraux.
  - Éléments : Pierres. Minerais.
  - L'importance dépend
    - de la nature : Valeur du métal. Richesse du minerai. Difficultés d'exploitation.
    - du prix du traitement métallurgique.

- Application de la géologie à l'art des mines.
  - Filon.
    - comprend
      - la fente.
        - Allure.
        - Épontes.
        - Toit.
        - Mur.
      - le remplissage
        - par injection directe.
        - par sublimation.
        - par circulation d'eau minérale.
    - Il est défini par
      - sa puissance.
      - son inclinaison.
      - sa direction.
  - Recherche du minerai.
    - Carrières.
    - Mines.
  - Législation des mines.
  - Richesses minérales de la France.

***Manipulation.* — Détermination d'un minerai : Essais au charbon.**

1° Prendre un morceau de charbon de bois et y creuser une petite cavité en godet ;

2° Placer dans cette cavité un peu du minerai à essayer réduit en poudre ;

3° Porter le charbon et la matière tantôt dans le milieu, tantôt à l'extrémité d'une flamme produite par le chalumeau ;

4° Résultats :

Sulfure : si la matière dégage une odeur d'acide sulfureux.

Arséniure : si la matière dégage une odeur d'ail.

Composé alcalin : si la matière réduite et déposée avec une goutte d'eau sur le papier de tournesol rougi le ramène au bleu.

Composé de fer : si la masse qui reste dans la cavité est attirée par l'aimant.

Composé de zinc : s'il se forme sur les parois de la cavité un enduit jaune, blanchissant par le refroidissement.

Composé de plomb : s'il se forme des grains métalliques avec un enduit jaunâtre.

Antimoine : s'il se forme des grains métalliques avec un enduit blanc.

Étain, cuivre, argent : s'il se forme des grains métalliques sans enduit.

20e LEÇON

APPLICATION DE LA GÉOLOGIE AUX TRAVAUX PUBLICS

Carrières. — On réserve le nom de carrières aux masses minérales renfermant les matériaux de construction et les matériaux d'empierrement.

L'exploitation des carrières se fait à *ciel ouvert* lorsque les roches utilisables sont à une faible profondeur, ou *souterrainement* lorsque les roches sont recouvertes par des assises épaisses de terrains.

Dans ce dernier cas, on creuse un puits conduisant au milieu du gisement et on l'élargit progressivement et régulièrement si la roche forme un banc homogène. On creuse des galeries, si la matière exploitée forme des filons (fig. 275).

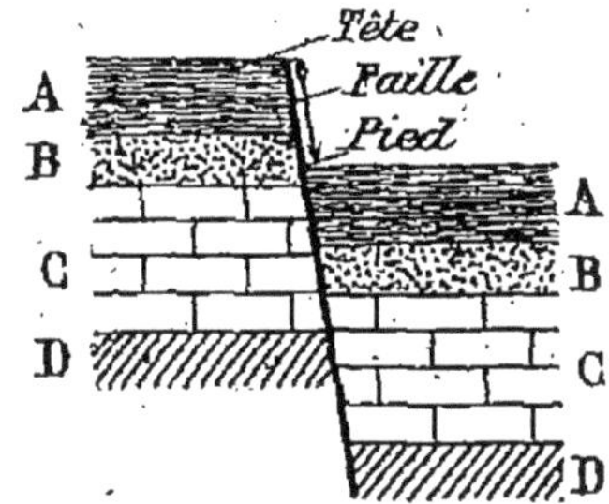

Fig. 275. — Une faille : le filon peut disparaître brusquement.

Matériaux de construction : *Pierres à bâtir*. — Les pierres à bâtir sont de nature géologique très diverse. On les répartit en deux catégories :

les pierres calcaires, qui fournissent la pierre de taille proprement dite et les moellons ;

les pierres siliceuses, granites, grès, meulières, etc.

Nous rangeons à part les schistes, les ardoises, la pierre à plâtre, la pierre à chaux, les ciments qui ne sont pas des pierres à bâtir bien qu'elles entrent dans les constructions.

Les pierres à bâtir, et particulièrement les *pierres de taille*, sont définies par un certain nombre de qualités dont les principales sont :

l'homogénéité ;
la densité ;
la dureté ;
la résistance à l'écrasement ;
l'altérabilité à l'air ;
la porosité ;
la gélivité.

La dureté des pierres de taille se mesure en appréciant la profondeur d'un trait de scie obtenu dans un temps donné ; tandis que la résistance à l'écrasement se mesure en faisant agir sur un cube de quelques centimètres d'arête une presse hydraulique jusqu'à ce que la rupture se produise. On obtient la résistance par centimètre carré en divisant la charge de rupture par la surface pressée exprimée en centimètres carrés.

Cette résistance est de 2000 kilogrammes pour le porphyre ; de 1000 kilogrammes pour le marbre ; de 150 kilogrammes pour la brique dure bien cuite.

Pierres à bâtir : *Granite*. — Le granite est *dur*, *compact*, *résistant à l'écrasement* et *lentement altérable à l'air*.

On distingue le granite à gros grains et le granite à grains fins. Il est employé pour le dallage des trottoirs, pour le pavage des rues. On en fait des monuments funéraires et des assises de soubassement dans certains édifices.

Le granite est très abondant dans la Normandie, la Bretagne, les Vosges, le Morvan, le Cantal et les Pyrénées.

Grès. — Les Grès résultent de grains de sable unis par un ciment siliceux (*grès siliceux*) ou calcaire (*grès calcaires*).

Leur dureté est très variable puisque certains grès sont transformés en meules de moulin, tandis que d'autres sont assez tendres pour être broyés par la pression des doigts.

Dans les régions où les autres pierres à bâtir font défaut, les grès servent à construire les maisons. Les villes de Brives, de Carcassonne sont presque entièrement construites en grès.

Les grésières renommées d'Étampes et de Fontainebleau fournissent d'excellents pavés.

Meulières. — La meulière est une roche siliceuse et calcaire. Elle est caverneuse et offre une grande résistance à l'écrasement. Ces qualités la font rechercher comme pierre à bâtir. Elle abonde dans la Beauce et dans la Brie.

Calcaires. — Il existe en France plus de 2000 carrières de pierres calcaires destinées à la construction. Les unes, homogènes, ne fournissent qu'une seule qualité de pierres; d'autres en renferment plusieurs variétés.

Le *calcaire grossier* des environs de Paris, trop souvent poreux, est une pierre communément employée.

Le *calcaire oolithique* formé de petits grains arrondis est répandu dans les départements du Jura et du Rhône.

Le *calcaire coquillier*, le *calcaire nummulitique*, le *calcaire à entroques* sont également recherchés pour la construction.

Les *marbres* sont des calcaires durs, formés de petits cristaux accolés. Ils sont susceptibles de prendre un beau poli. Leur valeur dépend de la *couleur*, de la *cristallinité*, de la *finesse du grain*.

Les marbres blancs les plus célèbres sont ceux de Paros, exploités dans l'antiquité, et ceux de Carrare exploités plus récemment.

Les marbres colorés, dont les teintes variées sont dues à des infiltrations de substances ferrugineuses et bitumineuses, sont recherchés pour l'ornementation des maisons.

Les carrières de marbre sont ordinairement exploitées à ciel ouvert; les blocs sont dégrossis sur place, puis débités en plaques.

Celles de France peuvent se répartir en six groupes :

1. *Groupe du Nord.*	Nord. Pas-de-Calais (Boulogne, marbre Napoléon). Ardennes.
2. *Groupe des Vosges.*	Carrières de Russ.
3. *Groupe des Alpes.*	Hautes-Alpes. Isère. Basses-Alpes.
4. *Groupe des Pyrénées.*	Haute-Garonne. Hautes-Pyrénées (marbre de Campan). Aude (marbre griotte).
5. *Groupe du Centre.*	Lot. Lot-et-Garonne. Nièvre.
6. *Groupe de l'Ouest.*	Sarthe.

Pierres à chaux. — Certains calcaires calcinés fournissent la chaux. La cuisson décompose le carbonate de chaux en anhydride carbonique et chaux vive. Cette opération se fait dans des fours à chaux. Sous le rapport de leurs propriétés, on distingue :

1° les *chaux aériennes*;
2° les *chaux hydrauliques*.

Les premières comprennent les *chaux maigres* et les *chaux grasses*.

Les chaux maigres proviennent des calcaires renfermant des proportions assez fortes de carbonate de magnésium et de fer. Elles donnent avec l'eau une pâte courte, peu liante et sans onctuosité.

Les chaux grasses proviennent de la calcination des craies et des marbres; elles sont ordinairement très blanches. Elles donnent avec l'eau une pâte liante.

Avec de la chaux éteinte, du sable et de l'eau, on fait le mortier ordinaire destiné à unir les matériaux de construction.

Les chaux hydrauliques se solidifient rapidement sous l'eau; elles résultent de la calcination des calcaires contenant plus de 15 pour 100 d'argile.

L'ingénieur Vicat a donné la théorie de la solidification de la chaux hydraulique. Celle-ci est un mélange de silicate de chaux, de silicate d'alumine et de chaux vive.

Pendant la cuisson, le carbonate de chaux se décompose, une partie de la chaux réagit sur le silicate d'alumine pour fournir un silicate de chaux. Mis en présence de l'eau, ces corps s'hydratent et forment des substances insolubles très dures.

Pierre à plâtre. — La pierre à plâtre ou gypse est un sulfate de chaux qui se rencontre habituellement en France dans les terrains secondaires (Trias) et tertiaires.

Le gypse chauffé perd son eau et se transforme en plâtre. Ce plâtre, réduit en poudre, forme avec l'eau (*gâché*) une pâte qui durcit rapidement.

La valeur du plâtre varie avec la nature du gypse employé et avec le mode de cuisson plus ou moins parfait qui a été adopté.

On en revêt les murs à l'intérieur des maisons.

Il est employé pour sceller le fer dans la pierre et pour mouler divers objets.

Délayé dans une dissolution de colle et de matières colorantes, le plâtre fournit le *stuc* qui imite le marbre.

Ciments. — Les Ciments sont des chaux très hydrauliques. Ils durcissent dès qu'ils sont gâchés avec une quantité convenable d'eau. Les calcaires renfermant de 20 à 25 % d'argile peuvent servir à la fabrication des ciments à *prise lente*; ceux qui renferment plus de 40 % d'argile fournissent les ciments à *prise rapide*.

On obtient des ciments artificiels par la cuisson d'un mélange de carbonate de chaux et de 40 % d'argile. A Boulogne, on utilise les marnes calcaires du Crétacé. Près de Paris, on emploie l'argile plastique mêlée à la chaux.

Pouzzolanes. — Les pouzzolanes sont des argiles poreuses d'origine volcanique qui forment avec la chaux grasse un mortier hydraulique très dur. Beaucoup de monuments romains ont été construits avec des pouzzolanes.

Argiles. — Les argiles sont des silicates d'alumine hydratés. Elles proviennent de la décomposition des roches feldspathiques telles que granites, porphyres, gneiss, sous l'action des agents atmosphériques[1].

Elles forment avec l'eau une pâte plus ou moins liante à laquelle le feu communique une grande cohésion.

Les argiles anciennes des terrains primaires ont été transformées en schistes ou en phyllades.

A partir du Jurassique (*secondaire*) les dépôts argileux sont très fréquents.

Les diverses variétés sont employées à une foule d'usages.

L'argile la plus pure ou *kaolin*, que l'on trouve près de Limoges et en Saxe, est utilisée pour la fabrication des porcelaines.

Les ***argiles plastiques*** : *terre de pipe*, *terre à faïence*, etc., servent à fabriquer des poteries, des briques, des creusets.

Les ***argiles smectiques*** ont la propriété d'absorber les matières grasses; on les emploie au dégraissage des draps. Il en existe des gisements importants dans l'Isère, dans l'Aveyron et en Alsace.

Les *ardoises* sont des schistes argileux qui se divisent en lames minces. Elles servent, en raison de leur inaltérabilité et de leur imperméabilité, à la couverture des maisons.

Une ardoise de bonne qualité doit être *lisse*, *sonore*, de *couleur foncée* et d'une *structure homogène*.

Matériaux d'empierrement. — Les matériaux d'empierrement sont empruntés aux roches siliceuses et calcaires. Ce sont des granites, des porphyres, des basaltes, des galets, des calcaires compacts, etc.

Toutes les roches ayant une densité suffisante et offrant une certaine résistance à l'écrasement conviennent pour l'empierrement.

On utilise les basaltes; mais ceux-ci ne conviennent guère à cause de leur couleur sombre qui rend la route mal visible la nuit.

Quelle que soit la nature des matériaux employés, on établit les chaussées d'après le système inventé par l'ingénieur anglais *Mac-Adam*.

Les pierres concassées sont disposées en couches et puis divisées en petits fragments par un rouleau compresseur.

1. Géologie, 1re année, phénomènes actuels.

RÉSUMÉ

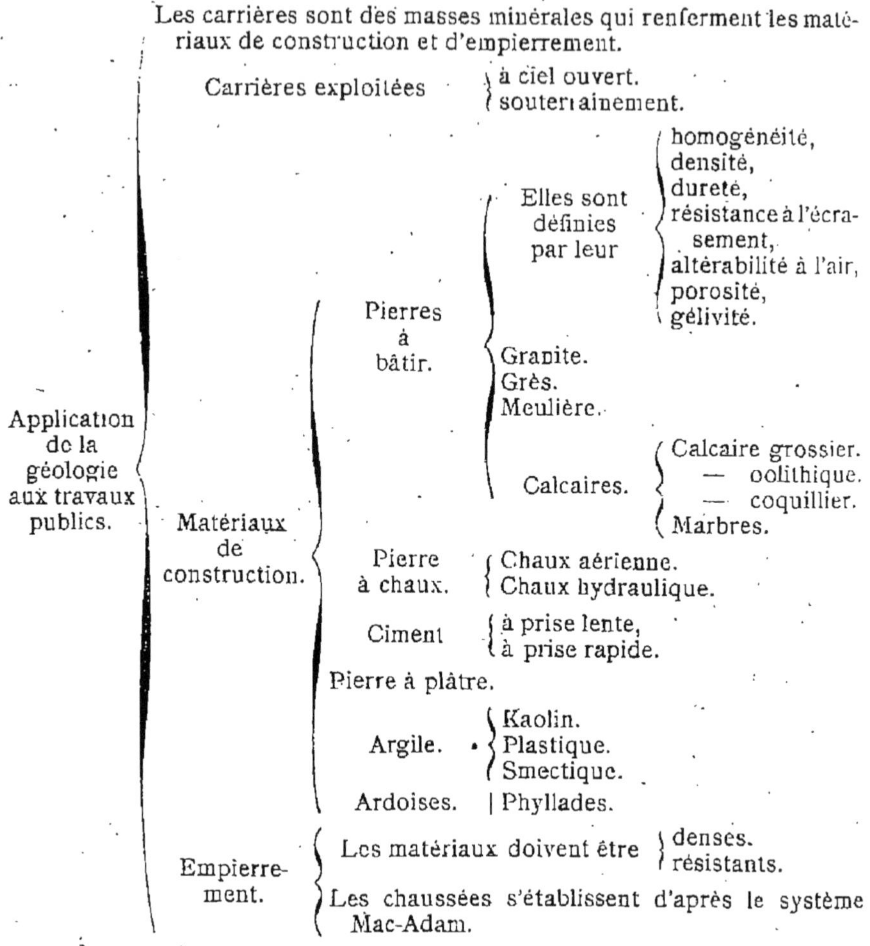

Application de la géologie aux travaux publics.

- Les carrières sont des masses minérales qui renferment les matériaux de construction et d'empierrement.
- Carrières exploitées
  - à ciel ouvert.
  - souterrainement.
- Matériaux de construction.
  - Pierres à bâtir.
    - Elles sont définies par leur
      - homogénéité,
      - densité,
      - dureté,
      - résistance à l'écrasement,
      - altérabilité à l'air,
      - porosité,
      - gélivité.
    - Granite.
    - Grès.
    - Meulière.
    - Calcaires.
      - Calcaire grossier.
      - — oolithique.
      - — coquillier.
      - Marbres.
  - Pierre à chaux.
    - Chaux aérienne.
    - Chaux hydraulique.
  - Ciment
    - à prise lente,
    - à prise rapide.
  - Pierre à plâtre.
  - Argile.
    - Kaolin.
    - Plastique.
    - Smectique.
  - Ardoises.
    - Phyllades.
- Empierrement.
  - Les matériaux doivent être
    - denses.
    - résistants.
  - Les chaussées s'établissent d'après le système Mac-Adam.

21e LEÇON

APPLICATION DE LA GÉOLOGIE A L'AGRICULTURE

Tout agriculteur doit connaître le *sol*, qui est le substratum des plantes cultivées, et le *sous-sol* constituant le soubassement du sol proprement dit.

Lorsque le sous-sol est pierreux, il est franchement délimité; mais lorsqu'il est formé d'éléments terreux, il ne se différencie pas nettement du sol. Dans ce cas, sa nature est importante à connaître; car il devient possible, par des labours profonds, de le mélanger au sol pour compléter heureusement la composition de ce dernier.

Les qualités d'un terrain sont d'ordre physique et chimique. Elles sont révélées par une analyse complète.

L'analyse physique permet de déterminer :

1° *la proportion d'eau qu'il retient;*
2° *la quantité d'éléments pierreux;*
3° *la quantité de sable;*
4° *la quantité d'argile;*
5° *la quantité d'humus.*

Par l'analyse chimique on dose :

1° *l'azote organique et minéral;*
2° *l'acide phosphorique;*
3° *la potasse;*
4° *la chaux.*

Amendements et Engrais. — Il résulte de l'analyse chimique d'un grand nombre de végétaux qu'une douzaine de corps simples entrent dans leur composition. Ce sont : le *carbone*, l'*hydrogène*, l'*oxygène*, l'*azote*, le *soufre*, le *phosphore*, le *calcium*, le *fer*, le *potassium*, le *sodium*, le *chlore*, le *manganèse*, le *silicium*.

Les plantes puisent dans l'atmosphère le carbone (*fonction chlorophyllienne*) et l'oxygène (*respiration*).

Elles doivent rencontrer dans le sol tous les autres éléments à l'état de composés solubles :

l'azote à l'état de *nitrates* et de sels *ammoniacaux*;

le phosphore à l'état de *phosphates* et de *superphosphates*;

le potassium à l'état de *carbonate*, de *sulfate*, de *chlorure*, etc.

L'*eau* en apportant l'oxygène et l'hydrogène véhicule tous ces aliments.

Ordinairement le sol ne renferme pas, en proportions harmonieusement combinées, toutes ces substances; il convient de le compléter ou de le modifier par des amendements et des engrais.

Les *Amendements* sont des substances qui, mises dans le sol arable, ont la propriété de rendre solubles et par suite utilisables certains principes qui sont insolubles et par conséquent incapables de servir au développement des végétaux.

Les amendements sont calcaires ou siliceux.

Parmi les plus fréquemment employés nous pouvons citer :

les *marnes siliceuses* bonnes pour les terres fortes;

les *marnes argileuses* pour les terrains siliceux;

les *marnes calcaires* et *gypseuses* conviennent aux prairies artificielles;

La *chaux* améliore les terres trop argileuses et tourbeuses, etc.

La chaux, par exemple, exerce une action remarquable sur les Légumineuses (*Trèfle*), sur la Pomme de terre et le Colza.

Le *chaulage* consiste à répandre de la chaux sur le sol. Pour les terres argileuses on chaule de 4 à 10 hectolitres par hectare.

La chaux exerce une action mécanique et chimique.

En Normandie, en Bretagne, les cultivateurs répandent dans leurs champs un sable calcaire qui se dépose à l'embouchure de certaines rivières. C'est la *tangue* ou cendre de mer. Son action fertilisante est attribuée à la présence de la chaux et des matières organiques.

Le *plâtre* est employé comme amendement pour les prairies artificielles. D'après Dehérain, il aurait pour effet de mobiliser la potasse et de la rendre plus assimilable. Il réagirait sur le carbonate de potasse pour donner du carbonate de chaux et du sulfate de potasse.

Il entraînerait en outre les alcalis de la couche superficielle dans les couches profondes où les racines vont les chercher.

Les *engrais* sont des matières minérales ou organiques destinées à fournir au sol les principes nutritifs indispensables à la vie des plantes.

On distingue :

les *engrais chimiques* ;
les *engrais organiques* ,
les *engrais verts*.

Les engrais chimiques utilisés sont :

Pour l'azote : *divers nitrates de potasse et de soude; le sulfate d'ammoniaque provenant du traitement des eaux vannes ou des eaux d'usines à gaz.*

Pour la potasse : *le nitrate, le carbonate, le chlorure de potassium, les cendres de certains végétaux.*

Pour le phosphore : *les phosphates naturels pulvérisés ; les superphosphates ; les scories phosphatées, les os pulvérisés.*

Pour la chaux : *la chaux et ses divers composés.*

L'emploi rationnel des engrais constitue le problème le plus important de l'agriculteur. Il exige, de la part de l'agriculteur, la connaissance du sol et la connaissance de la plante qu'il cultive.

Car, si les plantes réclament une douzaine de corps simples, il y a, pour chacune d'elles, un élément qui joue un rôle essentiel et qu'on appelle la *dominante*.

Cette dominante est l'*azote* pour les *Betteraves*, les *prairies naturelles*, un *grand nombre de céréales*; le *phosphore* pour le *Maïs*, le *Sarrasin*, quelques *Crucifères*; la *Potasse* pour la *Vigne*, la *Pomme de terre*, etc.

La plupart des plantes ne peuvent utiliser directement l'azote atmosphérique; elles empruntent cet aliment essentiel aux nitrates et aux composés ammoniacaux du sol.

Les Légumineuses (*Lupin*, *Luzerne*, *Trèfle*) portent sur leurs racines de petits renflements habités par des microbes. Ceux-ci ont la faculté de fixer l'azote minéral et de le faire entrer dans des combinaisons complexes assimilables.

Les matières organiques provenant des déchets animaux et végétaux renferment de l'azote.

Elles sont transformées dans le sol, sous l'action de certains microorganismes en sels ammoniacaux; c'est le phénomène de l'*ammonisation*.

Les sels ammoniacaux sont ensuite nitrifiés.

La *nitrification* est opérée en deux temps successifs. Un *ferment nitreux* transforme les substances ammoniacales en composés nitreux (*nitrosation*); un autre ferment, le *ferment nitrique*, oxyde les composés nitreux et les convertit en composés nitriques (*nitratation*).

La nitrification se produit activement dans les sols aérés, assez humides, renfermant du calcaire et dont la température reste entre 5° et 50°.

Analyse d'une terre. — Ce n'est que par une analyse complète qu'on arrive à connaître la constitution d'un sol.

Lorsqu'on veut faire analyser une terre, il faut :

1° voir s'il y a plusieurs formations géologiques, plusieurs veines, comme on dit encore ;

2° prélever pour chaque veine plusieurs échantillons et les mélanger ensemble après les avoir réduits en fine poussière;

3° prendre 500 grammes, par exemple, du mélange que le chimiste analysera.

Cette analyse révélera :

1° *la nature des éléments qui se trouvent dans le sol*;

2° *s'ils y sont en quantité convenable*;

3° *s'ils y sont à l'état assimilable*.

Beaucoup de cultivateurs routiniers ou imprévoyants ne se préoccupent nullement de cette analyse. Ils répandent régulièrement sur leurs champs des engrais complexes appelés, dans le commerce, *engrais complets* et que de séduisantes réclames rendent vite célèbres. D'une part, ces produits sont très coûteux et, d'autre part, ils apportent au terrain des principes nutritifs que ce terrain renferme souvent en quantité suffisante.

L'analyse réduit les frais d'exploitation en prévenant le cultivateur que tel sol manque seulement de phosphore, tel autre de potasse ou d'azote.

Cartes agronomiques. — En France, quelques communes possèdent une *carte agronomique*.

Cette carte est la représentation de tous les terrains cultivés de la commune. Pour chacun d'eux, elle fait connaître la nature minéralogique du sol : *sableux*, *argileux*, *calcaire*, *argilo-siliceux*, *argilo-calcaire*, *tourbeux*, *marécageux*.

Elle mentionne encore la teneur des divers sols en azote, en phosphore, en potasse, en chaux.

Il serait à souhaiter qu'il existât dans chaque région une carte agronomique aussi détaillée que possible ou à défaut une carte géologique dans laquelle on distinguerait les terrains les uns des autres pour leur donner une définition agricole.

Ainsi seraient évités des errements que la tradition routinière maintient.

RÉSUMÉ

Application de la Géologie à l'Agriculture.

- Tout agriculteur doit connaître le sol et le sous-sol.
- Les qualités d'un terrain sont d'ordre physique et chimique.
  - L'analyse physique permet de déterminer
    - la proportion d'eau qu'il retient;
    - la quantité d'éléments pierreux;
    - la quantité de sable;
    - la quantité d'humus.
  - L'analyse chimique fait connaître la quantité
    - d'azote organique et minéral;
    - d'acide phosphorique;
    - de potasse;
    - de chaux.
- Amendements.
  - Marnage.
    - Marnes siliceuses;
    - — argileuses;
    - — calcaires et gypseuses.
  - Chaulage des terres argileuses.
  - Plâtrage.
- Engrais.
  - chimiques;
  - organiques;
  - verts.
- Ammonisation et nitrification.
- Cartes agronomiques.

Manipulation. — **Pouvoir absorbant du sol.** — I. Prendre un pot à fleurs et le remplir de terre. Verser dans ce pot de l'encre. Constater que le liquide sort par le bas presque décoloré. Le liquide recueilli ne noircit pas la noix de galle; donc la terre a absorbé le sulfate de fer.

II. Verser dans ce même vase de l'eau pure et constater qu'elle sort comme elle est entrée sans enlever à la terre le sulfate de fer.

III. Faire la même expérience avec du purin.

22e LEÇON

APPLICATION DE LA GÉOLOGIE A L'HYGIÈNE

Il est superflu de parler longuement de l'importance de l'eau pour l'Homme, les animaux et les plantes. Il suffit de considérer ce que devient la vie dans les régions ou cet élément fait défaut.

La question de l'alimentation en eau potable se pose même avec une acuité particulière dans le cas des grandes villes et de nos capitales modernes surpeuplées.

Eau de pluie. — La Géologie (1re *année*) nous a appris que l'eau de pluie tombant sur le sol se divise en trois parties. L'une s'évapore, c'est l'*eau d'évaporation*. Une autre partie s'écoule sur les terrains inclinés; elle constitue l'*eau de ruissellement*. Une troisième partie traverse les couches perméables du sol forme des nappes souterraines et s'écoule parfois en sources à la surface; c'est l'*eau d'infiltration*.

L'eau de pluie est utilisée par l'Homme, comme boisson, lorsque les eaux de ruissellement sont impropres à la consommation ou lorsque les eaux souterraines ne lui sont pas accessibles.

Elle est recueillie dans des citernes bien étanches ou dans des bassins creusés dans l'argile.

Eau de ruissellement. — L'Homme s'adresse le plus souvent aux eaux de ruissellement : ruisseaux, torrents, rivières.

Ces eaux courantes sont trop souvent polluées; elles contiennent des matières organiques et des Bactéries pathogènes; aussi ne doit-on pas les consommer sans les avoir épurées par filtration ou par ébullition (Hygiène, 23e leçon).

Eau d'infiltration. — Les eaux de pluie s'infiltrent dans le sol pour peu qu'il soit perméable. Elles s'accumulent sur une couche d'argile, par exemple, et forment une *nappe d'infiltration* (fig. 276). Là où cette nappe affleure à la surface, il apparaît une source.

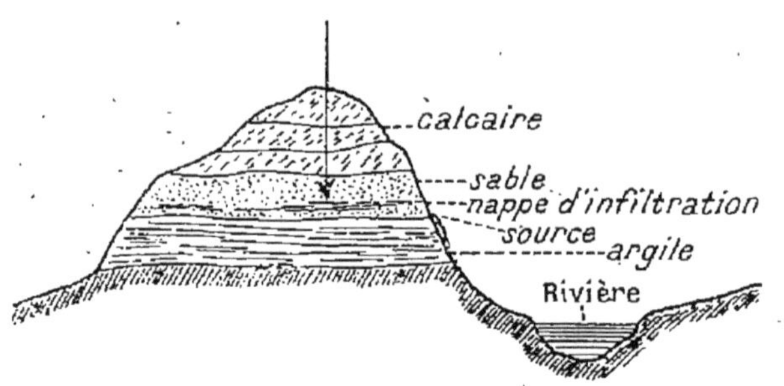

Fig. 276. — Nappe d'infiltration.

Il peut arriver qu'une assise de sable soit placée entre deux couches d'argile disposées en forme de cuvette (fig. 277). L'eau pénétrant dans le sable à l'endroit où il affleure se rassemble entre les deux couches imperméables et en suit toutes les vicissitudes. Si l'on vient à creuser un puits au fond de cette cuvette l'eau jaillira et en vertu du prin-

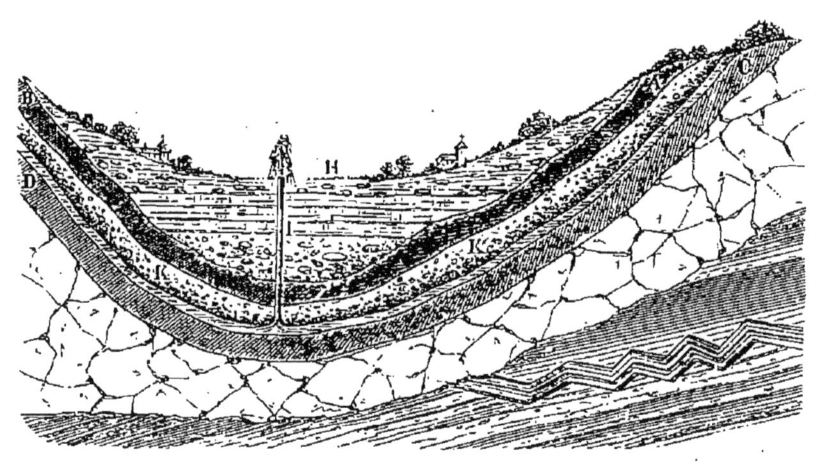

Fig. 277. — Coupe d'un puits artésien.
BA, couche d'argile : K, couche de sable, nappe d'eau ; DC, couche d'argile ; H, niveau du sol.

cipe des vases communicants s'élèvera jusqu'au niveau le plus élevé de la nappe.

Ces puits jaillissants sont appelés puits artésiens (1re année, page 220).

Le plus souvent pour atteindre la nappe d'eau souterraine on creuse un puits (fig. 278). Il suffit de descendre jusqu'à la couche imperméable et de ménager dans cette dernière une cavité dans laquelle l'eau va s'accumuler. Le niveau de l'eau varie avec la fréquence des pluies.

La profondeur des puits alimentés par une même nappe d'infiltration dépendra des inégalités de l'assise d'argile et par conséquent, des plissements dont la région aura été le théâtre.

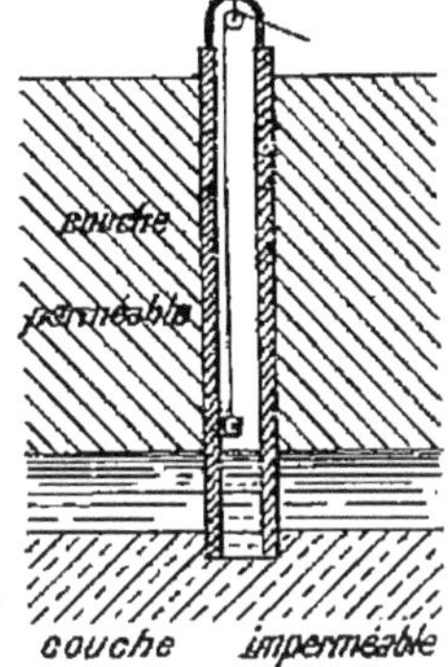

Fig. 278. — Un puits.

Dans les terrains calcaires, généralement très fissurés et caverneux la surface de la nappe d'eau souterraine, tend à se rapprocher de l'horizontale.

Dans les centres habités, la profondeur à laquelle se trouve l'eau des puits est bien connue. Ces puits communiquent souvent les uns avec les autres et cela explique pourquoi certaines épidémies de fièvre typhoïde éclatent dans toute la région alimentée par les mêmes eaux souterraines.

Les eaux souterraines sont celles qui conviennent le mieux comme boisson. Elles sont suffisamment *aérées*, convenablement *minéralisées*, elles renferment peu ou point de matières organiques et peu de Bactéries.

Il est donc intéressant de savoir trouver les nappes d'infiltration. Ce problème, que l'on résout souvent, dans les campagnes, à l'aide d'une baguette magique de coudrier, exige des connaissances géologiques.

Les recherches sont simplifiées lorsqu'il existe, comme dans le département de la Seine, une *carte d'hydrologie* donnant, par courbes de niveau de couleurs variées, les diverses nappes d'eau.

D'après leur disposition topographique les sources naturelles appartiennent à trois types principaux :

1° les *suintements irréguliers et faibles*;
2° les *sources à flanc de coteau*;
3° les *sources des fonds de vallée*.

Il convient d'étudier pour chaque source son bassin d'alimentation, afin de déterminer les possibilités de contamination, ainsi que les moyens d'en augmenter le débit.

L'examen géologique du terrain qui environne la source permettra de préciser l'allure de la nappe souterraine de voir ses relations avec les eaux superficielles d'après les affleurements de l'assise perméable et de déterminer le périmètre d'alimentation, c'est-à-dire l'étendue du territoire qui lui envoie ses eaux.

La plupart des sources permanentes à flanc de coteau sortent à la base d'une assise poreuse ou fissurée surmontant une couche d'argile. Les plus abondantes sont dans des formations calcaires. Elles sont d'une pureté suffisante si l'eau a filtré lentement, mais il y a lieu de craindre qu'elle ait pénétré par les fissures et, dans ce cas, il convient de la suspecter.

Les sources dites *vauclusiennes*, et dont le type est réalisé par la fontaine de Vaucluse, ont une autre origine.

L'eau d'une rivière, par exemple, coulant sur un terrain argileux superposé à un terrain calcaire peut se perdre dans une crevasse de ce dernier et sortir un peu plus loin.

Dans ces conditions l'eau est ordinairement polluée.

On reconnaît un certain nombre de sources vauclusiennes en jetant dans le cours d'eau qui disparaît de la fluorescéine, l'eau des sources tributaires du cours d'eau est rendue opalescente par la matière colorante.

Captage. — Une source étant reconnue bonne pour l'alimentation, il faut la capter. On reçoit l'eau dans un bassin en maçonnerie afin de la conserver à l'abri du ruissellement superficiel. On la conduit ensuite à l'aide d'une canalisation parfaitement étanche jusqu'au lieu où elle sera consommée.

Le captage des eaux nécessite de grandes précautions pour éviter toutes les causes de pollution. Ces précautions sont subordonnées au degré de perméabilité des terrains environnants.

Épuration des eaux d'égout. — Il ne suffit pas de se procurer de l'eau pour les besoins ordinaires de la vie, il faut encore se débarrasser de l'eau qui a servi à tous les usages domestiques et industriels.

La chose est facile à la campagne où les déchets de la vie ne sont pas abondants, mais il n'en est pas de même dans les grandes villes où la question de l'évacuation des immondices est très difficile à résoudre.

Les ordures ménagères sont employées comme engrais et répandues directement sur le sol.

Dans quelques grandes villes, Hambourg, Manchester, elles sont incinérées.

Ailleurs, toutes les immondices, à l'exception des ordures ménagères, sont jetées dans les égouts.

Les eaux d'égout sont déversées dans la rivière voisine, si la chose est possible, ou épurées.

Dans le premier cas, l'eau de la rivière chargée d'impuretés de toutes sortes subit assez vite, sous l'action de l'oxygène et de certains organismes, une auto-épuration biologique, si bien que l'eau noire de la bouche d'égout devient limpide à quelques kilomètres plus loin.

A Paris, depuis plus de trente ans, l'épuration des eaux d'égout se fait par filtration dans les sables de la plaine de Gennevilliers et d'Achères. L'épuration des eaux d'égout par filtration donne de bons résultats *si le terrain est assez perméable, bien drainé* et *bien nivelé*. De plus, l'apport de l'égout ne doit pas être trop abondant.

Le prix des travaux qu'entraîne l'épandage agricole est largement compensé par l'amélioration du sol et par des récoltes plus rémunératrices (34e *leçon*).

Cartes géologiques. — Après avoir recherché l'origine et la nature des divers terrains, nous avons signalé dans nos dernières leçons l'intérêt que la connaissance de ces terrains présente pour le mineur, l'ingénieur, l'agriculteur.

Cette étude resterait stérile si l'on ne pouvait arriver à discerner aisément les formations géologiques.

Avec peu de connaissances minéralogiques, on sépare les roches sédimentaires des roches cristallines; d'autre part, l'ordre de superposition et la présence de fossiles faciles à déterminer servent à établir l'âge relatif des diverses formations géologiques.

Pour faciliter la détermination des terrains, on a dressé des cartes géologiques.

Il existe, pour la France, trois cartes géologiques officielles :

la carte au 1/80000;
la carte au 1/320000;
la carte au 1/1000000.

On a dressé, en outre, de nombreuses cartes régionales et, dans les régions minières, on a établi des cartes topographiques du sous-sol.

L'essentiel est donc de savoir lire une carte géologique.

Celle au 1/80000, que l'on peut facilement se procurer, comprend une gamme assez étendue de couleurs. Chaque couleur correspond à un étage géologique. De plus, elle est accompagnée d'une légende indiquant la composition minéralogique de l'horizon considéré et ses rapports avec les horizons voisins; des détails sur les cultures, les substances minérales utiles, les gisements, les eaux minérales, les tuileries. Les couleurs n'étant pas suffisantes, des notations, des lettres et des chiffres font connaître l'âge relatif des terrains. La carte et les explications qui y sont annexées sont suffisantes pour retrouver la nature des divers affleurements.

Coupes géologiques. — Les cartes géologiques font connaître la nature du sol abstraction faite de la terre arable. Mais elles ne fournissent aucun renseignement sur la succession des couches, leur disposition et les plissements qui les ont affectées.

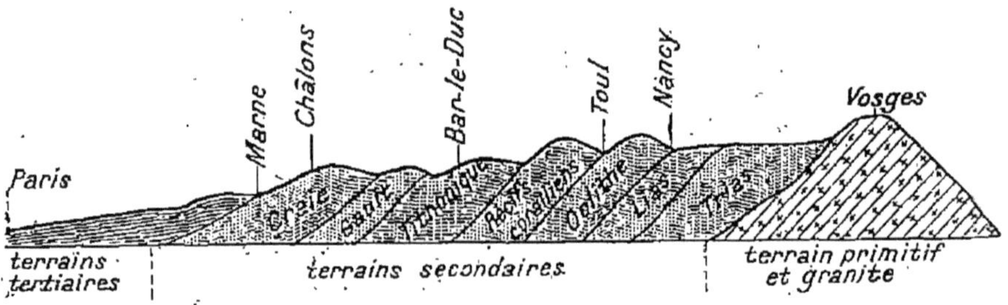

Fig. 279. — Coupe du bassin de Paris, des Vosges à Paris.

Aussi convient-il de les compléter par des coupes géologiques. Celles-ci sont précieuses à tous les points de vue, car elles révèlent, dans ses moindres détails, l'histoire du sous-sol.

C'est par elles que nous pouvons, dans une région déterminée, prévoir l'existence d'une nappe d'infiltration, soupçonner la présence de richesses minérales et trouver les moyens de les exploiter.

La figure 279 représente une coupe géologique de la région comprise entre Paris et les Vosges. On voit successivement le granite et les terrains primitifs, puis le Trias, le Lias, l'Oolithe, les récifs de coraux, le Tithonique, le Gault, la craie et les terrains tertiaires.

Comment faire une carte géologique et une coupe géologique. — Quand on ne dispose pas de la carte géologique d'une région, il faut en établir une. Pour cela, on prend une carte topographique des lieux à explorer et on délimite par des couleurs conventionnelles les sables, les calcaires, les argiles, les marnes, les roches granitiques, etc., que l'on rencontre. On indique les reliefs rapportés à une échelle convenable. On recueille les fossiles de tous les dépôts sédimentaires pour préciser l'âge de ces derniers, résultat qui s'obtiendra aussi par l'examen patient et attentif des roches.

Cette carte sera complétée par l'indication des coupes faites à la faveur des tranchées, des escarpements, des vallées. Chaque couche portera un numéro 1, 2, 3, 4... en commençant par les plus élevées.

Si cet exercice pratique n'a pas la valeur de la carte géologique au 1/80000, il a le mérite de donner une idée assez complète de la géologie de la région.

RÉSUMÉ.

- **Application de la Géologie à l'hygiène.**
  - Importance de l'eau pour l'Homme, les animaux et les plantes.
  - L'eau de pluie tombant sur le sol se divise en trois parties :
    - l'eau d'évaporation ;
    - l'eau de ruissellement ;
    - l'eau d'infiltration.
  - L'eau de pluie est recueillie, pour être consommée, dans des citernes ou dans des bassins creusés dans l'argile.
  - Les eaux de ruissellement sont généralement polluées ; on ne doit les consommer qu'après les avoir épurées par filtration ou par ébullition.
  - Les eaux d'infiltration sont généralement potables. Elles sont aérées et suffisamment minéralisées.
    - Nappes d'infiltration.
    - Sources.
      - Suintements irréguliers et faibles ;
      - Sources à flanc de coteau.
      - Sources des fonds de vallée.
    - Puits artésiens.
    - Puits ordinaires.
  - Recherche des sources.
  - Captage des sources.
  - Épuration des eaux d'égout.
    - Irrigation ;
    - Épandage ;
    - Filtration.
- **Exercices pratiques.**
  - Cartes géologiques.
    - Carte au 1/80000.
    - — 1/320000.
    - — 1/1000000.
  - Importance des cartes et des coupes géologiques.
  - Comment on fait une carte et une coupe géologiques.

QUATRIÈME PARTIE

HYGIÈNE

23e LEÇON

L'HYGIÈNE — L'EAU

L'Hygiène, son but. — *L'hygiène est l'art de conserver la santé.* Tandis que la science médicale s'occupe des moyens propres à combattre les maladies, l'hygiène recherche leurs causes et les moyens de les prévenir. De sorte que si l'hygiène réalisait son idéal, elle supprimerait la médecine.

Or, les maladies peuvent être distinguées en deux groupes : 1° *celles dont la cause, souvent inconnue, réside en nous, et que, dans notre ignorance, nous attribuons à l'hérédité, au tempérament*;

2° *celles, beaucoup plus nombreuses, dont l'origine est due à une cause bien déterminée et le plus souvent extérieure.*

A ce dernier groupe appartiennent les maladies transmissibles qui vont nous occuper particulièrement.

Depuis les géniales découvertes de Pasteur, on sait que la plupart de ces maladies sont évoquées en nous par un Microbe. Si important que soit le rôle de ce dernier, il ne faut pas oublier que le terrain sur lequel il doit évoluer est aussi un facteur important à considérer.

La plupart des savants admettent la réunion de trois facteurs pour déterminer une maladie microbienne :

1° *la présence du Microbe (inoculation)*;
2° *la disposition de l'individu (réceptivité)*;
3° *les conditions favorables du lieu et du moment.*

L'hygiène nous fait connaître les moyens de détruire les Microbes et de leur rendre l'accès de l'organisme difficile. Elle nous donne les règles à suivre pour résister victorieusement aux germes infectieux en augmentant les forces physiques et morales.

En un mot, elle nous renseigne sur les causes des maladies les plus redoutables, les moyens de les prévenir et même de les guérir.

L'EAU

Il n'est pas en hygiène de question plus importante que celle de l'eau. Si l'eau est un aliment de première nécessité, elle est indispensable pour assurer la propreté de l'individu et des agglomérations.

L'eau forme environ les trois quarts de la masse brute du corps; elle fait partie de la constitution de la matière vivante (*protoplasme*); elle imbibe tous les tissus et sert de véhicule aux aliments ainsi qu'aux déchets de la nutrition (*sang* et *lymphe*).

En outre, elle fournit à l'organisme des sels minéraux tels que : *chlorures, phosphates, sulfates de potassium et de calcium.*

Le corps de l'Homme perd en moyenne en vingt-quatre heures de deux litres à trois litres d'eau. C'est la vapeur d'eau exhalée pendant la respiration, la sueur résultant de la transpiration, l'urine sécrétée par les reins. Il convient d'en mettre régulièrement à la disposition de l'organisme une quantité équivalente.

Mais l'eau d'alimentation ne représente qu'une faible partie de celle qui doit être fournie pour assurer :

1° *les besoins privés* : lavages domestiques, nettoyages divers;
2° *les besoins urbains* : service des égouts, lavage des rues, service des incendies;
3° *les besoins industriels.* Dans les grandes agglomérations la quantité d'eau doit être, par habitant et par jour, de 160 litres au moins.

Eau potable. — L'eau doit être consommée dans un parfait état de pureté. Malheureusement, dans les villes aussi bien que dans les campagnes, on absorbe des eaux malsaines, polluées, qui sèment la maladie et la mort.

Des statistiques exactes montrent que si l'eau de boisson était toujours saine, on économiserait en France 50 000 existences en moyenne.

Qu'entend-on par eau saine ou eau potable?

Conditions physiques. — Une eau peut être considérée comme bonne et potable quand elle est fraîche, limpide, sans odeur.

quand sa saveur est agréable, qu'elle contient peu de matières étrangères, qu'elle est suffisamment aérée, qu'elle dissout bien le savon et cuit bien les légumes.

Conditions chimiques. — L'eau destinée à la consommation comme boisson doit renfermer de o gr. o5 à o gr. 5o de matières minérales par litre.

Au-dessous de o gr. o5, l'eau est insuffisamment minéralisée, elle ne présente aucun inconvénient si les aliments sont assez riches en sels de chaux.

Les eaux de pluie et des glaciers, les eaux distillées sont pauvres en calcaire.

Au-dessus de 5o centigrammes, l'eau est indigeste. Ces substances minérales sont :

le carbonate de chaux;

les sulfates alcalins et terreux;

les chlorures de sodium et de potassium;

les silicates;

l'iode, le brome, etc.

Conditions biologiques. Matières organiques. — Les conditions physiques et chimiques qui permettent de définir une eau potable ne sont pas toujours suffisantes.

En effet, l'eau contient parfois des *matières organiques non vivantes* et des *êtres microscopiques*, animaux ou végétaux, qui se développent dans le corps de l'Homme et y causent des désordres plus ou moins graves.

Microorganismes de l'eau. — Les eaux renferment surtout des Bactéries, parfois des œufs, des embryons et des larves qui se développent dans le corps de l'Homme.

Les Bactéries qui déterminent des maladies contagieuses sont dites pathogènes, les autres n'offrent aucun danger.

C'est par l'eau que se propagent avec rapidité la *fièvre typhoïde*, le *choléra* et la *dysenterie*, etc.

Une eau très pure contient de 1o à 1oo Bactéries par centimètre cube;

Une eau très impure en contient plus de 1oo ooo.

Les eaux de la Vanne renferment 8oo Bactéries par centimètre cube (*pures*).

Les eaux de la Dhuis renferment 19oo Bactéries par centimètre cube (*médiocres*).

Les eaux de la Marne à Saint-Maur renferment 36 380 Bactéries par centimètre cube (*impures*).

Le nombre de Bactéries varie avec les saisons.

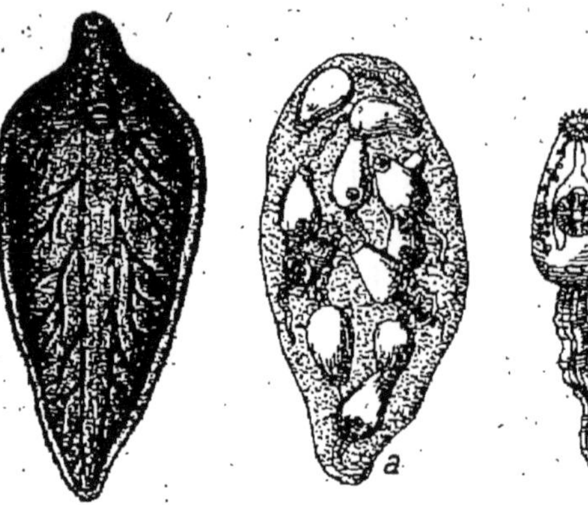

Fig. 280. — Douve du foie.
De gauche à droite : animal adulte ; *a*, rédie ; *b*, cercaire isolée.

Fig. 281.
Oxyure vermiculaire. *a*, grandeur naturelle ; *b*, oxyure grossi 10 fois ; *c*, œuf avec embryon (grossi).

Pour les eaux de source comme pour celles de rivière le maximum de pureté est atteint pendant la saison chaude.

BACTÉRIES PAR CENTIMÈTRE CUBE

	Vanne	Dhuis	Seine à Ivry	Marne à St-Maur	Ourcq
Hiver	1 200	3 180	43 500	63 940	84 955
Printemps	720	2 125	26 570	14 490	19 780
Été	770	635	13 710	10 140	8 105
Automne	505	1 605	46 340	56 640	100 405
Moyenne annuelle	8 0	1 890	32 530	36 305	53 330

Les principaux parasites introduits par l'eau dans le corps de l'Homme sont des Protozoaires et des Vers.

Protozoaires. { Amibes. / Cercomonas.

Vers :
- Trématodes. { Douve du foie (fig. 280). / Bilharzia.
- Nématodes. { Ascaris lumbricoïdes. / Oxyure vermiculaire (fig. 281). / Tricocéphale (fig. 282). / Filaire.
- Hirudinées. | Sangsue du Cheval

Eaux de source. — Les hygiénistes placent les eaux de source au premier rang des eaux potables.

Elles sont, en effet, pures, suffisamment aérées et ne renferment pas de Bactéries pathogènes.

Néanmoins, elle sont souvent trop minéralisées ; elles dissolvent, à la faveur de l'acide carbonique, une grande quantité de carbonate de chaux ce qui les rend dures ou crues.

Il conviendrait par conséquent de s'alimenter avec ces eaux. Ce qui est possible pour les pays de montagnes devient un problème généralement insoluble pour les grandes agglomérations des plaines.

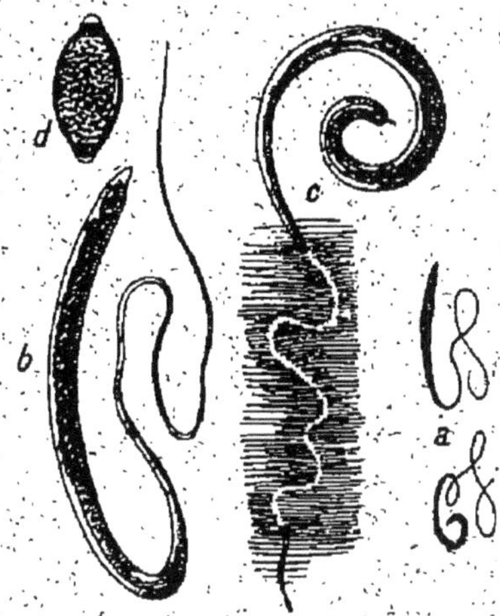

Fig. 282.
Tricocéphale de l'Homme.
a, grandeur naturelle ;
b et *c*, individus grossis ; *d*, œuf.

Quoi qu'il en soit, une eau de source ne donne des garanties suffisantes que tout autant que la source est à l'abri des souillures et que le captage est fait dans de bonnes conditions. Pour éviter les souillures, il convient de débarrasser le terrain avoisinant le point d'émergence de la source de tout dépôt d'immondices et de rendre étanches les parois du bassin récepteur.

Le captage et l'adduction des eaux de source sont des opérations onéreuses et délicates qui sont du ressort de l'ingénieur (page 174).

Il faut : 1° *que l'eau soit maintenue constamment en mouvement* ;

2° *qu'elle circule dans des tuyaux ou dans des canaux à parois étanches* ;

3° *qu'elle soit à l'abri de toute infiltration suspecte.*

Des épidémies de fièvre typhoïde semblent avoir été déterminées par des vices dans le captage des eaux (*Paris* 1899-1900).

Eaux courantes. — Les eaux des rivières, des fleuves sont suffisamment aérées et minéralisées, mais elles renferment des matières organiques provenant des villes voisines.

Elles ne peuvent être consommées sans danger qu'au voisinage de leur source. Elles doivent toujours être considérées comme suspectes et subir la filtration.

On peut se faire une idée des débris de toutes sortes que charrient les cours d'eau, par les résultats des analyses de l'eau de la Seine.

Épuration spontanée des cours d'eau. — Sous l'influence de causes diverses : la *lumière*, l'*oxygène*, *certains végétaux inférieurs*, les eaux courantes qui ont reçu les déjections de toute une cité sont rapidement assainies.

L'analyse des eaux de la Seine, entre Paris et Rouen, a montré qu'à partir de Vernon, elles sont dépouillées des matières organiques et ont récupéré une grande partie de l'oxygène qu'elles avaient perdu.

Des expériences récentes semblent établir que les Bactéries pathogènes disparaissent au bout de quelques jours sous l'influence des mêmes causes.

Eaux des lacs, des mares, des étangs. — Les eaux des lacs, des étangs, des mares et les eaux stagnantes en général ont un goût particulier dû à la présence d'une flore variée. Il est très imprudent de les consommer sans les purifier.

Eaux souterraines. — Les eaux souterraines ont les mêmes propriétés que les eaux de source. Tandis que ces dernières sont jaillissantes, il faut aller chercher les autres à des profondeurs variables. Avant de les utiliser, il convient de s'assurer qu'elles n'ont pas été souillées par des infiltrations.

Un puits doit être creusé à dix mètres au moins de tout dépôt d'immondices. Pour conserver l'eau à l'abri de toute viciation, les parois sont recouvertes d'un enduit imperméable jusqu'à une profondeur de plusieurs mètres. Une margelle défend le puits contre l'eau de ruissellement.

Les puits abyssins ou tubulaires à parois garnies d'un tubage métallique, sont préférables aux puits maçonnés.

Eau de pluie ; citernes. — L'eau de pluie arrivant à la surface du sol représente de l'eau pure, sauf aux premiers moments de sa chute pendant lesquels elle débarrasse l'atmosphère de ses éléments figurés (*poussières* et *Bactéries*).

Les eaux de pluie renferment des gaz en dissolution (*oxygène*, *azote*, *acide carbonique*), des traces d'acide nitrique, mais elles sont exemptes de substances minérales. Dans les régions où les sources et les nappes souterraines font défaut, on les recueille dans des bassins et des citernes où elles laissent déposer leurs impuretés.

Il faut disposer dans la citerne, comme le montre la figure 283, du sable et du gravier autour d'un puits en maçonnerie alimenté

Fig. 283. — Citerne destinée à recueillir les eaux de pluie.

par le bas. L'eau se filtre et abandonne les impuretés recueillies sur les toits ou dans les conduites. Celles-ci ne doivent jamais être en plomb.

Épuration des eaux d'alimentation. — Il est indispensable de purifier les eaux des rivières, des lacs et des puits peu profonds avant de les utiliser dans l'alimentation.

Deux moyens sont généralement employés pour atteindre ce résultat.

1° *la stérilisation* { *par la chaleur,*
{ *par certaines substances chimiques.*

2° *la filtration.*

Stérilisation par la chaleur. — On sait que l'eau est surtout dangereuse par les microorganismes qu'elle renferme.

Pour les petites quantités d'eau nécessaires à la consommation familiale, on doit stériliser l'eau par l'ébullition. Cette opération n'est réellement efficace que si elle a duré de 20 à 30 minutes. Il est même préférable, pour détruire tous les agents infectieux, de faire bouillir l'eau deux fois de suite pour atteindre sûrement ceux qu'une première ébullition n'aurait pas détruits.

Dans les hôpitaux, on réalise une stérilisation complète en chauffant l'eau au-dessus de 100 degrés dans un autoclave.

Épuration chimique. — Les principaux moyens préconisés pour purifier chimiquement les eaux sont :

L'alun : 3 grammes d'alun pour 100 litres d'eau ;

La chaux : 0 gr. 50 de chaux par litre ;

Le chlorure de chaux : 0 gr. 15 de chlorure de chaux environ par litre.

Le *Permanganate de Potasse* ;

L'*Iode et le Brome* : 0 gr. 06 par litre suffisent pour tuer tous les microbes.

Le *fer* et l'*ozone* permettent également de purifier les eaux.

Filtration. — La filtration a pour but de débarrasser l'eau de ses impuretés.

Pour de grandes quantités d'eau on a recours à *des bassins filtrants* ; pour de petites quantités à *des filtres proprement dits.*

Bassins filtrants. — Les bassins filtrants de forme rectangulaire sont en maçonnerie. Les parois sont bien cimentées. Sur le fond, on dispose des dalles en terre poreuse, une couche de cailloux, une couche de gravier et plusieurs assises de sable. Ces bassins se remplissent d'eau par la base.

Pendant les premiers jours l'eau est chargée de Bactéries et de particules diverses ; mais peu à peu les interstices du sable se réduisent et l'eau arrive exempte d'impuretés. Lorsque l'eau arrive pure, on dit que le *filtre est mûr.*

Lorsqu'on rencontre à proximité d'une région une épaisse couche de sable, que l'eau puisse traverser, on établit des *galeries filtrantes.* Ce procédé est utilisé à Lyon pour filtrer les eaux du Rhône.

Les Bassins filtrants fonctionnent à Berlin, à Hambourg, à Zurich et tendent à se répandre en France.

A Berlin ces bassins sont nettoyés tous les 11 jours en été, tous les mois en hiver.

Les filtres domestiques au *charbon* et au *sable* sont de quelque utilité ; mais ils n'arrêtent pas les Bactéries.

Il en est de même d'ailleurs de beaucoup de filtres vantés par les réclames.

Les filtres *Chamberland* (fig. 284) permettent d'obtenir une eau exempte de tout germe et par conséquent une eau absolument inoffensive, si on a soin de les nettoyer au moins une fois chaque 15 jours.

Les filtres désignés sous le nom de *bougies Chamberland* sont constitués par un tube creux en porcelaine dégourdie fermée à son extrémité supérieure. On fait arriver l'eau à la partie extérieure sous une pression assez forte; elle passe lentement à travers la paroi et s'écoule goutte à goutte par l'ouverture inférieure.

Pour avoir un plus grand débit, il suffit d'associer plusieurs bougies dans le même récipient (fig. 285).

Dans les filtres *Maillé* également en kaolin, mais enfermés

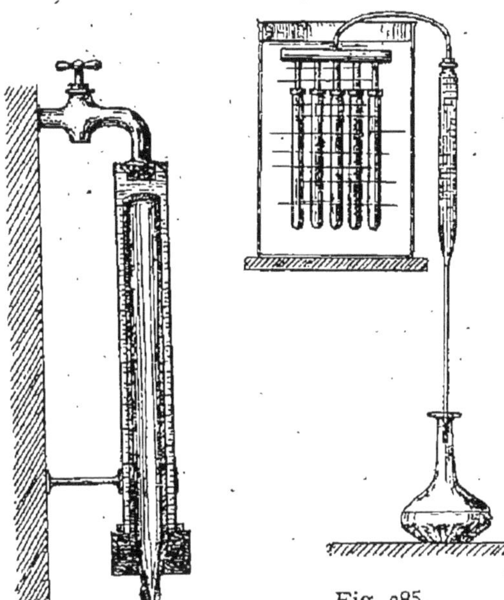

Fig. 284.
Filtre Chamberland.

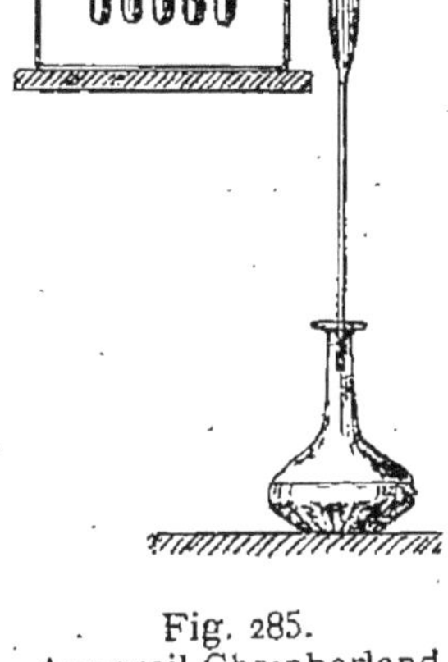

Fig. 285.
Appareil Chamberland pour filtrer l'eau sans pression.

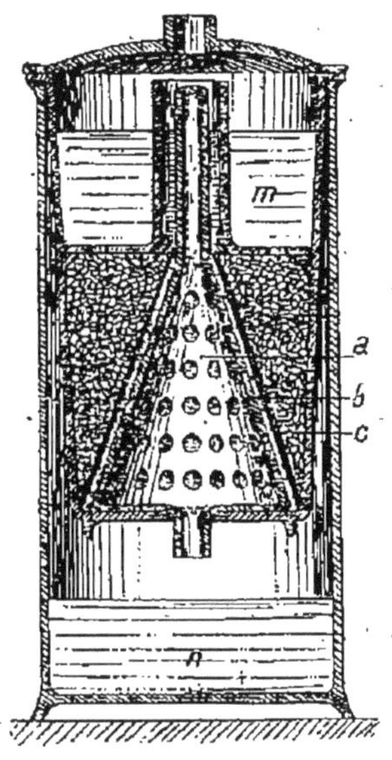

Fig. 286. — Filtre Maignen. *a*, cône de porcelaine; *b*, enduit d'amiante; *c*, couche de charbon; *m*, eau à filtrer; *n*, eau filtrée.

dans une gaine en verre la filtration se fait de l'intérieur vers l'extérieur.

Le filtre Garros est en porcelaine d'amiante à gaine métallique.

Le filtre Maignen au charbon fournit de bons résultats; la filtration se fait sur un sac en amiante rempli et entouré de charbon d'os. Ce filtre exige des nettoyages fréquents (fig. 286).

La stérilisation de l'eau peut être obtenue par l'ozone et par certaines radiations lumineuses.

La stérilisation par les rayons ultra-violets est réalisée à l'aide de lampes de quartz à vapeurs de mercure.

RÉSUMÉ — EAU

EAU.

- L'HYGIÈNE est l'art de conserver la santé.
- **UTILITÉ.**
  - L'eau est un aliment de première nécessité; elle est indispensable pour assurer la propreté des individus et des agglomérations.
  - Le corps de l'homme perd en moyenne par jour 2 à 3 litres d'eau.
  - Il faut en mettre à la disposition de l'organisme une quantité équivalente.
  - Dans les villes, il faut au moins 160 litres d'eau par tête et par jour.
- **EAU POTABLE.**
  - L'eau de boisson doit être potable.
  - Conditions physiques.
    - Elle doit être fraîche;
    - — limpide;
    - — aérée;
    - — inodore.
    - Elle doit dissoudre le savon;
    - — cuire les légumes.
  - Conditions chimiques.
    - Elle doit renfermer de 0g,05 à 0g,50 de matières minérales.
    - Elle ne doit pas renfermer des matières organiques.
  - Conditions biologiques.
    - Elle ne doit pas renfermer de microbes pathogènes.
    - Elle ne doit pas renfermer des œufs, des embryons, des larves de Vers parasites.
- **MALADIES TRANSMISES PAR L'EAU.**
  - Fièvre typhoïde;
  - Choléra;
  - Dysenterie.
- **PARASITES VÉHICULÉS PAR L'EAU.**
  - Protozoaires.
    - Amibes.
    - Cercomonas.
  - Vers.
    - Trématodes.
      - Douve du foie.
      - Bilharzia.
    - Nématodes.
      - Ascaride, Oxyure.
      - Tricocéphale, Filaire.
    - Annélides.
      - Sangsue.
- **ORIGINE.**
  - *Eaux de source.*
    - Elles sont les meilleures.
    - Elles doivent être bien captées.
    - Elles doivent circuler dans des tuyaux étanches.
  - *Eaux courantes.*
    - Elles sont suffisamment aérées et minéralisées.
    - Elles sont parfois riches en matières organiques.
  - *Eaux souterraines.*
    - Puits ordinaire.
    - Puits artésien.
  - *Eaux de pluie.*
    - Citerne.
    - Bassins flottants.

- **EAU.**
  - ÉPURATION DES EAUX.
    - *Stérilisation.*
      - Chaleur.
      - Radiations ultra-violettes.
      - Antiseptiques.
    - *Filtration.*
      - Bassins filtrants.
      - Filtres
        - Chamberland.
        - Maillé.
        - Garros.
        - Maignen.

24e LEÇON

L'AIR

Composition de l'air. — L'air est essentiellement formé d'un mélange d'oxygène et d'azote, mais il renferme normalement de la vapeur d'eau, de l'acide carbonique, de l'oxyde de carbone, de l'ammoniaque et des composés nitrés.

Par son *oxygène*, qui est de tous les éléments le plus indispensable à la vie, l'air exerce une action incessante sur l'organisme.

L'*azote* qui constitue les 4/5e de l'air atmosphérique modère l'action comburante de l'oxygène ; s'il ne semble pas jouer un rôle actif et immédiat pour les animaux, il représente un aliment précieux pour les plantes.

L'*acide carbonique* se trouve toujours dans l'atmosphère.

Il provient de la respiration des animaux et des végétaux, des combustions diverses, des fermentations. Malgré la production incessante d'acide carbonique la quantité que renferme l'air ne varie pas sensiblement, grâce à l'action régulatrice de la mer et à l'assimilation chlorophyllienne.

La quantité de *vapeur d'eau* est très variable ; elle dépend des conditions topographiques de la région et de la température.

L'*ammoniaque* de l'air est toujours en faible proportion, mais elle peut s'accumuler dans les espaces clos et constituer alors un vrai danger.

On trouve encore dans l'atmosphère de l'*ozone*.

Ce corps, qui est en quantité appréciable dans l'air des campagnes, disparaît dans celui des villes. Il faut admettre qu'il est consommé par l'oxydation des matières organiques.

L'atmosphère des villes renferme toujours de l'*oxyde de carbone* dont nous préciserons bientôt le rôle physiologique.

Enfin on constate dans l'air la présence de nombreuses *poussières*, de corpuscules divers et de *microorganismes*.

Parmi les microorganismes, on reconnaît des *Infusoires* et des *Bactéries*.

Le nombre de Bactéries est moindre dans la campagne; il diminue rapidement avec l'altitude. Sur les hautes montagnes, l'air est *biologiquement pur*.

Il ne faut pas cependant exagérer l'influence nocive des Bactéries véhiculées par l'air. Leur virulence est considérablement atténuée par l'action de la lumière, de la température et de l'oxygène. Néanmoins, la contagion par l'air n'est pas douteuse, et pendant les épidémies, l'atmosphère transporte les germes de la tuberculose, de la variole, de la scarlatine, etc. De là, la nécessité de désinfecter les locaux où ont séjourné les personnes atteintes de maladies contagieuses. C'est d'ailleurs une mesure prophylactique sur laquelle nous reviendrons plus loin.

Le tableau suivant fait connaître le nombre de Bactéries contenues dans un mètre cube d'air pendant les différentes saisons.

Saisons	Parc Montsouris	Centre de Paris
Hiver	218	2960
Printemps	395	5120
Été	591	5450
Automne	253	3640

Désinfection des locaux. — Les germes des maladies contagieuses, que l'air peut transporter, sont détruits par des antiseptiques, par la chaleur, et par la lumière directe du soleil.

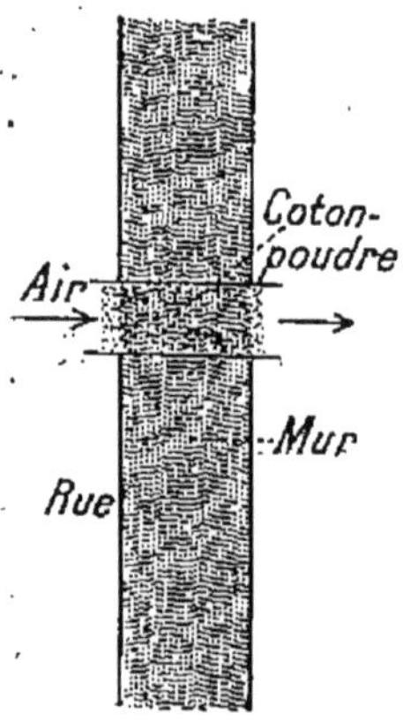

Fig. 287. — Expérience de Pasteur.

Les principaux antiseptiques sont : l'eau phéniquée, le sublimé corrosif, le lait de chaux, le formol, le lysol.

Les antiseptiques sont lancés en fines gouttelettes à l'aide de pulvérisateurs contre les murs, les meubles et tous les objets du local.

Par la chaleur, on détruit sûrement les germes des maladies transmissibles.

On place les objets à désinfecter dans des étuves où se rend de la vapeur d'eau au-dessus de 100° et sous pression.

Expérience de Pasteur. — Pour mettre en évidence la présence des germes vivants dans l'air, il suffit de refaire une expérience de Pasteur.

Dans l'épaisseur d'un mur, on dispose un tube de verre renfermant du coton-poudre (fig. 287). Le tube communique d'un côté avec l'air de la rue, de l'autre, avec l'intérieur. A l'aide d'une trompe ou de tout autre dispositif, on détermine un appel d'air.

L'air de la rue traverse le tube et y laisse déposer les poussières qu'il transportait. On fait dissoudre le coton-poudre dans l'éther et on obtient une poudre noirâtre composée de particules minérales, de débris divers et de microbes.

Ainsi s'expliquent l'apparition soudaine des moisissures sur le pain humide, des microorganismes dans le bouillon, la viande, le lait, etc.

Air libre et air confiné. — La composition de l'air dans les campagnes est d'une constance remarquable. Sa teneur en oxygène, en azote et en acide carbonique ne paraît pas éprouver des changements sensibles.

Dans les montagnes la pression diminue avec l'altitude.

Au-dessus de 3000 mètres, on observe des troubles physiologiques désignés sous le nom de *mal des montagnes*. Cet état est dû à l'insuffisance de la tension de l'oxygène dans l'air respiré. Il se traduit par une faiblesse musculaire, une accélération du cœur, des vertiges, des bourdonnements d'oreille, des hémorragies et même par des syncopes. Le mal des montagnes est une sorte d'asphyxie.

L'organisme réagit promptement; il s'adapte aux nouvelles conditions de pression, grâce à une augmentation des globules rouges (*polyglobulie*) et à la fréquence des mouvements respiratoires (*polypnée*). Cette réaction de l'organisme est souvent des plus salutaires Elle explique l'influence bienfaisante des *altitudes*. Une *cure d'air* dans les montagnes détermine une amélioration de l'état général de l'organisme.

L'air confiné subit de profondes modifications; la quantité d'oxygène diminue et la quantité d'acide carbonique augmente. Or, quand l'air respiré renferme 10 pour 100 environ d'acide carbonique, ce gaz s'accumule dans les tissus et provoque des troubles asphyxiques.

L'air confiné renferme de l'oxyde de carbone et des gaz toxiques exhalés par les poumons et par tout le corps. La nature de ces substances n'est pas bien connue, mais leur action nocive n'est pas douteuse.

L'oxyde de carbone est toxique entre 2 et 5 dix-millièmes.

Il se combine avec l'hémoglobine des globules et forme un composé stable qui s'oppose à l'hématose.

Lorsque l'air vicié ne produit pas des accidents immédiats, il provoque des perturbations lentes, une débilitation de l'organisme qui devient accessible à la plupart des maladies.

Quantité d'air qui passe dans les poumons en 24 heures. — Ventilation. — A chaque respiration, il entre un demi-litre d'air dans l'appareil respiratoire, le nombre des respirations est de 16 environ par minute chez l'Homme adulte. Il s'ensuit que la quantité d'air qui passe dans les poumons en 24 heures est au moins de

$$0^{l},5 \times 16 \times 24 \times 60 = 11.520 \text{ litres.}$$

Donc un Homme adulte consomme en moyenne par jour 500 litres d'oxygène et dégage 450 litres d'acide carbonique.

La production de ce dernier gaz augmente quand on se livre à un travail pénible et diminue pendant le sommeil.

Si les locaux habités étaient hermétiquement clos, il faudrait, par exemple, une chambre renfermant au moins 400 mètres cubes d'air pour entretenir la respiration pendant huit heures de sommeil, cela évidemment pour que la proportion d'acide carbonique ne dépassât pas 7/10.000^{e}.

Mais il n'est pas nécessaire de recourir à de si vastes locaux parce que l'atmosphère des maisons se renouvelle partiellement par les portes, par les fenêtres, par les cheminées (fig. 288).

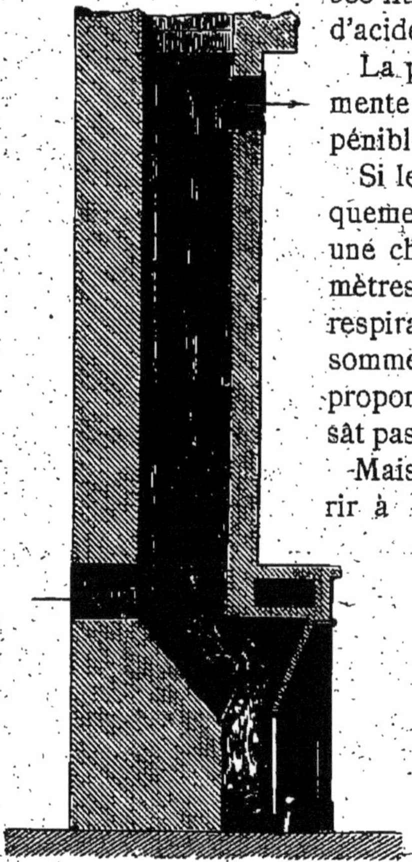

Fig. 288. — Cheminée. La direction du courant d'air est indiquée par les flèches.

Il faut toutefois, soit par la ventilation naturelle, soit par la ventilation artificielle, renouveler aussi souvent et aussi complètement que possible l'air des chambres habitées.

La ventilation naturelle s'effectue surtout par les portes, les fenêtres qui doivent être grandes et nombreuses.

Les rideaux, les tentures, les bourrelets des portes, s'opposant à la ventilation, doivent être supprimés.

La ventilation artificielle se fait à l'aide d'appareils plus ou moins compliqués. L'aération des ateliers, des hôpitaux, des mines est un problème social d'une importance capitale que les hygiénistes ont à peu près résolu.

Il ne suffit pas de respirer un air pur pour se bien porter, il faut aussi savoir respirer. Il est bon de s'habituer à faire de lentes et profondes inspirations pour que la ventilation pulmonaire soit complète.

Action physiologique de la chaleur et du froid. — L'atmosphère agit encore sur l'organisme par ses variations de température. Lorsqu'il fait très chaud, l'appétit est affaibli, la digestion devient difficile, les sécrétions cutanées sont abondantes, la nutrition générale est ralentie et le système nerveux est déprimé.

De plus, une température élevée est particulièrement favorable à l'éclosion de la plupart des maladies contagieuses : choléra, peste, dysenterie, etc.

Lorsqu'il fait très froid le sang est maintenu dans les organes profonds qui se congestionnent, il en résulte des douleurs dans les membres et dans la tête.

Le passage brusque du chaud au froid provoque parfois des *apoplexies* presque toujours fatales.

Asphyxie. — Vivre et respirer sont deux expressions synonymes : « sans air pas de vie ». Si les phénomènes respiratoires s'arrêtent, la mort survient : il y a asphyxie.

L'asphyxie est due soit à un obstacle extérieur s'opposant à la pénétration de l'air dans les bronches, soit à une insuffisance d'air respirable.

L'asphyxie se complique d'empoisonnement quand elle se produit dans un air confiné ou chargé de gaz toxiques (2e année, page 43).

RÉSUMÉ. — **AIR.**

AIR.	L'air est indispensable à la vie.		
	Composition de l'air par mètre cube.	Azote	789,80
		Oxygène	209,90
		Acide carbonique . . .	0,3
		Vapeur d'eau	variable.
		Ammoniaque	$0^{mmg},05$ à 5^{mmg}.
		Composés nitrés.	
	Contagion par l'air.	L'air transporte les germes de la tuberculose, de la variole, de la scarlatine, du choléra, de la diphtérie, etc.	

AIR.

- **Désinfection.** — Ces germes sont détruits :
  - par la chaleur,
  - par la lumière,
  - par les antiseptiques.
- *L'air libre* a une composition constante.
- *L'air confiné* subit de profondes modifications.
- *Quantité d'air qui passe dans les poumons.*
  - Il passe dans les poumons d'un adulte 11 520 litres d'air en moyenne par jour.
  - Un Homme adulte consomme 500 litres d'oxygène.
  - — dégage 450 litres d'acide carbonique.
- **Ventilation.**
  - L'air des salles habitées doit être fréquemment renouvelé.
  - Ventilation naturelle. — Portes. Fenêtres. Cheminées.
  - Ventilation artificielle. — Appareils divers.
- **Asphyxie.**
  - Dès que les mouvements respiratoires s'arrêtent, la mort survient.
  - L'asphyxie peut se produire
    - par des causes mécaniques,
    - par insuffisance d'air respirable,
    - par excès d'acide carbonique,
    - par variations de pression,
    - par la présence de gaz toxiques.
- Il faut respirer un air pur et respirer convenablement.

25e LEÇON

LES ALIMENTS

L'aliment : définition et origine. — Les aliments sont des substances introduites dans l'organisme pour : 1° subvenir à ses dépenses (*chaleur et travail*) ; 2° fournir des matériaux de réparation et de croissance.

Les aliments utilisés par l'Homme sont d'origine animale, végétale et minérale.

Nature chimique et rôle physiologique des aliments. — L'infinie variété des aliments n'est qu'apparente. Ces diverses substances, en effet, abstraction faite de quelques matières minérales, se ramènent à trois types seulement :

1° *les albuminoïdes ;*

2° *les graisses ;*

3° *les hydrates de carbone.*

Au point de vue chimique, il ne pénètre dans l'organisme que de l'*oxygène*, de l'*albumine*, des *matières grasses*, des *hydrates de carbone* et quelques *sels*, et il en sort trois choses :

1° de *l'eau* ;
2° de *l'acide carbonique;*
3° de *l'urée.*

Les produits excrétés proviennent de la combustion des substances absorbées. Celles-ci sont oxydées, brûlées en quelque sorte et réduites à l'état de vapeur d'eau, de gaz carbonique et d'urée. Cette dégradation chimique de l'aliment met à la disposition de l'organisme de l'énergie qui se manifeste sous forme de travail et de chaleur.

Suivant l'expression de Lavoisier : « La vie est comme une flamme ». On dit des êtres d'où la vie se retire qu'ils s'éteignent. Cette comparaison est mieux qu'un symbole ; c'est une vérité scientifique.

Ainsi, 1 gramme d'albumine dégage environ 4 calories.
1 — de graisse — 9 —
1 — de sucre — 4 —

Alimentation. — Lorsque l'Homme reste quelques heures sans prendre la moindre nourriture, il éprouve une sensation particulière que l'on nomme *appétit* ; si l'abstinence se prolonge, cette sensation devient douloureuse : c'est la *faim*.

La suppression de toute nourriture pendant un temps assez long détermine la mort par *inanition*.

L'alimentation a pour but de fournir à l'organisme les matériaux nécessaires à l'accomplissement de ses fonctions. Il faut considérer l'alimentation au double point de vue de la quantité et de la qualité des aliments.

Rations alimentaires. — Nous appellerons ration alimentaire la somme des aliments indispensables à l'exercice régulier des fonctions vitales. Elle varie avec l'âge et les occupations de l'individu. Il y a donc lieu de considérer :

1° *la ration d'entretien* ;
2° *la ration de croissance* ;
3° *la ration de travail.*

La ration d'entretien est représentée par la quantité de nourriture nécessaire, par jour, pour rétablir l'intégrité du poids du corps.

Chez l'enfant, dont la masse du corps s'accroît, la ration alimentaire comprend la ration d'entretien et celle de croissance. Lorsque l'organisme doit accomplir un travail plus ou moins pénible, à la ration d'entretien s'ajoute la ration de travail.

Dans nos climats, un Homme adulte pesant 65 kilog. perd en moyenne, en 24 heures : 300 grammes de carbone, 20 grammes d'azote, 30 grammes de sels, 2000 grammes d'eau.

Ce même Homme, pour réparer les pertes de l'organisme. doit consommer journellement.

100 gr. *d'albuminoïdes* ; 410 gr. *d'hydrates de carbone* ; 50 gr. *de matières grasses.*	Cette ration correspond à une dépense de **2500** calories environ.

Cette ration d'entretien sera représentée, par exemple, par

1000 gr. *de pain* ;
300 gr. *de viande* ;
150 gr. *de légumes.*

Pour le soldat, la ration de garnison est de	*1000 gr. de pain* ; *300 gr. de viande sans os* ; *100 gr. de légumes verts* ; *30 gr. de légumes secs.*

Quand l'organisme travaille les pertes sont plus élevées.

Ration du soldat en campagne	*150 gr. d'albuminoïdes* ; *500 gr. d'hydrates de carbone* ; *60 gr. de matières grasses.*	Cette ration correspond à une dépense de **3200** calories environ.

Ce supplément de nourriture permet au soldat d'effectuer une marche plus longue en portant son sac, ses munitions et ses armes.

Les ouvriers manuels, et, d'une manière générale, tous les individus appartenant à la classe laborieuse, qui se livrent à un travail musculaire considérable doivent consommer une ration équivalente à celle du soldat en campagne.

La ration alimentaire varie encore avec le climat. Les habitants des régions froides, par exemple, perdant beaucoup de chaleur par rayonnement, sont tenus de consommer une grande quantité de matières grasses et d'hydrates de carbone.

Ces dernières substances, et en particulier les graisses, qui sont des édifices moléculaires compliqués au point de vue chimique, sont réduites à l'état d'acide carbonique et de vapeur d'eau. Cette dégradation chimique libère beaucoup de chaleur.

En un mot, pour satisfaire à toutes les exigences de l'organisme, il suffit de se rappeler le triple rôle physiologique de l'aliment.

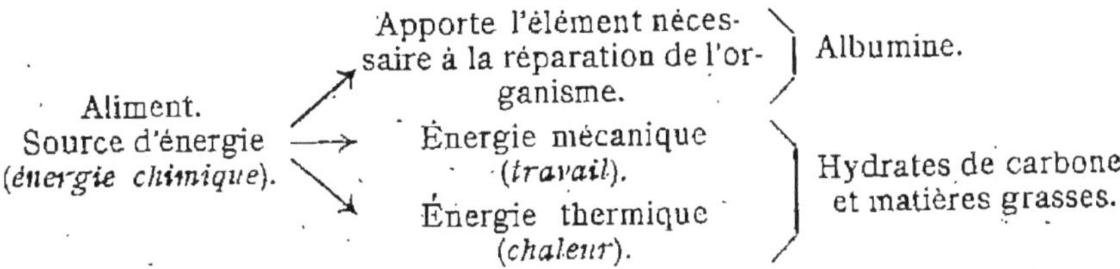

Choix des aliments. — Les chiffres que nous venons de donner permettent de comprendre la nécessité d'apporter à la confection des menus un soin tout particulier.

Bien des membres de la *classe pauvre*, par ignorance ou par imprévoyance, manquent de certains principes nutritifs. Ces individus s'affaiblissent progressivement, *sont partiellement inanitiés et exposés plus que les autres aux atteintes des épidémies et des endémies sociales, comme la tuberculose.*

Or, les principes nutritifs que réclame la machine humaine se rencontrent aussi bien dans les aliments d'origine animale que dans les aliments d'origine végétale, mais en proportions très variables.

Tandis que les albuminoïdes et les graisses dominent dans les matières animales, les hydrates de carbone, amidon et sucre, abondent dans les matières végétales.

Il est aujourd'hui démontré qu'un régime végétarien est non seulement plus hygiénique et surtout plus économique qu'un régime carné, mais qu'il favorise le travail musculaire.

Les calories fournies par la viande reviennent en moyenne 20 fois plus cher que celles fournies par le pain et par les légumes.

La viande ne doit logiquement servir que d'appoint aux aliments végétaux, quand ceux-ci ne renferment pas assez de principes azotés ; car dans tout régime l'albumine ne doit pas descendre au-dessous d'un minimum fixé, pour un Homme de 70 kilog., à 60 ou 70 grammes par jour.

TYPES DE RATIONS ALIMENTAIRES DE TRAVAIL

RÉGIME VÉGÉTARIEN			RÉGIME CARNÉ		
Pain . . .	1000 gr.	représentant 3700 calories.	Pain . . .	700 gr.	représentant 3610 calories.
Lait . .	500 —		Viande . .	600 —	
Fromage .	50 —		Œufs . . .	100 —	
Haricots .	100 —		Beurre . .	60 —	
Beurre . .	50 —		Sucre . . .	40 —	
			Fruits. . . / Légumes verts . . / Fromage .	200 —	

La nature chimique de l'aliment ne doit pas être la seule préoccupation; il est indispensable de s'enquérir de ses qualités physiques, de son degré de pureté et de sa digestibilité.

26e LEÇON

LES ALIMENTS (Suite).

Falsifications des aliments. — « Un produit est falsifié quand il contient une substance étrangère à sa composition naturelle, ou quand une des substances qui entrent dans sa composition naturelle s'y trouve en quantité anormale. ».

Certaines falsifications sont inoffensives, d'autres au contraire sont nuisibles.

Parmi les premières citons :

1° la substitution de la ***margarine*** au beurre; la margarine bien préparée ne présente aucun danger, mais sa valeur nutritive est très faible;

2° l'emploi de la ***saccharine***, produit extrait de la houille dont le pouvoir édulcorant est 300 fois plus grand que celui du sucre; une loi de 1902 en a prohibé l'usage ;

3° les confiseurs, les pâtissiers remplacent trop souvent le beurre par la ***vaseline*** qui est sans action sur l'organisme; elle présente le médiocre avantage de ne pas rancir;

4° aux farines, aux poudres alimentaires, on mélange trop souvent des ***matières inertes***, indigestes ou inutilisables par l'organisme ;

5° les aliments liquides, les boissons sont fréquemment falsifiés par les commerçants malhonnêtes dans le but de se procurer de gros bénéfices ;

6° les laitiers peu scrupuleux écrèment le lait et le mouillent.

Après l'écrémage et le mouillage, ils ramènent le lait à sa densité normale et en relèvent la saveur en ajoutant au liquide des graisses, de l'amidon, des débris de cervelle, etc.

Parmi les falsifications immédiatement nuisibles citons simplement :

1° l'emploi d'*essences toxiques* pour aromatiser certains mets ;
2° l'emploi de beaucoup de *colorants* ;
3° l'emploi de véritables poisons (*acide salicylique*) pour conserver longtemps les denrées alimentaires ;
4° l'usage d'aldéhydes et d'essences, poisons violents destinés à parfumer la plupart des boissons distillées.

Il serait trop long de donner une liste complète de toutes les falsifications que la loi punit sévèrement.

Accidents produits par les aliments. — Les aliments peuvent introduire dans l'organisme des poisons, des parasites, les germes de beaucoup de maladies infectieuses et provoquer ainsi des troubles physiologiques plus ou moins graves.

Aliments d'origine animale. — La chair des animaux est consommée cuite ou crue.

La cuisson développe un parfum agréable, mais elle diminue la digestibilité de la viande. Lorsque celle-ci doit être consommée crue, elle est généralement salée ou fumée.

C'est par la viande crue que pénètrent dans le corps de l'Homme la plupart des parasites.

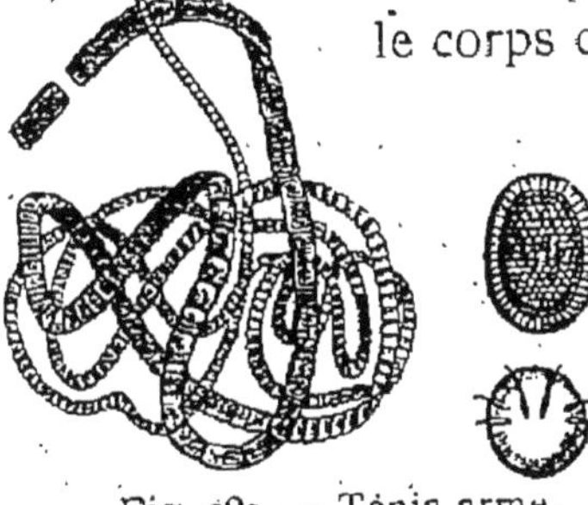

Fig. 289. — Ténia armé. *a*, Ténia adulte, tel qu'on le rencontre dans l'intestin ; *e*, *f*, œuf et embryon armé de six crochets.

Ce sont les Ténias et les Botriocéphales du groupe des Cestodes (page 25), la Trichine du groupe des Nématodes.

Le *Ver solitaire* (*Tænia solium*) (fig. 289) vit à l'état adulte dans l'intestin de l'Homme ; il y est amené par la chair du Porc atteint de *ladrerie*.

Le Ténia inerme (*Tænia saginata*) est actuellement assez répandu par suite de la consommation de la chair de Bœuf mangée crue ou saignante.

Le *Brotriocéphale* ne possède ni crochets, ni ventouses ; il est plus large que le Ver solitaire. Ce parasite incommode se gagne par la consommation de poissons salés et fumés.

La *Trichine* (fig. 290) est un Ver des plus redoutable. A l'état adulte, elle se loge dans l'intestin, mais sa larve émigre dans les muscles où elle cause des troubles graves.

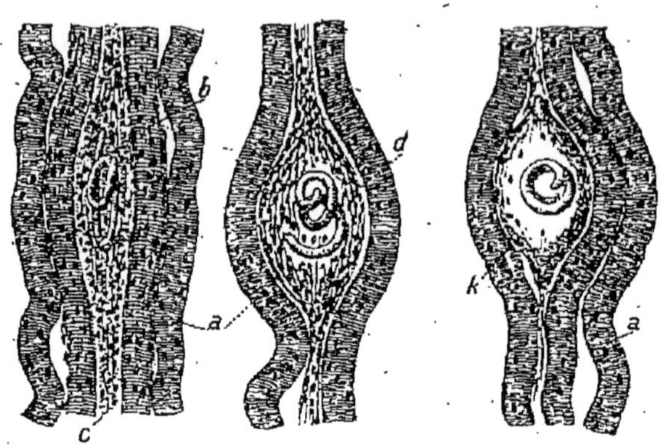

Fig. 290. — Trichines enkystées dans les muscles.
De gauche à droite : La trichine a désorganisé les fibres musculaires *c*, et a altéré les fibres *b* dont le nombre de noyaux a augmenté. La trichine commence à s'enkyster, *d*. Kyste incrusté de calcaire, *k* ; *a*, fibre musculaire.

C'est en mangeant la chair du Porc crue ou mal cuite que l'Homme peut contracter la *trichinose*.

Viandes toxiques. — Les viandes renferment parfois des produits toxiques, des poisons existant avant l'abatage (*leucomaïnes*), ou qui se sont développés après la mort de l'animal (*ptomaïnes*).

Les ***leucomaïnes*** sont des produits d'usure dérivant de l'activité vitale. Elles sont normalement éliminées au fur et à mesure de leur production.

Chez quelques Poissons et chez certains Mollusques, elles s'accumulent dans divers organes.

Le *Coffre*, le *Congre*, le *Brochet* sont presque toujours vénéneux ; il est particulièrement dangereux de les consommer au moment du *frai*.

Le foie des *Moules* renferme assez souvent un poison actif.

L'ingestion de Moules fraîches peut causer des accidents mortels.

Les viandes subissent sous l'influence de certains microbes, une sorte de fermentation. La *fermentation putride* ou *putréfaction* produit des poisons violents appelés ***ptomaïnes***. Ces ptomaïnes sont fabriquées par les microbes aux dépens des substances dans lesquelles ils vivent.

Le gibier faisandé, recherché par certains gourmets, renferme des *ptomaïnes de putréfaction*. Il présente un véritable danger pour les personnes dont le foie fonctionne mal.

Les viandes fumées et salées, incomplètement aseptisées causent des accidents désignés sous le nom de *botulisme*.

Nous verrons plus loin que plusieurs maladies contagieuses peuvent être transmises à l'Homme par la chair et le lait des animaux malades. Le fait paraît démontré pour la *tuberculose* et le *charbon*.

Aliments d'origine végétale. — Plaçons au premier rang le *pain* qui forme, dans toutes les nations civilisées, la base alimentaire par excellence. En France, les statistiques générales indiquent une consommation quotidienne de 840 grammes de pain par tête. Dans les villes, la consommation est moindre; elle est supérieure dans les campagnes où elle atteint 1200 grammes.

Composition du pain :

Eau	400 gr.	Dans la croûte, la proportion des matières azotées (13 p. 100) est le double que dans la mie (6,7 p. 100).
Albuminoïdes	80	
Hydrates de carbone	500	
Matières grasses	10	
Sels	10	
	1000 gr.	

Le pain doit être consommé frais, car il est rapidement altéré par des moisissures.

Néanmoins la farine peut renfermer des substances nocives provoquant des accidents graves.

L'*ergotisme* dû à des grains de Seigle envahis par l'*Ergot*, Champignon parasite. Cette affection se traduit par des plaques de gangrène et des accidents convulsifs.

La *pellagre* semble déterminée par la présence de moisissures dans la farine du Maïs. Cette maladie est caractérisée par une altération profonde de la peau, ainsi que par des troubles digestifs et nerveux.

Le *lathyrisme* est déterminé par la farine des Gesses que l'on mélange dans certains pays au Blé. Il est caractérisé par des accidents nerveux assez graves.

Les légumes de toutes sortes mangés crus véhiculent souvent des Bactéries pathogènes. C'est pour cette raison que les comités d'hygiène défendent de cultiver dans les champs d'épandage les légumes qui sont mangés crus et qui poussent près du sol.

Conservation des substances alimentaires. — Pour conserver pendant longtemps, sans altération, les aliments, on a recours :

1° *aux antiseptiques* ;
2° *à la dessiccation* ;
3° *à la chaleur* { Cuisson ; Pasteurisation ; Stérilisation.
4° *à la réfrigération.*

1° La viande du Porc et certains Poissons sont consommés *salés* ou *fumés*.

La fumée du bois agit par la *créosote* qu'elle renferme. Ce procédé ne permet de protéger que les parties superficielles, les parties centrales peuvent se décomposer.

Le *vinaigre* est employé pour conserver des aliments d'origine végétale (*fruits*, *légumes*, etc.).

Le *formol*, l'*acide salicylique*, l'*acide borique* sont des antiseptiques, dont l'action préservatrice est aléatoire. Ils sont d'ailleurs dangereux pour le consommateur. Leur emploi en est complètement prohibé (*Circulaire du 7 février* 1881).

2° Par la dessiccation, on prive l'aliment de son eau pour gêner le développement des germes transportés par l'air.

En Amérique, par exemple, on expose au soleil brûlant la viande coupée en lanières et en tranches très minces. Cette viande se recouvre d'une croûte dure protectrice ; c'est l'opération du *boucanage* qui fournit la *carne seca* des Argentins, le *tasajo* des gauchos. Diverses poudres alimentaires sont conservées par dessiccation.

3° Le meilleur procédé de conservation consiste à soumettre les aliments à l'action de la chaleur et les placer ensuite dans des vases hermétiquement clos. Ce procédé, inventé par Appert au commencement du XIXe siècle, est des plus employé et des meilleur pour obtenir des réserves de viandes, de fruits et de légumes.

On place le produit à stériliser dans les bouteilles ou dans des boîtes métalliques.

On chauffe le récipient et son contenu au bain-marie et on le ferme ensuite par un couvercle hermétique.

Les recherches de l'école pastorienne ont établi que certains germes résistent à 100 degrés, aussi emploie-t-on, au lieu de l'eau pure, une solution saline dont le point d'ébullition atteint 110 degrés (*procédé Forestier*).

On se sert actuellement, pour stériliser les boîtes, d'un appareil appelé autoclave. Les boîtes sont chauffées à 120 degrés pendant une heure au moyen de la vapeur d'eau.

Le lait est conservé par *pasteurisation* ou par *stérilisation.*

La pasteurisation, qui consiste à chauffer le lait à 70 degrés, permet de conserver cet aliment pendant deux ou trois jours.

La stérilisation est sûrement obtenue en portant le lait à une température supérieure à 100 degrés.

4° Le froid ne tue pas les microbes, mais il s'oppose à leur développement. On conserve par *réfrigération* et par *congélation* les Moutons et les Bœufs de l'Australie et de l'Amérique qui sont ensuite consommés en Europe.

En un mot, pour conserver les substances alimentaires, il faut les priver de tout germe de putréfaction et les maintenir ensuite à l'abri de l'air; on conserve les volailles en les plongeant, après la cuisson, dans la graisse; les sardines, le thon en les immergeant dans l'huile; les œufs en les recouvrant d'un vernis ou d'un lait de chaux.

Éducation de l'appareil digestif. — Il faut se placer dans de bonnes conditions pour bien digerer les aliments.

Ces conditions, nous pouvons les résumer en quelques mots :

1° prendre les repas régulièrement aux mêmes heures;
2° être en appétit;
3° ne pas trop manger, afin de se lever de table sans être alourdi par une trop bonne chère;
4° s'abstenir de tout travail intellectuel immédiatement après le repas;
5° se rappeler qu'un exercice modéré favorise la digestion.

RÉSUMÉ. — LES ALIMENTS

LES ALIMENTS.

DÉFINITION. – Les aliments sont des substances introduites dans l'organisme pour : 1° subvenir à ses dépenses; 2° fournir des matériaux de réparation et d'entretien.

ORIGINE. { Animale. Végétale. Minérale.

NATURE CHIMIQUE. { A l'exception de quelques matières minérales; les aliments se ramènent à trois types de substances :
1° les *albuminoïdes ;*
2° les *graisses ;*
3° les *hydrates de carbone.*

LES ALIMENTS.

- **Alimentation.**
  - A pour but de fournir à l'organisme les matériaux nécessaires à l'accomplissement des diverses fonctions. Il faut tenir compte de la quantité et de la qualité des aliments.
  - *Rations alimentaires.*
    - Ration d'entretien,
    - — de croissance,
    - — de travail.
  - *Choix des aliments.*
    - Régime carné,
    - — végétarien,
    - — mixte.
- **Falsifications.**
  - *Inoffensives.*
    - Margarine,
    - Saccharine,
    - Vaseline, etc.
  - *Dangereuses.*
    - Essences diverses,
    - Colorants artificiels,
    - Antiseptiques.
- **Accidents causés par les aliments.**
  - *D'origine animale.*
    - Ténia,
    - Trichinose,
    - Botulisme,
    - Tuberculose,
    - Charbon,
    - Morve.
  - *D'origine végétale.*
    - Ergotisme.
    - Pellagre.
    - Lathyrisme.
- **Conservation.**
  - Antiseptiques.
  - Dessiccation.
  - Chaleur.
  - Réfrigération.
- **Éducation de l'appareil digestif.**
  - Prendre les repas régulièrement.
  - Être en appétit.
  - Ne pas manger trop.
  - S'abstenir de tout travail après le repas.
  - Se livrer à un exercice modéré pour favoriser la digestion.

Manipulation. — **Falsifications des matières alimentaires.**

Farine. — Faire une préparation de la farine à essayer et l'examiner au microscope.

On peut y découvrir :

Des *cristaux :* il y a des matières minérales.

Des *grains d'amidon d'Orge :*
— *de Seigle :*
— *d'Avoine :*
— *de Riz :*
— *de Pomme de terre :*
} Il y a de la farine d'Orge, de Seigle, d'Avoine, de Riz, ou de la fécule de Pomme de terre.

Des *grains d'amidon corrodés, altérés :* il y a de la farine avariée.

Du *tissu d'ergot :* il y a du Seigle ergoté, etc.

Poivre. — L'examen microscopique du poivre permettra de révéler la présence de la *poudre de tourteaux*, de la *farine de gland*, des *débris de coques d'amandes, de la croûte de pain*, etc.

Avant d'étudier une matière alimentaire, il faut se familiariser avec l'aspect que présente cette même matière à l'état pur.

27e LEÇON

LES BOISSONS — BOISSONS AROMATIQUES ET BOISSONS FERMENTÉES

Les boissons. — L'eau est la meilleure des boissons. Cependant l'Homme ne s'en est pas contenté. Il a toujours recherché des liquides aromatisés et plus ou moins excitants.

Les boissons excitantes peuvent être rangées en quatre groupes :

1° *les boissons aromatiques* ;
2° *les boissons fermentées* ;
3° *les boissons distillées* ;
4° *les liqueurs.*

Boissons aromatiques. — Les boissons aromatiques sont des infusions ou des macérations de feuilles et de graines de diverses plantes.

Le ***café*** (*graines du caféier des régions tropicales*) ;
Le ***thé*** (*feuilles séchées et fermentées du Thé de Chine*) ;
Le ***maté*** (*feuilles d'une espèce de Houx du Paraguay*) ;
Le ***cacao*** (*graines du Cacaoyer*) ;
Le ***kola*** (*graines du Kola acuminata de l'Afrique centrale*) ;
La ***coca*** (*feuilles d'une espèce de Linacée Erythroxylon coca*).

Le café, le thé, le maté sont des stimulants du système nerveux. Ils renferment un alcaloïde, la *caféine*, qui facilite le travail intellectuel et détermine une sensation de bien-être et de puissance. L'abus du café est dangereux. Pris en excès, il provoque des troubles cardiaques, tandis que, consommé modérément, il active la digestion.

Le Kola renferme de la caféine et un principe, la *théobromine*, qui agit à la fois sur le système nerveux et sur le système musculaire.

Le cacao renferme en outre une matière grasse, le beurre de cacao, qui entre dans la préparation du chocolat.

La Coca du Pérou est un arbuste dont les feuilles renferment un alcaloïde, la *cocaïne*, ayant la propriété d'exalter l'activité musculaire et celle d'apaiser la sensation de faim et de soif.

Les boissons aromatiques ont été appelées : *Aliments*

d'épargne. Prises en petite quantité, elles déterminent sans doute une sensation de force, de puissance, permettant d'exécuter, sans prendre de la nourriture, un effort intellectuel et physique, mais c'est aux dépens des réserves organiques que ce bien-être se produit.

Si l'on administre ces boissons à des animaux insuffisamment nourris, ils ne tardent pas à dépérir et même à mourir plus vite. Ce sont de simples excitants et non des aliments ; ils méritent qu'on leur applique le mot de Liebig : « Par leur action sur les nerfs, ces boissons permettent de réparer, *aux dépens du corps*, la force qui nous manque, de dépenser aujourd'hui la force qui ne devrait s'employer que demain. C'est comme une lettre de change sur sa santé ».

Les excitants conviennent aux personnes dont la ration alimentaire est suffisante.

Boissons fermentées. — Les boissons fermentées les plus répandues sont le *vin*, le *cidre*, le *poiré*, la *bière*. Elles proviennent de la fermentation des jus sucrés sous l'influence de petits Champignons appelés *Levures*.

Les Levures ont la propriété, lorsqu'elles sont plongées dans un liquide renfermant du glucose, de sécréter une diastase, laquelle décompose le sucre en acide carbonique et alcool. Cette décomposition est désignée sous le nom de fermentation alcoolique.

$$\underbrace{C^6H^{12}O^6}_{\text{sucre}} = \underbrace{2\,C^2H^6O}_{\text{alcool}} + \underbrace{2\,CO^2}_{\text{gaz carbonique}}$$

Le Vin. — Le vin résulte de la fermentation du jus de raisin ou *moût*.

C'est la boisson habituelle des populations de l'Europe méridionale.

Sa composition moyenne est très complexe, comme le montre le tableau suivant :

Eau	869
Alcool éthylique	100
Alcools divers	traces
Glycérine	6.50
Acide succinique	1.50
Matières albuminoïdes, grasses, sucrées, etc.	16
Nitrate de potasse	4

Acide acétique	1.50
Sels divers	1.50

Le vin est à la fois un excitant et un aliment. Sa teneur en alcool est des plus variables :

Vin du Roussillon	12 à 14 p. 100
Vin de Graves	12 —
Vin de Malaga	18 —
Vin de Champagne	11 à 12 —

Les vins qui renferment plus de 15 pour 100 d'alcool sont appelés *vins de liqueur*. Tels sont le *Marsala* 24°, le *Madère* 20°, le *Malaga* et le *Banyuls* 17°.

On distingue les *vins rouges* et les *vins blancs*.

Les *vins rouges* s'obtiennent en laissant fermenter le jus de raisin en présence des grappes, des pépins et de la pulpe. Ils sont colorés par l'*œnocyanine*, matière colorante des grains. L'alcool dissout cette dernière et une certaine quantité de tanin. Aussi les vins rouges sont toniques.

Le *vin blanc* résulte de la fermentation du jus de raisin séparé des grappes, des pépins et de la pulpe. Il est pauvre en tanin, mais riche en sels d'acide tartrique qui lui communiquent des propriétés diurétiques. Les qualités des vins dépendent de la nature des cépages cultivés, du sol, du climat, etc. C'est ainsi que les vins de Bourgogne et de Bordeaux sont fort estimés; que les vins du Midi, inférieurs aux précédents, sont cependant supérieurs à la plupart des vins récoltés dans le centre de la France.

Falsifications. — Quand le vin est cher, on en fabrique ou on fait subir au vin naturel des falsifications dont les plus communes sont : le *mouillage*, le *vinage*, le *sucrage*, le *plâtrage*, le *phosphatage* et la *coloration*.

Le *mouillage* consiste à ajouter de l'eau au vin naturel. Cette opération se pratique avant la fermentation ou après; dans les deux cas, la teneur du vin en alcool est diminuée et la couleur atténuée.

Pour en relever le degré alcoolique, on ajoute une petite quantité d'alcool : c'est le *vinage*. Pratique dangereuse, car elle se fait avec des eaux-de-vie d'industrie renfermant des produits nocifs. Le mouillage entraîne nécessairement la coloration artificielle des vins. Certains colorants, la cochenille, les baies de

Sureau, le bois de Campêche, les feuilles de Noyer, sont inoffensifs; il n'en est plus de même des couleurs extraites du goudron de houille, la fuchsine, les dérivés du phénol qui sont des poisons.

Une autre falsification coupable consiste à parfumer les vins avec des essences très toxiques. Des vins très ordinaires sont rapidement transformés en vins de Bordeaux.

Dans certaines régions viticoles, on pratique le sucrage : on ajoute du sucre au jus de raisin afin d'augmenter la proportion d'alcool et pour obtenir plusieurs fermentations successives. Cette opération est dangereuse, si l'on emploie des glucoses impurs.

Pour régulariser la fermentation, pour donner aux vins plus de limpidité et en rendre la conservation plus facile, on ajoute du plâtre ou du phosphate de chaux.

Ces manipulations ne sont permises que dans la mesure où elles ne sont pas nuisibles à la santé. L'usage continu du vin plâtré étant dangereux pour l'estomac et les reins, une loi du 1er avril 1891 exige que la quantité de plâtre ne dépasse pas 2 grammes par litre.

Maladies des vins. — Les principales maladies des vins sont : la *piqûre*, la *pousse*, la *graisse*, la *tourne*, l'*amertume*, etc. Elles sont causées par des microorganismes qui se trouvent dans presque tous les vins. Pour prévenir ces altérations, il faut chauffer le vin jusqu'à 60° (Pasteurisation). La pasteurisation n'altère pas les vins, mais les vieillit.

Consommation du vin. — On consomme en France plus de 50 millions d'hectolitres de vin. C'est une boisson à la fois excitante et nutritive; prise à dose modérée, elle est favorable à la santé.

« Le vin nous nourrit par sa crème de tartre et ses phosphates qui fournissent à nos cellules la potasse et le phosphore nécessaires; il nous convient aussi par les éthers qui les parfument, il nous soutient par ses matières tanniques et colorantes qui nous tonifient à la façon du quinquina et qui activent les fonctions de l'estomac. » *A. Gautier*.

Cidre et Poiré. — Le *Cidre* est une boisson produite par la fermentation du jus de pommes. Il doit être fait avec des pommes de qualités différentes : 1° *des pommes douces*; 2° *des pommes amères*; 3° *des pommes acides*. Lorsque les fruits ont été récoltés et mûris dans un lieu couvert, on procède à la fabrication du cidre qui comprend trois phases :

le broyage des fruits;
le pressurage;
la fermentation.

La production du cidre est importante en France. Cette boisson diffère du vin en ce qu'elle ne renferme ni tanin, ni matière colorante, ni crème de tartre; de plus, sa teneur en alcool est de 5 à 6 pour 100.

Le *Poiré* est une boisson alcoolique résultant de la fermentation du jus de poires. Le poiré est plus excitant que le cidre. Quand il est bien fait, il a de l'analogie avec le vin blanc auquel on l'associe parfois pour lui donner du montant. Il champagnise facilement.

Bière. — La bière provient de la fermentation du moût sucré de l'Orge.

Pour obtenir ce moût, on fait germer l'Orge pendant plusieurs jours. Durant cette période, il apparaît dans la plantule une diastase (*l'amylase*) qui transforme l'amidon en *dextrine*, puis en *maltose* (sucre).

On dessèche alors le grain pour arrêter la germination, on le réduit en poudre ou malt. On brasse ce malt avec de l'eau chaude.

Le moût sucré est aromatisé avec des cônes de Houblon et soumis à une fermentation régulière.

La fabrication de la bière comprend donc quatre opérations principales : *le maltage, la saccharification du malt, le houblonnage, la fermentation.*

Composition. — La bière renferme de 3 à 6 pour 100 d'alcool. Elle n'a pas les qualités toniques et stimulantes du vin, mais elle est nutritive à cause de la quantité de matières organiques qu'elle renferme.

Altérations et falsifications. — La bière est un liquide éminemment altérable; elle résiste difficilement aux chaleurs de l'été. Les admirables travaux de Pasteur ont montré que cette boisson devient *aigre, putride, lactique*, etc., par suite de l'action des germes qui se trouvent dans l'atmosphère et dans les appareils.

Les falsifications dont la bière est l'objet sont assez nombreuses :

1° Introduction de substances amères pour remplacer le Houblon, qui est en général assez cher :

acide picrique,
fiel de Bœuf,
écorce de Buis,
— Gentiane,
Saule et salicine,
Aloès,
strychnine même.

2° Coloration artificielle :

caramel,
Chicorée,
suc de Réglisse,
baies de Genièvre,
clous de Girofle;

3° Conservation :

acide salicylique,
carbonate de soude.

La consommation de la bière, d'abord limitée aux pays du Nord, s'est répandue par toute l'Europe.

28e LEÇON

BOISSONS DISTILLÉES — LIQUEURS — ALCOOL

Boissons distillées. — La distillation des liquides fermentés fournit les boissons distillées que l'on range en trois groupes :

les eaux-de-vie naturelles;
les eaux-de-vie artificielles;
les alcools d'industrie.

La teneur en alcool de ces boissons est toujours supérieure à 30°.

Eaux-de-vie naturelles. — L'eau-de-vie de vin provient de la distillation simple du vin.

Les plus renommées sont celles de Cognac ou fine champagne fabriquées dans la région des Charentes; les eaux-de-vie d'Armagnac fabriquées dans le Lot-et-Garonne; le trois-six de Montpellier; le Marc de Bourgogne.

L'eau-de-vie de cidre du Calvados est obtenue par la distillation des cidres et des poirés.

Le Rhum est obtenu par la distillation du jus de canne à sucre fermenté.

Le Kirsch provient de la distillation de la cerise fermentée. Il doit son parfum à un mélange d'essence d'amandes amères et d'acide prussique.

Les eaux-de-vie de grains, de Betteraves, de Pommes, de bière sont beaucoup plus nuisibles que les eaux-de-vie de vin.

Eaux-de-vie artificielles. — Les eaux-de-vie artificielles sont fabriquées avec de l'alcool presque pur, de l'eau, des essences et des matières colorantes. Les essences communiquent un bouquet spécial et les colorants leur donnent une certaine ressemblance avec telle ou telle eau-de-vie naturelle.

Les alcools d'industrie. — Ils sont extraits du sucre de Betterave, de l'amidon de Pomme de terre, de diverses céréales et de toute substance contenant du sucre ou même des hydrates de carbone capables de produire du sucre.

Depuis trente ans environ, les alcools d'industrie ont pris une grande extension et actuellement la plus grande partie des eaux-de-vie est fabriquée avec des alcools d'industrie.

Liqueurs. — Les liqueurs sont plus redoutables encore que les eaux-de-vie, car à la toxicité de l'alcool s'ajoute celle des essences qui sont en général des poisons violents.

Il y a lieu de distinguer les liqueurs apéritives et digestives.

Les liqueurs apéritives : Absinthe, Vermouth, Bitter et toute la gamme des amers.

L'absinthe est la plus redoutable de toutes.

L'usage habituel de la liqueur verte produit un empoisonnement qualifié *d'absinthisme*; il est caractérisé par la fréquence d'attaques épileptiques.

Le Vermouth et plusieurs amers (Bitter) devraient être aromatisés avec *l'essence de la Reine des prés*. Mais celle-ci est généralement remplacée par *l'aldéhyde salicylique* qui est également épileptisante.

Les liqueurs dites digestives : Chartreuse, Curaçao, Bénédictine, Kummel et toutes les liqueurs ordinaires valent ce que valent les alcools qui ont servi à les fabriquer, mais elles sont surtout à redouter par les essences qu'elles renferment.

Il faut bien retenir que les liqueurs apéritives suppriment l'appétit et que les liqueurs digestives retardent la digestion et délabrent les organes.

L'ALCOOL

En un mot, les boissons fermentées prises en excès nuisent à la santé et les boissons distillées, ainsi que les liqueurs consommées à faible dose, sont toxiques. Nous avons attribué leurs effets physiologiques à l'alcool et aux essences.

L'alcool, découvert et nommé par les Arabes, a été introduit en France au XIIIe siècle. Il n'a été pendant longtemps qu'un médicament.

C'est un composé ternaire répondant à la formule C^2H^6O.

L'alcool provient d'un jus sucré par l'activité propre des levures. Les levures sont les agents exclusifs de la fabrication industrielle de l'alcool, le sucre en est la matière première.

La production de l'alcool par synthèse chimique, connue depuis plus d'un demi-siècle, est encore purement théorique.

Action de l'alcool sur l'organisme. — Le rôle physiologique de l'alcool n'est pas encore définitivement établi. Certains savants admettent que 1/10 environ de l'alcool, ingéré à petites doses, se fixe sur les tissus vivants, tandis que le reste s'oxyderait dans le sang et la lymphe, sans intervenir dans les opérations vitales. Au contraire, d'autres physiologistes regardent l'alcool comme étant réellement un aliment, puisqu'il se transforme dans l'organisme en produisant de la chaleur.

Les recherches de plusieurs hygiénistes ont montré que l'alcool ne peut pas être substitué, dans une ration alimentaire, à une quantité déterminée d'hydrates de carbone, car, si l'on opère cette substitution, l'individu soumis à l'expérience diminue de poids et dépérit rapidement.

Sans doute, l'alcool, consommé modérément sous forme étendue de vin, de cidre, de bière, est un stimulant du système nerveux; mais cette intervention n'est pas indispensable au maintien de la santé.

L'alcool éthylique concentré et surtout les alcools supérieurs sont des poisons que l'organisme ne tolère pas longtemps.

L'absorption des boissons fermentées et distillées provoque un état d'ivresse, crise passagère, qui se révèle d'abord par un accès de folle gaieté suivi d'un état d'abandon, d'inconscience, auquel fait suite une période de dépression et d'hébétement.

L'absorption régulière de l'alcool conduit sûrement à l'*alcoo lisme*. On peut devenir ***alcoolique*** sans jamais avoir été ivre. Celui qui prend son apéritif avant chaque repas, qui absorbe chaque jour plusieurs verres de liqueurs prétendues digestives, qui use abondamment des boissons fermentées, vin ou bière, pendant les repas et en dehors des repas, devient alcoolique sans s'en douter. Aucun organe n'échappe à l'action de l'alcool.

La muqueuse de l'estomac irritée se racornit et la sécrétion du suc gastrique n'est plus suffisante pour assurer une bonne digestion.

Le foie, recevant par la veine porte l'alcool absorbé par la muqueuse intestinale, se congestionne, puis augmente de volume (*hypertrophie*).

Bientôt les cellules hépatiques se déforment (*dégénérescence fibreuse*) ou s'imprègnent de graisse (*dégénérescence graisseuse*), ce qui les rend impropres à accomplir leurs fonctions éliminatrices. C'est la ***cirrhose alcoolique***.

Le cœur bat irrégulièrement, faiblement et s'entoure de tissu adipeux, les vaisseaux sanguins perdent de leur élasticité, la membrane interne des artères s'enflamme, tandis que les vaisseaux sanguins superficiels se relâchent et, par suite d'un afflux de sang, communiquent au visage du buveur d'alcool une rougeur caractéristique.

Les reins deviennent impropres à éliminer les déchets contenus dans le sang et la *goutte*, la *gravelle*, la *pierre*; l'*hématurie* sont autant d'affections consécutives.

Les poumons se congestionnent; les fonctions nerveuses sont profondément atteintes.

L'alcoolique éprouve des troubles visuels, des fourmillements, des sensations de brûlure, des tremblements. Ses facultés intellectuelles s'affaiblissent.

L'alcoolisme, par les altérations organiques qu'il provoque, a une grande influence sur la mortalité.

Il prépare le terrain aux diverses maladies. Chez les alcooliques la *pneumonie*, la *variole*, le *choléra*, les *blessures* prennent une gravité exceptionnelle.

Enfin la descendance même des alcooliques est compromise. Une statistique faite à Berne a établi que sur 57 enfants d'alcooliques 9 seulement ont vécu et se sont développés normalement.

C'est ainsi que, d'après les dernières statistiques du docteur Bertillon (*mai* 1909), la carte de France de l'alcoolisme peut se superposer à la carte de la phtisie.

L'alcoolisme exerce sur la race des effets désastreux.

Les enfants des alcooliques sont faibles, rachitiques, atteints de nervosisme violent : ils sont la proie des maladies contagieuses ; en général, *ils meurent jeunes*.

Moyens de combattre l'alcoolisme. — Pour combattre ce fléau, on a préconisé divers moyens dont les plus efficaces sont les suivants :

1° augmentation des droits qui frappent l'alcool ;
2° répression sévère de l'ivresse ;
3° limitation du nombre des cabarets ;
4° augmentation de la patente des débitants ;
5° interdiction de la vente de certaines boissons distillées ;
6° instruction des populations ;
7° multiplication des Sociétés de tempérance.

Ni la société, ni l'initiative privée ne doivent reculer devant aucune mesure ; car dans un pays où l'alcoolisme se développe, la mortalité augmente, la natalité diminue, les crimes et les suicides deviennent plus nombreux.

RÉSUMÉ — LES BOISSONS

LES BOISSONS. Les boissons excitantes peuvent être rangées en quatre groupes

I. BOISSONS AROMATIQUES. Ce sont des infusions ou des macérations de feuilles et de graines de diverses plantes.	Café. Thé. Maté. Cacao. Kola. Coca.	Agissent sur le système nerveux et sur le système musculaire.		
II. BOISSONS FERMENTÉES. Proviennent de la fermentation des jus sucrés sous l'influence des levures.	*Vin.*	Résulte de la fermentation du jus de raisin. C'est un excitant et un aliment.		
			Falsifications.	Mouillage, Vinage, Sucrage, Plâtrage et phosphatage, Coloration.
			Maladies.	Piqûre, pousse, graisse, tourne, amertume.
	Cidre.	Provient de la fermentation du jus de pommes. Sa teneur en alcool est faible.		
	Poiré.	Provient de la fermentation du jus de poires.		

LES BOISSONS

II. BOISSONS FERMENTÉES. Proviennent de la fermentation des jus sucrés sous l'influence des levures.	*Bière.*	Provient de la fermentation du moût sucré de l'Orge.	
		Fabrication.	Maltage, Saccharification du malt, Houblonnage, Fermentation.
		Propriétés.	Peu tonique. Très nutritive.
III. BOISSONS DISTILLÉES. Proviennent de la distillation des boissons fermentées.	*Eaux-de-vie naturelles.*	Provient de la distillation des boissons fermentées.	
	Eaux-de-vie artificielles.	Alcool + eau + essences + matières colorantes. Très toxiques.	
	Alcools d'industrie.	Extraits du sucre de la Betterave, de l'amidon, de la Pomme de terre, avec eau et colorants.	
IV. LIQUEURS.	*Digestives.*	Chartreuse. Curaçao. Bénédictine, Kummel, etc.	Dangereuses par l'alcool et les essences.
	Apéritives.	Absinthe, Vermouth, Bitter, Amers divers.	Très toxiques.
L'ALCOOL.	L'alcool pris en très petite quantité est considéré par quelques savants comme un aliment. Pris à haute dose et régulièrement, c'est un poison violent. L'absorption régulière de boissons distillées et fermentées conduit sûrement à l'alcoolisme. L'alcoolisme a des effets désastreux sur l'individu et sur la race. Ni l'initiative privée, ni la société ne doivent reculer devant aucun moyen pour combattre l'alcoolisme.		

29e LEÇON

MALADIES TRANSMISSIBLES

Toute perturbation apportée au fonctionnement harmonieux de notre organisme est une *maladie.*

La plupart des maladies sont déterminées par la présence dans l'organisme d'êtres vivants qui s'y développent et s'y multiplient ; ce sont les maladies parasitaires.

Les parasites sont nombreux. Parmi les animaux, beaucoup de *Vers* et beaucoup de *Protozoaires.* Parmi les végétaux, quelques *Champignons* et les Algues du groupe des *Bactéries.*

Les Bactéries, désignées communément sous le nom de Microbes, sont véhiculées par l'air, les boissons et les aliments. Elles pénètrent dans le corps par le tube digestif, par les voies respiratoires ou par une lésion de la peau.

Nous distinguerons les maladies parasitaires non microbiennes et les maladies microbiennes. Celles-ci, par leur action violente, déterminent une réaction immédiate de l'organisme ; elles ont une évolution particulière qui leur a valu le nom de *maladies infectieuses.*

Bactéries ou microbes. — Les Bactéries, qualifiées de *microbes* à cause de leur petitesse, sont des Algues d'une organisation extrêmement simple. Leur thalle se réduit d'ordinaire à une seule cellule de quelques millièmes de millimètre.

Les Bactéries affectent trois formes principales :

la *forme arrondie* ;
la *forme allongée* ou *bacillaire* ;
la *forme spiralée.*

FORME ARRONDIE

Microcoque	: cellules isolées ou groupées sans ordre.
Streptocoque	: cellules disposées les unes à la suite des autres.
Staphylocoque	: cellules disposées en grappes.
Sarcina	: cellules groupées en tétrades.

FORME BACILLAIRE

Bacille	: filaments plus ou moins longs.
Bactérie	: bâtonnets courts.

FORME SPIRALÉE

Vibrion	: bâtonnets arqués.
Spirille	: filaments spiralés.

Cette classification, basée sur la forme des cellules, n'a pas une grande valeur, car les Bactéries sont des êtres essentiellement *polymorphes.* Pour une même espèce la forme est souvent subordonnée aux conditions du milieu : *température, humidité, aération*, etc.

Les Bactéries se multiplient rapidement par simple division et par spores. Ces dernières, protégées par une membrane, peuvent traverser une longue période à l'état de vie ralentie.

Elles se développent habituellement en milieu légèrement alcalin. Certaines ont besoin du contact de l'oxygène de l'air : ce sont des espèces ***aérobies*** (*Bacille du foin*).

D'autres, au contraire, ne peuvent vivre que dans un milieu

privé d'oxygène : ce sont les espèces *anaérobies* (*Bacillus amylobacter*, *vibrion septique*).

Les Bactéries sont dépourvues de chlorophylle, elles vivent dans les matières organiques inertes ou dans le corps des êtres vivants. Dans le premier cas, elles sont *saprophytes* ; dans le second, elles sont *parasites*.

Il ne faut pas oublier que certains microbes sont inoffensifs et même utiles : *le microbe du vinaigre*, *le ferment lactique* qui détermine l'aigrissement du lait et par suite sa coagulation, les *Bactéries du sol* qui transforment les matières organiques du sol en produits nitrés assimilables.

Maladies transmissibles ou contagieuses. — On appelle maladies transmissibles celles qui peuvent être communiquées d'un individu à un autre, soit directement soit indirectement. On réserve souvent le nom de maladies contagieuses à celles qui sont transmises par le contact d'un malade, des objets ayant servi au malade ou par le séjour dans la chambre du malade. La diphtérie, la variole sont des maladies contagieuses. La rage est une maladie transmissible. Les maladies contagieuses les plus redoutables causées par les Bactéries sont encore comprises sous la dénomination de maladies infectieuses. La différence entre les maladies transmissibles et contagieuses est secondaire, puisqu'elle réside dans la manière suivant laquelle s'opère la transmission.

Les maladies sont dites *endémiques* lorsqu'elles sont cantonnées dans une région.

Le choléra est endémique dans l'Inde.

Elles sont dites *épidémiques*, si elles apparaissent dans une contrée pour disparaître après un temps plus ou moins long.

Telles sont les épidémies de fièvre typhoïde, de variole, etc.

Introduits dans l'organisme, les microbes ont d'abord une action locale qui se traduit en général par une inflammation. Les globules blancs entrent immédiatement en lutte avec les Bactéries ; ils les englobent et les détruisent par une sorte de digestion (*Phagocytose*).

Si, dans cette lutte, les globules sont vainqueurs, les Bactéries ne peuvent se répandre dans l'organisme ; sinon, elles se développent et pénètrent dans toute l'économie par les voies vasculaires et lymphatiques.

En dehors de leur action locale particulière, les microbes

sécrètent des *toxines*, poisons plus ou moins violents, qui agissent sur les divers tissus.

La nature de l'infection est sous la dépendance de la quantité des microbes et aussi de leur nature, c'est-à-dire de leur *virulence*.

Les maladies contagieuses sont très nombreuses.

Pour rendre leur étude plus facile, nous les rangeons en 5 groupes :

1° les *maladies contagieuses indigènes*;
2° — — *exotiques*;
3° — *transmises par des Insectes*;
4° — *communes à l'Homme et aux animaux*;
5° — *parasitaires cutanées*.

Pour bien comprendre ce qu'est une maladie contagieuse nous allons étudier le *charbon*. Nous décrirons ensuite avec plus d'intérêt les principales maladies contagieuses et les moyens de les éviter.

ÉTUDE D'UNE MALADIE CONTAGIEUSE
LE CHARBON

Le Charbon. — La maladie du charbon doit être choisie comme type des maladies transmissibles, car l'étude de son étiologie a été le point de départ de la révolution opérée, il y a une trentaine d'années, dans la médecine traditionnelle.

Le microbe du charbon a été, en effet, le premier microbe pathogène connu, le premier cultivé artificiellement et celui qui, atténué dans sa virulence, donna lieu à des expériences mémorables.

Le charbon sévit sur la plupart des animaux et particulièrement sur les Moutons (*sang de rate*), les Bœufs (*maladie du sang*), les Chevaux (*fièvre charbonneuse*).

Chez l'Homme, il se manifeste habituellement par une lésion locale, la *pustule maligne*.

Autrefois, on confondait sous cette dénomination la pustule maligne, le furoncle, l'anthrax, les tumeurs de la peste.

Microbe du charbon. — Déjà, en 1850, *Rayer* et l'un de ses élèves, *Davaine*, avaient observé, dans le sang des animaux morts charbonneux, « de petits corps filiformes ayant environ le double de la longueur d'un globule sanguin ».

Plus tard Davaine parvint à établir que les *Bactéridies charbonneuses* apparaissent dans le sang avant la mort de l'animal.

L'agent de la contagion est un être organisé qui se développe et se propage à la manière des êtres vivants. « Par sa présence et par sa multiplication rapide dans le sang, il apporte dans la constitution de ce liquide, sans doute, à la manière des ferments, des modifications qui font promptement périr l'animal. »

Le docteur Koch fit connaître en 1876 les caractères morphologiques de la Bactéridie charbonneuse, et Pasteur, en 1877, fit des cultures pures, et de ses expériences il conclut que « *le charbon doit être appelé la maladie de la Bactéridie, comme la trichinose est la maladie de la Trichine* ».

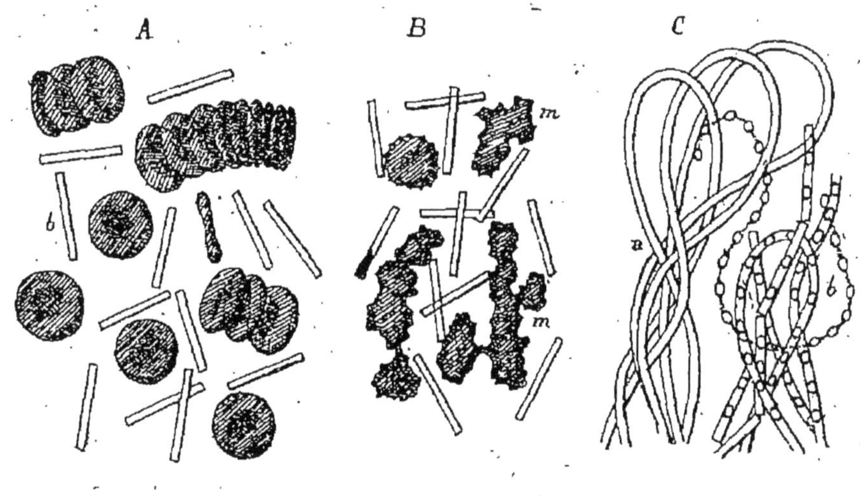

Fig. 291. — Bacillus Anthracis (Bactéridie du charbon).
A et B, dans le sang; *b*, Bactérie; *m*, globules sanguins agglutinés. C, dans une culture; *a*, longs filaments; *b*, spores.

Le *Bacillus Anthracis* (fig. 291), ou Bactéridie charbonneuse, affecte dans le sang la forme de petits bâtonnets; dans un bouillon de culture (*bouillon de poule*), il se présente en longs filaments enchevêtrés.

Il se développe activement à une température voisine de 20 à 25 degrés. Au-dessous de 12 degrés et au-dessus de 45 degrés, son activité s'arrête; mais il n'est tué que par une température supérieure à 60 degrés.

Le Bacillus anthracis se propage soit à l'état de Bacille soit à l'état de spores. Celles-ci, douées d'une grande vitalité, peuvent passer plusieurs années à l'état de vie ralentie et l'infection persiste très longtemps dans certaines contrées.

Dans plusieurs régions de la Beauce et de la Brie, les Moutons ne pouvaient paître dans quelques champs sans être atteints par le charbon. Ces champs avaient reçu le nom de *champs maudits.*

Le Bacillus anthracis est bien la cause de la maladie du charbon. — Le sang d'un Mouton atteint de la maladie du charbon est noir et visqueux; si on en examine une goutte au microscope, on aperçoit de nombreux globules accolés, déformés; de plus, on voit dans les globules de petits bâtonnets, les *Bacilles.*

Pasteur prit quelques gouttes de sang charbonneux et les injecta, à l'aide d'une petite seringue, sous la peau d'un Mouton qui mourut 24 heures après l'*inoculation.* Son sang renfermait un grand nombre de Bacilles.

Il cultiva le microbe dans un bouillon de poule. Dans ce milieu nutritif, les bâtonnets se placent bout à bout, forment de longs filaments au milieu desquels apparaissent des spores.

Il arrosa avec ce bouillon de la luzerne à laquelle avaient été mélangés des piquants de Chardon, des barbes d'épis d'Orge coupés en petits fragments. Les Moutons ainsi traités succombèrent rapidement.

Les piquants déchirant les muqueuses du tube digestif avaient permis aux spores d'arriver dans les vaisseaux sanguins où elles avaient germé.

Mécanisme de la contagion. — Le sang d'un animal mort du charbon souille le sol. Les Bacilles qu'il renferme produisent des spores, lesquelles se répandent sur l'herbe. Lorsqu'un Mouton sain vient brouter cette herbe, il avale les spores qui arrivent dans le sang par une lésion du tube digestif.

Pour atténuer le mal, on songea à enfouir les cadavres charbonneux dans le sol. Mais cette mesure ne fit pas disparaître les *champs maudits.* Les spores à l'abri de l'air se forment en plus grand nombre, se mêlent aux particules de terre. Elles sont plus tard avalées par les Lombrics qui les déposent à la surface du sol avec leurs tortillons. Le vent, la pluie dispersent les germes sur les plantes voisines et l'infection fait de nouvelles victimes.

Immunité, résistance de certains animaux à la maladie du charbon. — Le sang de tous les Vertébrés n'offre pas au Bacillus anthracis un bon *terrain de culture.* Le *Mouton* *barbarin* d'Algérie résiste à toutes les inoculations. On dit qu'il présente une *immunité* absolue vis-à-vis du charbon.

Le *Bœuf*, le *Cheval* résistent fréquemment à l'action des Bacridies ; ces animaux atteints du charbon guérissent souvent. Ils présentent un état de *réceptivité* faible. L'Homme offre une réceptivité moyenne.

Vaccin et Vaccination. — « *Le charbon ne récidive pas* », c'est-à-dire qu'un animal qui guérit d'une première atteinte de la maladie est à l'abri de toute rechute.

Cette première infection lui confère l'*immunité complète*.

Les Bœufs charbonneux redevenus sains résistent aux inoculations les plus actives : ils sont *vaccinés*.

Pasteur constata, d'autre part, que le Bacille perd de sa virulence lorsqu'on le cultive à 42 degrés pendant plusieurs jours ; il inocula le microbe affaibli, *atténué*, à des animaux. Ceux-ci furent simplement indisposés et devinrent aptes à supporter la maladie : *Ils étaient vaccinés.*

Le vaccin était découvert, il ne restait plus qu'à le soumettre au contrôle de l'expérience.

Le premier essai de vaccination fut fait à Pouilly-le-Fort, près de Melun. Les résultats furent merveilleux. Tous les animaux vaccinés résistèrent aux inoculations ultérieures.

Depuis cette époque, on vaccine régulièrement les Moutons et les Bœufs.

La durée de l'immunité conférée par la vaccination est d'une année au moins. Il est prudent de revacciner les troupeaux tous les ans.

Préparation et emploi du vaccin. — Pour obtenir le vaccin préservateur du charbon, on part d'une culture pure très active. On l'atténue en la maintenant à une température de 42 degrés pendant 8 jours.

Cette culture atténuée, inoculée, ne produit qu'un malaise passager et de plus protège l'animal contre les effets d'une culture virulente.

On vaccine les Moutons à la cuisse, et les Bœufs à la base de la queue.

Par quel mécanisme une culture atténuée vaccine-t-elle contre une action très active. — Le professeur Metchnikoff inocula sous la peau d'un Lapin une culture pure très active de charbon. L'animal mort, il vit, dans le sang, de nombreuses Bactéries à côté des globules blancs déformés.

En inoculant une culture atténuée sous la peau d'un Lapin, on constate, quelques heures après l'inoculation, que le sang renferme des Bactéries emprisonnées dans les globules blancs.

Le microbe atténué est *dévoré* par les leucocytes qui méritent bien le nom de *phagocytes*.

En continuant ses expériences, il reconnut que les Bactéries virulentes subissent dans l'organisme d'un Lapin vacciné le même sort que les Bactéries affaiblies chez un animal neuf. *Elles sont encore dévorées par les phagocytes.* Ceux-ci, assez forts pour dévorer les microbes atténués, acquièrent, après la vaccination, la propriété de digérer les microbes virulents.

Prophylaxie. — Pour éviter le charbon, on isole l'animal malade et, après sa mort, on l'enfouit dans un champ entouré de murs à fondations profondes et bien maçonnées, de telle sorte que toute communication soit impossible entre ce lieu et les espaces voisins.

On brûle les objets souillés par l'animal malade, on désinfecte les locaux où il a été enfermé.

Il est préférable de vacciner tous les ans les animaux qui peuvent contracter la maladie.

Conclusion. — Nous pouvons déduire de l'étude du charbon que, pour contracter la maladie, il faut deux conditions :

1° *la pénétration du parasite dans le sang* : l'*inoculation* ;

2° *l'aptitude de l'individu inoculé à nourrir le microbe* : la *réceptivité*.

RÉSUMÉ. — MALADIES TRANSMISSIBLES

<table>
<tr><td rowspan="7">MALADIES TRANSMISSIBLES</td><td colspan="3">La plupart des maladies sont déterminées par la présence, dans l'organisme, d'êtres vivants qui s'y développent et s'y multiplient rapidement.</td></tr>
<tr><td rowspan="4">PRINCIPAUX PARASITES.</td><td colspan="2">Quelques Protozoaires,</td></tr>
<tr><td colspan="2">Beaucoup de Vers,</td></tr>
<tr><td colspan="2">Plusieurs Champignons,</td></tr>
<tr><td colspan="2">Les Bactéries (vulgairement appelées Microbes).</td></tr>
<tr><td rowspan="2">NOUS DISTINGUERONS LES MALADIES</td><td colspan="2">non microbiennes,</td></tr>
<tr><td>crobiennes</td><td>Méritent par leur évolution particulière le nom de maladies infectieuses.
Elles sont contagieuses : elles se propagent par l'air, les boissons, les aliments, le contact.</td></tr>
</table>

MALADIES TRANSMISSIBLES

- **Bactéries.**
  - Algues d'une organisation très simple.
  - *Forme*
    - arrondie,
      - Microcoque,
      - Streptocoque,
      - Staphylocoque.
    - bacillaire,
      - Bacille,
      - Bactérie.
    - spiralée.
      - Vibrion,
      - Spirille.
    - Les Bactéries sont polymorphes.
  - *Multiplication.*
    - Par simple division,
    - Par spores.
  - *Biologie.*
    - Anaérobies,
    - Aérobies.
- **Maladies transmissibles.**
  - Épidémiques.
  - Endémiques.
  - *Classification.*
    - Maladies contagieuses indigènes.
    - — — exotiques.
    - — transmises par les insectes.
    - — communes à l'homme et aux animaux.
    - — parasitaires cutanées.
- **Une maladie transmissible le Charbon.**
  - Sévit sur la plupart des animaux.
  - C'est une maladie microbienne.
  - Le Microbe (*Bactéridie charbonneuse*) qui est la cause de la maladie du charbon a été étudié par Davaine, Pasteur, Koch ; il a été cultivé et isolé.
  - Le mécanisme de la contagion est bien connu.
  - *Immunité*
    - naturelle.
      - Certains animaux sont réfractaires à la maladie du charbon.
    - acquise.
      - Tout animal qui guérit d'une première atteinte de la maladie est à l'abri de toute rechute : *il est immunisé, vacciné.*
      - On confère l'immunité à un animal par la vaccination.
      - Le microbe atténué est supporté par l'organisme qui devient apte à supporter l'action du microbe actif, virulent.
  - *Prophylaxie.*
    - Isoler l'animal malade,
    - Enfouir les animaux morts dans des fosses étanches.
    - Brûler les objets souillés,
    - Désinfecter les locaux contaminés,
    - Vacciner tous les ans les animaux qui peuvent contracter la maladie.
  - Conclusion.

30e LEÇON

Principales maladies transmissibles.

I. — *MALADIES CONTAGIEUSES INDIGÈNES*

Variole. — La variole est une maladie très contagieuse. Elle est endémique dans certaines villes ; elle se développe surtout l'hiver.

Elle se traduit par une éruption de petits boutons suppurants sur la peau et sur les muqueuses. Leur cicatrisation imparfaite laisse sur le visage la trace de la maladie.

On a constaté que les radiations solaires bleues et violettes gênent le travail de cicatrisation, tandis que les rayons rouges paraissent la favoriser.

Dans beaucoup d'hôpitaux, on traite aujourd'hui les varioleux dans des salles où ne pénètre que la lumière rouge, grâce à des vitres de cette couleur.

La variole, ou petite vérole, a été signalée pour la première fois en Gaule au VIe siècle ; depuis, de cruelles épidémies ont décimé les populations de l'Europe méridionale.

La dernière épidémie importante fut celle de 1870-71 ; les décès dépassèrent, en France, le chiffre de 100 000 et, dans l'armée seulement, ils atteignirent le chiffre de 24 000.

La variole se propage par contagion directe ou indirecte. L'agent spécifique de la maladie réside surtout dans le pus, même desséché, provenant des boutons.

C'est pendant la période de desquamation que le danger est le plus grand. Le microbe pénètre dans l'organisme par les voies respiratoires, mais il peut être inoculé sous la peau.

Marche de la maladie. — La variole présente une période d'incubation de 8 à 10 jours. Elle évolue généralement en une vingtaine de jours pendant lesquels on distingue quatre périodes.

1° *Période d'invasion.* — Frissons, fièvre (40°), maux de tête, peau sèche, langue rouge, gorge gonflée, haleine fétide.

2° *Période d'éruption.* — Au 3e ou 4e jour l'éruption apparaît d'abord sur le front, puis sur la figure, la poitrine et le dos. Ce sont des taches rouges saillantes qui se transforment en petites vésicules.

3° *Période de suppuration.* — Le 7e et le 8e jour la suppuration commence.

4° *Période de dessiccation et de desquamation.* — Les vésicules se recouvrent d'une croûte qui se dessèche et tombe, laissant une cicatrice plus ou moins apparente.

Vaccine. — Vers la fin du XVIIIe siècle, on remarqua que les personnes qui s'inoculaient, en trayant les vaches, un peu de liquide virulent des pustules par une égratignure de la main, en étaient légèrement indisposées et présentaient quelques boutons.

Mais, après avoir contracté cette maladie sans gravité appelée *vaccine*, elles restaient indemnes pendant les épidémies de variole.

En 1798, le médecin anglais Jenner inocula au bras d'un enfant le liquide d'une pustule qu'une vachère avait contractée et deux mois plus tard, il constatait que cet enfant ne pouvait être soumis à la variolisation ; *il était vacciné*.

La vaccine s'est répandue partout ; elle est obligatoire dans beaucoup de pays ; elle est destinée à faire disparaître la variole du monde civilisé.

Aujourd'hui, on puise le vaccin antivarioleux dans les boutons de picote d'une génisse vigoureuse (*vaccine*) ou dans les boutons d'un enfant atteint de petite vérole.

Preuves de l'efficacité de la vaccination. — Depuis la découverte de Jenner la mortalité par variole a considérablement diminué.

La vaccination est pratiquée une première fois chez l'enfant dans le cours de la première année. L'immunité conférée par cette opération ne paraît pas dépasser 10 ans. Il semble utile de procéder à des revaccinations la 7e année, la 15e année, puis régulièrement tous les 10 ans.

La nouvelle loi sanitaire du 15 *février* 1902, *article* 6, prescrit la revaccination à 11 ans et 21 ans ; des certificats de revaccination doivent être fournis dans la 11e année et dans le premier mois de la 22e année.

Prophylaxie. — Les mesures pouvant empêcher la maladie de faire de nombreuses victimes sont : l'isolement des varioleux ; la désinfection des objets ayant servi aux malades ; la désinfection des appartements contaminés et surtout la vaccination et la revaccination obligatoires.

Varicelle. —La varicelle est peut-être une forme modifiée de la variole. Cette affection généralement bénigne frappe surtout les enfants.

Rougeole. — « *La rougeole est nécessaire, elle n'est pas grave.* » C'est là une idée populaire à laquelle il ne faut pas croire. C'est une fièvre éruptive qui sévit avec une particulière activité sur le jeune âge.

La rougeole est contagieuse à toutes ses périodes, même à la période d'invasion, c'est-à-dire alors qu'elle n'est pas encore déclarée. Les malades doivent être isolés et les locaux désinfectés.

Scarlatine. — C'est une autre fièvre éruptive moins fréquente en France que la rougeole.

La diffusibilité du microbe est moindre, mais sa résistance est plus grande.

La contagion se produit par contact direct et par les parcelles de peau qui se détachent au niveau des éruptions.

Le malade doit être isolé, surtout pendant la convalescence; les vêtements et les locaux contaminés doivent être désinfectés.

Diphtérie. — Tout le monde a entendu parler de l'*angine couenneuse* et du *croup.*

La première est un mal de gorge grave et douloureux, l'autre, plus grave encore, est caractérisé par des accès de suffocation tuant le malade par asphyxie.

La diphtérie (croup) est une maladie bactérienne excessivement transmissible. Elle se traduit par la formation de fausses membranes sur les muqueuses des voies respiratoires. Chez les enfants, elles envahissent généralement le larynx et la partie supérieure de la trachée, provoquant des accès de suffocation de la plus haute gravité. Le malade meurt étouffé par les fausses membranes et empoisonné par les toxines sécrétées par les Bactéries diphtériques.

La toxine diffuse à travers les muqueuses et se répand, par l'appareil circulatoire et lymphatique, dans tous les organes.

La diphtérie maladie microbienne. — Le Dr Klebs découvrit en 1883 dans les fausses membranes des diphtériques le Bacille spécifique de la maladie; en 1884, Loeffler réussit à l'isoler et à le cultiver.

Les Docteurs Roux et Yersin purent affirmer en 1888 que ce microbe est bien l'agent de la diphtérie. Le microbe n'existe que dans les fausses membranes; le sang et les organes n'en renferment jamais.

Voilà une particularité qui différencie nettement le microbe du charbon du bacille de la diphtérie.

On cultive ce dernier dans un bouillon et la culture inoculée, après avoir été débarrassée par filtration de ses microbes, provoque des accidents analogues à ceux des bacilles. Donc il y a lieu de conclure :

1° *que les microbes sécrètent une toxine;*
2° *cette toxine est celle qui se produit dans les fausses membranes.*

Médication efficace contre la diphtérie. — *Sérum. Sérothérapie.* — Le sérum de certains animaux mélangé à la toxine diphtérique rend cette dernière inactive. Ce sérum introduit dans un organisme sain ne produit aucun trouble et, inoculé à des individus malades, il les guérit.

Tout se passe comme si le sérum, des animaux vaccinés contre la diphtérie, contenait un contre-poison, une autre toxine, capable de conférer, à l'animal inoculé, l'immunité dont jouit l'animal vacciné. Ces expériences réalisées sur les cobayes par Behring furent répétées avec succès par le Dr Roux sur les enfants menacés. C'est au Cheval qu'on demande d'élaborer le sérum antidiphtérique.

Il se prépare en 3 temps :

1° *production de la toxine;*
2° *inoculation de la toxine entraînant l'immunisation du Cheval;*
3° *saignée des animaux vaccinés.*

La toxine est fournie par une culture pure privée de ses microbes.

L'immunisation du Cheval s'obtient en injectant sous la peau, à plusieurs reprises, des quantités de plus en plus grandes de toxine. En trois mois, on amène le sujet à supporter un 1/2 litre de poison.

Le Cheval est alors vacciné.

Lorsqu'on veut appliquer le sérum, on retire de la veine jugulaire plusieurs litres de sang.

On porte le sang dans un endroit frais où il se coagule. Le sérum séparé du caillot est recueilli dans des tubes et livré aux pharmaciens.

Les Chevaux destinés à fournir le sérum doivent être vaccinés de temps en temps pour leur conserver l'immunité.

Le sérum est introduit dans le corps des malades, en injection sous-cutanée, au niveau de l'abdomen. 20 c. c. suffisent pour arrêter la marche de la maladie. Grâce à cette méthode, la mortalité par le croup a beaucoup diminué.

Prophylaxie. — La contagion de la diphtérie est admise par tous les observateurs.

Les crachats, les débris des fausses membranes, les mucosités nasales, que le malade peut déposer sur les muqueuses des personnes qui le soignent, sont autant de causes de contagion directe.

La contagion indirecte se produit par le toucher de tous les objets, linge, vêtements que le malade a pu souiller. Le microbe a la propriété de conserver longtemps sa virulence.

Il faut donc prendre les plus minutieuses précautions pour empêcher la transmission de la maladie : désinfecter tous les linges et vêtements que le malade a touchés. Les personnes qui entourent le malade devront changer de vêtements et se laver les mains avec de l'eau au sublimé. Elles devront également prendre leurs repas en dehors de la chambre du malade et se nourrir convenablement. On ne devra jamais balayer à sec pour éviter de soulever les poussières.

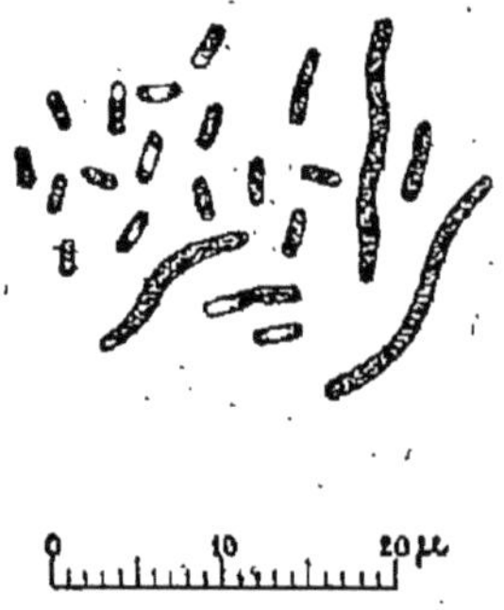

Fièvre typhoïde. — La sérothérapie a été appliquée dans ces derniers temps au traitement de la fièvre typhoïde.

Cette maladie, à allure nettement infectieuse, se rencontre dans tous les pays. Elle fait encore en France plus de 20 000 victimes chaque année.

Fig. 292. — Bacille d'Eberth ou Bacille typhique en bâtonnets ou en chaîne.

La fièvre typhoïde est due à un microbe découvert en 1881 par le docteur Eberth dans les ganglions mésentériques et dans la rate des typhiques.

Le Bacille d'Eberth a la forme d'une petite navette de 2 à 3 millièmes de millimètre (fig. 292). On le trouve toujours dans l'intestin, la rate, le foie et les ganglions mésentériques des typhiques.

Dans l'intestin, les microbes élisent domicile dans les amas de corpuscules lymphatiques inclus dans la muqueuse; ces organites sont hypertrophiés et ulcérés.

Comment le Bacille typhique pénètre-t-il dans l'organisme? — Le Bacille typhique pullule dans les matières fécales; mais on le rencontre souvent dans l'urine et parfois dans les produits d'expectoration. Il résiste longtemps au froid et à la chaleur. On l'a rencontré dans les selles d'un typhique après deux mois de convalescence.

L'observation et l'expérience ont prouvé que 90 fois sur 100 ce microbe est introduit dans l'organisme avec l'eau de boisson; mais il peut être véhiculé par certains aliments, notamment par les légumes arrosés avec de l'eau contaminée ou par les Huîtres ayant séjourné dans des eaux polluées. Le contact du malade, des linges souillés réalisent également l'infection.

Prophylaxie. — Pour lutter avec succès contre cette maladie il faut : 1° détruire les bacilles toutes les fois que cela est possible;

2° leur défendre l'accès du tube digestif.

Il convient de procéder à une désinfection complète des excréments et de s'assurer que les fosses d'aisance sont parfaitement étanches.

L'eau ayant servi au lavage des linges souillés doit être traitée comme les déjections.

En temps d'épidémie, il ne faut boire que de l'eau bouillie ou tout au moins filtrée à l'aide de filtres bien entretenus. Toute eau suspecte doit être stérilisée.

Il faut laver les légumes et les fruits avec de l'eau filtrée.

Ajoutons encore que le surmenage intellectuel et physique, la misère physiologique, le surpeuplement sont les principales causes adjuvantes.

Quelques auteurs prétendent que la fièvre typhoïde peut se produire par *autogenèse*, c'est-à-dire par transformation des microbes saprophytes de l'intestin en germes pathogènes sous l'influence de la chaleur, du surmenage, etc.

La maladie se propage également par des *individus porteurs de bacilles*. Il est établi que l'infection peut se maintenir pendant longtemps chez certains individus qui paraissent complètement guéris. C'est la vésicule biliaire qui occasionnerait la transformation de certains convalescents en porteurs de bacilles. Cette particularité rend la prophylaxie de la fièvre typhoïde encore plus difficile.

RÉSUMÉ — MALADIES TRANSMISSIBLES

- **MALADIES CONTAGIEUSES INDIGÈNES**
  - **Fièvres éruptives.**
    - **Variole.**
      - Cette maladie, très contagieuse, se traduit par une éruption de petits boutons suppurants.
      - *Propagation.*
        - Par contagion directe ou indirecte ;
        - Par inoculation sous la peau.
        - L'agent spécifique de la maladie pénètre souvent dans l'organisme par les voies respiratoires.
      - *Marche de la maladie.*
        - La période d'incubation a une durée de 8 à 10 jours. La maladie évolue en une vingtaine de jours, pendant lesquels on distingue 4 périodes.
      - *Prophylaxie.*
        - Isolement des varioleux.
        - Désinfection complète.
        - Vaccination et revaccination.
    - **Varicelle.**
      - Forme modifiée de la variole.
      - Elle frappe surtout les enfants.
    - **Rougeole.**
      - Fièvre éruptive très contagieuse.
      - La contagion se produit par contact direct et par l'atmosphère.
      - Les malades doivent être isolés et les chambres désinfectées.
    - **Scarlatine.**
      - Le microbe de la scarlatine est moins diffusible, mais plus résistant que celui de la rougeole.
  - **Diphtérie.**
    - Maladie excessivement transmissible.
    - Se traduit par la formation de fausses membranes sur les muqueuses des voies respiratoires.
    - Le malade meurt étouffé par les fausses membranes et empoisonné par la toxine que sécrète la Bactérie.
    - **Sérothérapie.**
      - Le sérum de certains animaux mélangé à la toxine diphtérique la rend inactive.
      - Ce sérum introduit dans un organisme sain ne produit aucun trouble, et inoculé à des individus malades, il les guérit.
      - Le sérum antidiphtérique est élaboré par le cheval.
    - *Prophylaxie.*
      - Désinfection des linges, vêtements et chambre du malade.
      - Destruction des crachats et du mucus nasal.
      - Vaccination.
  - **Fièvre typhoïde.**
    - Maladie infectieuse due à un microbe isolé par le docteur Eberth en 1886.
    - Il pénètre dans l'organisme par
      - l'eau,
      - les aliments.

Maladies contagieuses indigènes.	FIÈVRE TYPHOÏDE.	*Prophylaxie.*	Détruire le microbe.	Désinfection et destruction des matières excrémentitielles.
			Défendre l'accès du tube digestif.	Eau bouillie. Légumes bien cuits.
			Éviter le surmenage.	
			Sérothérapie.	

31e LEÇON

LA TUBERCULOSE
LES MALADIES CONTAGIEUSES EXOTIQUES
MALADIES TRANSMISES PAR DES INSECTES

La tuberculose. — La tuberculose est la plus redoutable des maladies contagieuses. Elle représente à elle seule les 2/3 des décès causés par toutes les maladies transmissibles et le 1/5 environ de la mortalité générale. La France lui paye un lourd tribut, puisque 160 000 Français meurent chaque année tuberculeux.

Elle se rencontre chez l'Homme et chez quelques espèces animales : Bœuf, Porc, Cheval, etc.

Microbe de la tuberculose. — Elle est due à un microbe (*bacille*), découvert par Koch en 1882. Le *Bacille de Koch* existe dans les crachats et le mucus nasal des tuberculeux. Il est essentiellement aérobie. On le cultive facilement sur bouillon nutritif glycériné. C'est un bâtonnet de 3 à 5 millièmes de millimètre de long (fig. 293).

Le bacille provoque, dans les poumons, où il se fixe le plus souvent, des *tubercules* qui guérissent parfois et s'isolent, grâce à une enveloppe de tissu sclérifié, ou se résorbent en laissant à leur place des cavités ou cavernes pulmonaires.

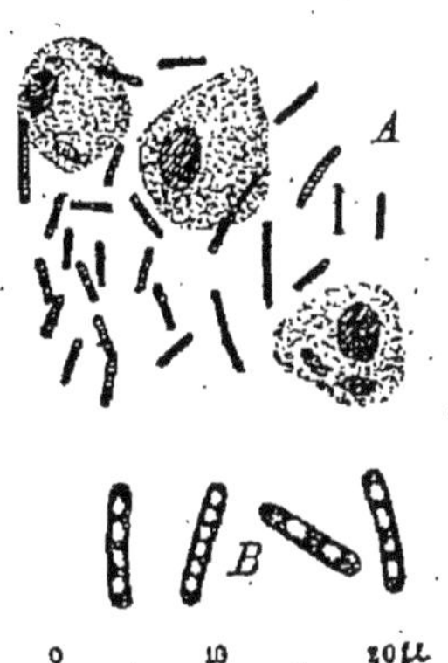

Fig. 293.
Bacille de la tuberculose.
A, dans les crachats; B, Bacilles grossis au début de la formation des spores.

Transmission de la tuberculose. — *La tuberculose est très contagieuse.* La contagion se fait ordinairement par les voies respiratoires.

L'air expiré des tuberculeux est inoffensif, ce sont les produits d'expectoration qui sont nuisibles. Les crachats des tuberculeux rejetés sur le sol se dessèchent et sont ensuite soulevés par le vent et respirés.

Le Bacille de Koch est véhiculé par le lait, la viande des animaux malades.

Les voies respiratoires et digestives ne sont pas les seules portes par lesquelles l'ennemi pénètre dans la place. La peau et toutes les parties du corps les plus en contact avec l'air extérieur sont accessibles au bacille.

Prophylaxie. — « *La phtisie commençante peut être guérie* ». La guérison s'obtient par les seules forces de la nature et il suffit, pour l'obtenir, d'aider la nature ou tout au moins de ne pas la contrarier. Le repos, l'alimentation rationnelle, une excellente aération, l'insolation sont la base du traitement général. Par contre, l'abus du tabac, de l'alcool, affaiblissant l'organisme, préparent un milieu particulièrement favorable au développement du bacille.

Les moyens propres à enrayer la contagion ont été précisés par le Congrès contre la tuberculose (1888) et par l'Académie de Médecine (1898). Il importe :

1° *de recueillir avec soin les crachats des tuberculeux et de les détruire avant la dessiccation;*

2° *de faire séjourner quelque temps dans l'eau bouillante le linge souillé avant de le livrer au blanchissage;*

3° *de désinfecter complètement tous les objets contaminés par le tuberculeux;*

4° *de faire bouillir le lait de vache, mesure capitale lorsque ce lait doit être consommé par de jeunes enfants;*

5° *de détruire la viande des animaux tuberculeux.*

Il ne faut pas oublier que la tuberculose est une maladie toujours contractée et qu'elle est avant tout une maladie de misère.

La création des *sanatoria* permet de lutter contre cette redoutable maladie, et cette lutte constitue actuellement un problème social.

Diagnostic. — La *lymphe de Koch* ou *tuberculine* permet de révéler la tuberculose. Inoculée à des individus malades, ce réactif provoque la fièvre. Chez les individus sains, elle ne détermine aucune élévation de température. On arrive par ce moyen à reconnaître aisément les animaux tuberculeux et à les exclure du troupeau.

II. — *MALADIES EXOTIQUES*

CHOLÉRA

Le choléra est une maladie épidémique originaire de l'Inde. Il a été signalé pour la première fois en Europe en 1823 et en France en 1832. On compte depuis sept grandes épidémies dont la plus meurtrière, celle de 1853, fit 143 000 victimes.

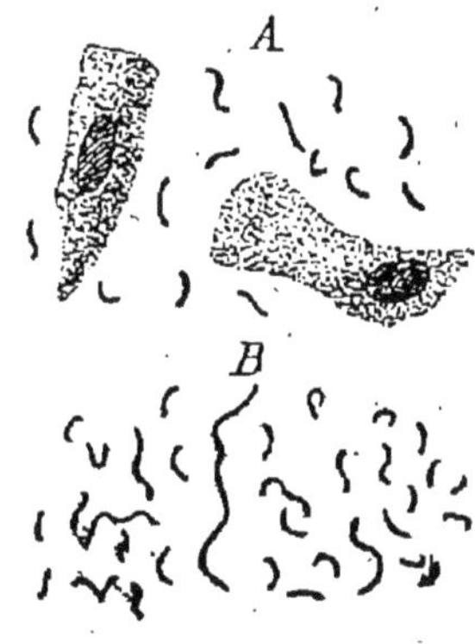

Fig. 294. — Bacille virgule ou Bacille du choléra.
A, dans l'intestin;
B, dans des cultures.

Microbe du Choléra et contagion. — Le choléra est causé par un bacille, le *Bacille virgule*, découvert par Koch. Ce bacille vit et se multiplie dans l'intestin du malade (fig. 294).

Les déjections des cholériques renferment les germes de cette maladie et ce sont elles qui, en souillant les linges, l'eau, les aliments, transmettent le choléra.

L'air ne paraît pas transporter bien loin les germes desséchés, son rôle est peu important.

Prophylaxie. — La prophylaxie du choléra comporte trois points principaux :

1° *défense de l'Europe contre l'importation du choléra des Indes*;

2° *protection des individus sains*;

3° *guérison des personnes malades*.

Pour préserver les villes contre cette maladie exotique, on établit des cordons sanitaires et les quarantaines. Mais ces mesures sont souvent insuffisantes. Il est préférable d'exiger l'isolement absolu du malade et la désinfection aussi parfaite que possible du navire ayant eu des cholériques pendant la traversée. Nos contrées occidentales ne peuvent être efficacement préservées du choléra que par une étroite surveillance des ports d'embarquement, ainsi que des points de pénétration de la frontière orientale russe. Les mesures préventives sont à peu près les mêmes que pour la fièvre typhoïde :

désinfecter les déjections;
passer les linges souillés à l'étuve;
boire de l'eau bouillie;
isoler le malade.

Le Bacille virgule sécrète une toxine très active dont l'effet est parfois la mort foudroyante du cholérique. On a pu cultiver le microbe et l'atténuer. Les vaccinations pratiquées avec un virus atténué ont produit de bons résultats. Cette méthode paraît appelée à rendre de grands services.

LA PESTE

Les maladies épidémiques qui furent importées d'Asie par les croisés du XIe au XIIIe siècle étaient désignées sous le nom de *Peste*. La terreur qu'elles inspiraient empêcha souvent de prendre toutes les mesures préventives connues alors, d'autant plus qu'on les considérait comme des fléaux envoyés par le *Ciel* pour punir les Hommes.

La peste a fait de grands ravages en Europe du XVe au XVIIIe siècle. Elle paraissait définitivement confinée dans la Mésopotamie et dans l'Hindoustan, lorsqu'elle réapparut en Europe de 1899 à 1900.

Cette maladie contagieuse est causée par un Bacille (*Bacillus pestis hominis*) qui a été isolé, en 1894, simultanément par *Kitasato* et *Yersin* et dont l'histoire naturelle est aujourd'hui bien connue. Le Bacille de Yersin provoque l'apparition de *bubons* au cou, à l'aine, à l'aisselle et des hémorragies entraînant rapidement la mort.

Propagation et prophylaxie. — La peste se propage avec rapidité bien que l'agent infectieux soit peu résistant. On accuse les Rats de la communiquer à l'Homme soit directement, soit par l'intermédiaire des Puces.

Les mesures prophylactiques recommandées par l'expérience sont les suivantes :

isolement des malades;
désinfection des navires et des maisons;
imperméabilisation des rez-de-chaussée;

extraction des rats morts;

chasse systématique des rongeurs dans les maisons et les égouts.

Le *sérum antipesteux* de Yersin-Roux, fourni par le Cheval vacciné, permet de combattre la peste chez l'Homme.

III. — *MALADIES TRANSMISES PAR DES INSECTES*

MALARIA, MALADIE DU SOMMEIL, FIÈVRE JAUNE

La Malaria ou fièvre paludéenne. — La Malaria, encore appelée fièvre paludéenne, fièvre intermittente, est une maladie causée par un parasite qui se développe à l'intérieur même des globules rouges. Ce parasite est un Protozoaire microscopique (fig. 295). Les malades sont frappés de fièvre intermittente; celle-ci prend la forme d'accès qui se manifestent tous les jours, tous les deux jours, tous les trois jours, etc. De là le nom de fièvre quotidienne, fièvre tierce ou quarte. Plus les accès sont espacés, plus la fièvre est tenace.

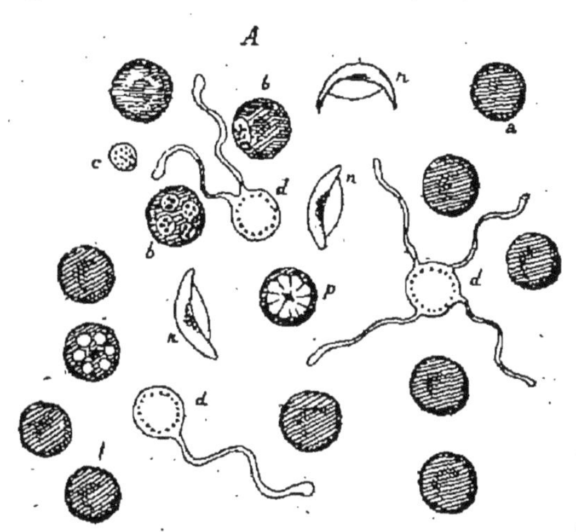

Fig. 295. — Hématozoaire de la fièvre des marais (Paludisme).

A, dans le sang de l'homme : *a*, globule rouge normal; *b*, globules rouges renfermant des corpuscules sphériques (*c*); *d*, corpuscules flagellés; *n*, corpuscules en croissant. Tous ces corpuscules sont des formes appartenant à un seul organisme du groupe des Protozoaires.

Chaque accès comprend trois phases :

1re *une sensation de froid avec cependant une élévation de température du corps;*

2e *une phase de chaleur (peau brûlante, pouls accéléré);*

3e *une phase de sueur qui s'annonce par une sensation de bien-être.*

C'est surtout dans les régions tropicales et marécageuses que la Malaria fait le plus de victimes.

On croyait autrefois qu'elle était due au « mauvais air » que l'on respirait. Il est démontré aujourd'hui que la propagation se fait par les piqûres de certains Moustiques.

Quand un Moustique aspire le sang d'un paludique, il absorbe des parasites qui séjournent dans son estomac. Ces parasites subissent des métamorphoses. Sous la forme sporozoïte, ils pénètrent dans les glandes salivaires et jusque dans la trompe. Le Moustique transmet à son tour la maladie par de nouvelles piqûres. Les expériences suivantes sont à cet égard bien démonstratives.

1° On a pris, dans les environs de Rome, des Moustiques nourris sur le corps de paludiques. On les a enfermés dans une cage et transportés à Londres où un individu sain a été piqué plusieurs fois au bras par ces mêmes Moustiques. Quelques jours après, cet individu avait un premier accès de fièvre paludéenne.

2° Plusieurs personnes se sont installées dans un endroit marécageux et des plus fiévreux de la campagne de Rome. Après avoir pris la précaution de ne sortir de leur habitation que pendant le jour et de se garantir des piqûres des Moustiques pendant la nuit, elles n'ont jamais manifesté le moindre symptôme de fièvre paludéenne.

Le Moustique qui transmet le parasite de la Malaria appartient au genre *Anophèle*. Il ressemble au *Cousin* de nos pays.

L'Anophèle pique après le coucher du soleil et surtout pendant la nuit, tandis que le Cousin pique dans le jour.

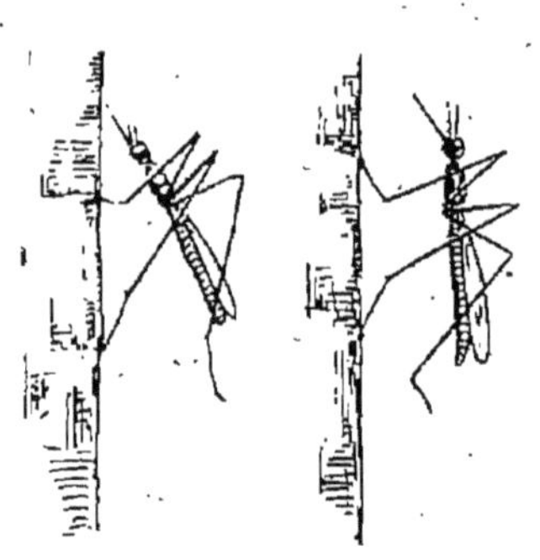

Fig. 296. — A gauche. Anophèle en repos sur un mur vertical. A droite, Cousin en repos sur un mur vertical.

Les deux genres de Moustiques se différencient au repos par leurs attitudes représentées par la figure 296.

Prophylaxie. — Les mesures à prendre contre le paludisme sont faciles à préciser.

Il faut se mettre à l'abri des piqûres des Moustiques en ne sortant pas la nuit et en entourant son lit d'un rideau de fine gaze.

Il faut filtrer avec soin l'eau de boisson.

Il convient surtout de faire disparaître les Moustiques par le dessèchement des terres, la culture intensive du sol et détruire leurs larves, dans les mares, en versant à la surface de ces dernières un mélange d'huile, de pétrole et de goudron. Cette opération doit se faire au printemps.

Maladie du Sommeil. — La maladie du Sommeil qui sévit en diverses régions de l'Afrique, notamment sur la côte occidentale, est due à un autre Protozoaire du genre Trypanosome. Ce parasite vit dans le plasma sanguin et dans le liquide céphalo-rachidien. Il est inoculé par la mouche Tsé-Tsé.

Les malades ont d'abord des accès de fièvre, puis un besoin irrésistible de sommeil. La mort survient après une période plus ou moins longue.

Fièvre jaune. — La fièvre jaune est endémique au Mexique et sur la côte occidentale de l'Afrique.

Le microbe qui cause la maladie n'a pas été isolé, mais le rôle de certains Moustiques dans la propagation de la fièvre jaune est parfaitement démontré.

RÉSUMÉ

- **Maladies contagieuses indigènes.**
  - TUBERCULOSE.
    - La tuberculose est la plus redoutable des maladies contagieuses.
    - *Microbe.*
      - Découvert par Koch en 1882.
      - Il existe dans les crachats et le mucus nasal.
      - Il se fixe ordinairement dans le poumon.
    - *Contagion.*
      - Elle est très contagieuse.
      - La contagion se fait le plus souvent par les voies respiratoires; les crachats des tuberculeux rejetés sur le sol et desséchés sont ensuite soulevés par le vent et respirés.
      - Le microbe est encore véhiculé par le lait et par la viande.
    - *Prophylaxie.*
      - Repos, alimentation rationnelle, aération, insolation.
      - Éviter l'abus du tabac et de l'alcool.
      - Congrès de la tuberculose de 1888.
    - *Diagnostic.*
      - Lymphe de Koch.
- **Maladies contagieuses exotiques.**
  - CHOLÉRA.
    - Maladie épidémique originaire de l'Inde.
    - *Microbe.*
      - Bacille virgule découvert par Koch.
      - Il se multiplie dans l'intestin du malade.
    - *Propagation.*
      - Par les déjections des malades;
      - Par l'air.
    - *Prophylaxie.*
      - 1° *Défense de l'Europe contre l'importation du choléra* : cordons sanitaires et quarantaines.
      - 2° *Protection des individus sains.*
        - Isolement des malades.
        - Désinfection des linges et des locaux.
        - Consommer de l'eau bouillie.
      - 3° *Guérison des individus malades.*
        - Vaccination.

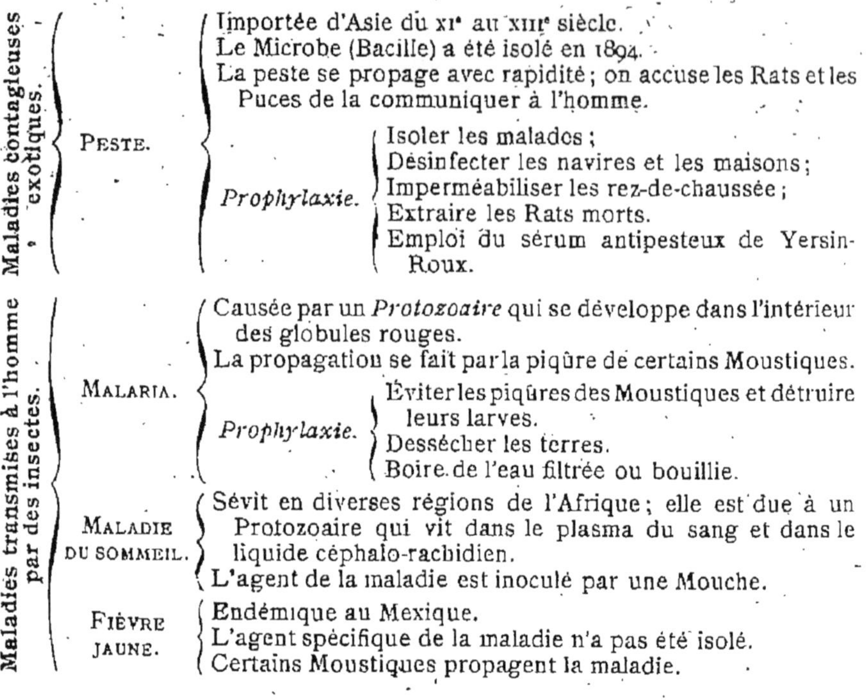

Groupe	Maladie	Caractères	Prophylaxie
Maladies contagieuses exotiques.	PESTE.	Importée d'Asie du XIe au XIIIe siècle. Le Microbe (Bacille) a été isolé en 1894. La peste se propage avec rapidité ; on accuse les Rats et les Puces de la communiquer à l'homme.	*Prophylaxie.* Isoler les malades ; Désinfecter les navires et les maisons ; Imperméabiliser les rez-de-chaussée ; Extraire les Rats morts. Emploi du sérum antipesteux de Yersin-Roux.
Maladies transmises à l'homme par des insectes.	MALARIA.	Causée par un *Protozoaire* qui se développe dans l'intérieur des globules rouges. La propagation se fait par la piqûre de certains Moustiques.	*Prophylaxie.* Éviter les piqûres des Moustiques et détruire leurs larves. Dessécher les terres. Boire de l'eau filtrée ou bouillie.
	MALADIE DU SOMMEIL.	Sévit en diverses régions de l'Afrique ; elle est due à un Protozoaire qui vit dans le plasma du sang et dans le liquide céphalo-rachidien. L'agent de la maladie est inoculé par une Mouche.	
	FIÈVRE JAUNE.	Endémique au Mexique. L'agent spécifique de la maladie n'a pas été isolé. Certains Moustiques propagent la maladie.	

32e LEÇON

IV. — *MALADIES TRANSMISSIBLES COMMUNES A L'HOMME ET AUX ANIMAUX*

La Rage. — La Rage est une maladie virulente qui se développe spontanément chez le Chien, le Loup, le Chat, le Porc et le Cheval. Elle est causée par une bactérie de la forme microcoque, le *Microcoque rabique*. Ce dernier se multiplie rapidement dans les centres nerveux et particulièrement dans la moelle épinière et le bulbe rachidien.

Chez le Chien, la maladie présente deux formes distinctes : la *rage furieuse* et la *rage muette*. La première est, pour l'Homme, plus dangereuse que la seconde. Elle est caractérisée par trois phases successives :

1° *phase de tranquillité ;*
2° *phase furieuse ;*
3° *phase paralytique.*

Propagation de la rage. — Le virus est sans action sur

l'épiderme et les muqueuses; il peut être introduit sans danger dans le tube digestif. Mais s'il pénètre dans le sang, par une éraflure, une piqûre ou une morsure, il détermine la contagion.

La maladie est ordinairement transmise à l'Homme par la morsure d'un Chien enragé. Comme le lieu d'élection du microbe est le bulbe, il ne produit son action qu'après avoir atteint le centre nerveux. La durée de la période d'incubation varie, suivant la région du corps qui a été lésée, de 15 jours à 6 mois.

Vaccination antirabique. — Pasteur constata que la moelle épinière d'un Lapin qui vient de mourir de la rage, placée dans un air sec, à la température de 23°, pendant 14 jours, devient inoffensive. Chacun de ces 14 jours atténue sa virulence.

Avec ces virus plus ou moins atténués, Pasteur vaccina des animaux et il eut la joie de constater qu'en leur inoculant successivement des moelles rabiques de plus en plus actives, on les amène à supporter sans danger des parcelles de moelle tuant en quelques jours les animaux non vaccinés.

Or, résultat plus heureux encore, un Chien ainsi préparé est immunisé contre la rage.

Dans une série d'expériences ultérieures, il vaccina des Chiens mordus depuis plusieurs jours et le vaccin s'opposa à l'éclosion de la maladie.

Le 6 juillet 1885, Pasteur eut l'occasion de vacciner un enfant mordu par un Chien enragé et le succès confirma ses espérances.

Depuis 1886 plusieurs *instituts antirabiques* ont été fondés. Actuellement la mortalité des sujets mordus n'atteint pas 1 pour 100. L'efficacité de la méthode est donc indiscutable.

Prophylaxie. — Les seules mesures prophylactiques réellements efficaces sont la surveillance des Chiens, l'impôt sur les Chiens régulièrement prélevé, la muselière appliquée avec rigueur, la destruction des Chiens errants.

Enfin les personnes mordues doivent se faire inoculer dans le plus bref délai possible.

LA MORVE

La morve ou *farcin* est une maladie contagieuse sévissant sur les Chevaux, Anes et Mulets et pouvant se transmettre à l'Homme.

C'est ordinairement par inoculation qu'elle se transmet de

l'animal à l'Homme, mais l'air et les aliments véhiculent parfois le germe de la maladie.

Les personnes qui sont en rapport constant avec les Chevaux sont exposées à l'infection soit par le contact des mains, soit en buvant de l'eau ayant séjourné dans un seau contaminé ou en mangeant de la viande de Cheval morveux.

Prophylaxie. — Tout animal morveux doit être abattu ; tout animal suspect doit être soumis par un vétérinaire à l'épreuve de la *malléine*, toxine isolée des cultures du bacille de la morve.

Les Hommes chargés de soigner les Chevaux doivent être soumis à une désinfection parfaite.

Le **Charbon.** — *Voir page* 213.

V. — *MALADIES PARASITAIRES CUTANÉES*

TEIGNES

On désignait autrefois sous le nom de *teignes* toutes les affections du cuir chevelu. Aujourd'hui ce terme désigne quelques affections parasitaires de la peau qui atteignent le plus souvent le cuir chevelu. Elles sont remarquables par leur grande contagion et leur ténacité, de là l'expression vulgaire : « *cela tient comme une teigne.* »

D'après la nature du parasite on distingue :

la teigne tondante à petites spores ;
la teigne trichophytique ;
la teigne faveuse ou favus.

La teigne tondante à petites spores n'existe que chez les enfants. Elle est déterminée par un Champignon dont les spores se développent à la surface des cheveux.

La teigne trichophytique est causée par un Champignon, le *Trichophyton*, qui se développe à la base des poils. Elle se traduit par des plaques de forme arrondie. Au niveau de ces plaques, les cheveux, cassés à leur base par le parasite, tombent. Les enfants présentent une réceptivité spéciale. Il convient d'enlever les cheveux atteints, de se laver régulièrement la tête et de se coiffer d'un bonnet lavable.

Le *favus* est dû à un Champignon Ascomycète, l'*Achorion*, dont les spores pénètrent dans les tuniques des cheveux et y germent. Les parties envahies se colorent en rouge puis deviennent jaunâtres et se couvrent de saillies disposées en forme de godet.

Dans les parties atteintes, les cheveux tombent et souvent ne repoussent plus.

Cette affection étant très contagieuse, il faut isoler le teigneux.

PELADE

La pelade a été considérée pendant longtemps comme une maladie contagieuse, mais on a montré récemment qu'elle est due à une mauvaise nutrition du cuir chevelu provoquée, elle-même, par un état nerveux particulier. Il ne convient donc pas d'appliquer aux peladiques les mesures prises contre les teigneux.

MUGUET

Le muguet de la langue est causé par un petit Champignon voisin des Levures, Il se développe à la surface de la langue. La dissolution de bicarbonate de soude arrête son développement.

GALE

La gâle est une affection de la peau produite par un petit Arachnide parasite, de l'ordre des Acariens : le Sarcopte de la gale. Ce petit animal se fixe sous la peau des personnes malpropres. Sa présence cause des démangeaisons très vives. La femelle creuse des galeries sous-épidermiques de quelques centimètres de long et y dépose ses œufs.

La gale est transmissible, mais un contact d'une assez longue durée avec l'individu galeux ou avec les linges, les outils dont il a fait usage est nécessaire pour contracter la maladie.

Celle-ci est facile à guérir par des lavages au savon noir, des bains et des frictions avec une pommade soufrée.

MÉTHODES GÉNÉRALES DE PRÉSERVATION CONTRE LES MALADIES TRANSMISSIBLES

Nous savons que pour contracter une maladie infectieuse il faut :

1° *que le microbe pénètre dans l'organisme* (*inoculation*);

2° *que ce microbe y trouve un milieu favorable à son développement* (*réceptivité*).

Nous devons détruire ces infiniments petits. Ils sont surtout véhiculés par l'eau, les aliments et l'air ou pris par contact direct avec le malade et les objets qui ont servi à son usage.

D'où la nécessité de boire de l'eau stérilisée, d'absorber des aliments débarrassés de tout germe infectieux, de respirer un air pur, de vivre en pleine lumière et de désinfecter soigneusement les locaux contaminés.

Pour diminuer le degré de réceptivité de l'organisme, nous devons suivre les règles d'une bonne hygiène.

Les études bactériologiques ont permis de découvrir des vaccins et des sérums qui confèrent à l'Homme et aux animaux une immunité contre beaucoup de maladies contagieuses.

Le charbon, la variole, la rage sont combattus avec succès par un vaccin.

La diphtérie, la fièvre typhoïde, le choléra relèvent de la sérothérapie.

Vaccins vivants. — Les Bactéries pathogènes, en se développant dans le corps, déterminent des troubles graves en détruisant les cellules pour vivre à leurs dépens, tout en sécrétant le plus souvent un poison, une *toxine*, qui se répand dans le sang du malade et le tue.

Or, l'observation et l'expérience ont démontré qu'une Bactérie, cultivée dans un milieu approprié et soumise, pendant un certain temps, à l'action de la chaleur ou de la lumière, perd de sa virulence. La *Bactérie atténuée* inoculée à un individu sain ne lui communique pas la maladie et le préserve même des atteintes des Bactéries virulentes.

L'individu inoculé, *vacciné*, est *immunisé*.

Vaccins inertes. — Depuis quelques années, on emploie des vaccins privés de cellules vivantes qu'on appelle *sérums*.

La méthode sérothérapique consiste à inoculer à un organisme non plus des Bactéries atténuées, mais le produit de leurs sécrétions, les *toxines*.

L'organisme ainsi traité supporte des doses de plus en plus fortes de poison et réagit à son tour en sécrétant un contre-poison, une *antitoxine*, qui neutralise les effets de la toxine.

Non seulement cet individu est immunisé, mais encore son sérum, inoculé convenablement à d'autres individus, les préserve des atteintes de la maladie ou combat efficacement cette même maladie.

Nous savons, par exemple, que le Cheval élabore le sérum antidiphtérique.

La méthode sérothérapique date de 1888. Depuis, elle a été appliquée avec succès contre la diphtérie, la peste, le choléra, la fièvre typhoïde, la pneumonie.

Autres méthodes bactéricides. — Les savants font une guerre incessante aux microbes pathogènes. Ils ont éprouvé le pouvoir bactéricide de la lumière, des diverses radiations lumineuses, du radium, de l'électricité. Ainsi sont nées des méthodes thérapeutiques nouvelles : photothérapie, radiothérapie, électrothérapie, dont on constate tous les jours les bienfaisants résultats (1).

RÉSUMÉ

- **Maladies transmissibles communes à l'Homme et aux animaux.**
  - RAGE.
    - Maladie virulente qui se développe spontanément chez le Chien et quelques autres animaux.
    - Le microbe est une Bactérie de la forme microcoque.
    - *Propagation.* Pénètre dans le sang par une éraflure, une piqûre ou une morsure.
    - Vaccin antirabique. Expériences de Pasteur.
    - *Prophylaxie.*
      - Surveillance des Chiens.
      - Impôts sur les Chiens régulièrement prélevés.
      - Destruction des Chiens errants.
      - Vaccination antirabique.
  - MORVE.
    - Maladie contagieuse sévissant sur les Chevaux, Anes, Mulets.
    - L'infection se produit par le contact direct, l'eau, la viande.
    - *Prophylaxie.*
      - Abatage des animaux malades.
      - Désinfection parfaite des écuries.
  - CHARBON. Voir page 213.
- **Maladies parasitaires cutanées.**
  - TEIGNES.
    - Affections parasitaires de la peau qui atteignent le plus souvent le cuir chevelu.
    - Elles sont contagieuses et très tenaces.
    - *On distingue*
      - la teigne tondante ;
      - la teigne trichophytique ;
      - la teigne faveuse.
    - *Prophylaxie.*
      - Isoler le teigneux.
      - Arracher les cheveux malades.
      - Laver régulièrement la tête.
      - Coiffer le teigneux d'un bonnet lavable.

1. On trouvera à la fin de l'ouvrage un résumé de la loi du 21 juillet 1881 sur la police sanitaire des animaux et de la loi du 15 février 1902 relative à la protection de la santé publique.

Maladies parasitaires cutanées.

- **Pelade.** Due à une mauvaise nutrition du cuir chevelu provoquée peut-être par un état nerveux particulier.
- **Muguet.** Causé par un petit Champignon voisin des levures.
- **Gale.** Affection produite par le *Sarcopte de la gale*. Cet Arachnide se fixe dans le derme des personnes malpropres.
  - *Traitement.*
    - Lavages au savon noir.
    - Frictions avec une pommade soufrée.

Méthodes générales de préservation contre les maladies transmissibles.

- Pour contracter une maladie infectieuse il faut
  - 1° *Que le microbe pénètre dans l'organisme (pénétration, inoculation)*;
  - 2° *Que le microbe trouve un milieu favorable à son développement (réceptivité).*
- Il convient donc
  - 1° *De détruire les microbes.*
    - Désinfection,
    - Stérilisation.
  - 2° *Protéger les individus sains et guérir les individus malades.*
    - Mesures prophylactiques,
    - Vaccination.
      - Vaccins vivants.
      - Vaccins inertes (sérothérapie).
    - Radiothérapie.
    - Photothérapie.
    - Électrothérapie.

33e LEÇON

Hygiène de la personne.

« Nous changeons de vêtements et il est d'une bonne hygiène d'en changer le plus souvent possible; mais nous ne changeons pas de peau, et les gens malpropres portent partout avec eux, pour leur malheur et pour le malheur de ceux qui les approchent, les germes de toutes les maladies. » (Jules Simon.)

La peau protège l'organisme contre les variations de la température et reçoit les impressions du monde extérieur.

Elle ne peut remplir ces multiples fonctions, que si on la débarrasse régulièrement des poussières qui s'y déposent et des produits de sécrétion qui s'y accumulent. De là la nécessité absolue des bains et des soins de toilette.

Bains et ablutions. — Dans l'antiquité, les bains tenaient une grande place dans la vie de l'Homme; les Grecs associaient les bains à la gymnastique pour donner à leur corps plus de souplesse et de beauté. Les Romains avaient leurs thermes où ils séjournaient quotidiennement plusieurs heures. Ces pratiques hygiéniques furent abandonnées sous l'influence du Christianisme qui commandait le mépris de la beauté.

Le Moyen Age notamment fut une période de malpropreté marquée par les pires maladies de la peau.

Actuellement les soins corporels sont en général négligés. La statistique montre qu'à Paris, par exemple, le nombre des bains par an est de 2 à 3 par habitant.

D'après la température de l'eau on distingue :

les bains chauds, 30 *à* 37°;
les bains tièdes, 20 *à* 25°;
les bains froids au-dessous de 20°.

Le véritable bain de propreté est le bain chaud; comme il est à la température du corps, on peut y séjourner pendant longtemps sans être incommodé.

Dans les grandes agglomérations, on remplace les bains chauds par la douche de propreté qui est plus économique.

Les bains tièdes sont employés pour dépouiller la peau des impuretés, pour délasser le corps et apaiser les douleurs.

Les bains froids doivent être pris rapidement, 5 à 10 minutes, et 3 heures seulement après le repas.

Ils ne nettoient pas la peau aussi bien que les bains chauds; ils activent la circulation et régularisent les fonctions du système nerveux.

Ces pratiques déterminent une réaction plus violente de l'organisme, aussi convient-il de les suivre avec ménagement.

Les bains de mer produisent de bons résultats lorsqu'ils ne sont pas trop prolongés. Ils conviennent aux natures lymphatiques et anémiques.

Soins de toilette. — Certaines parties du corps réclament des soins spéciaux :

les mains,
le visage,
la chevelure,
les oreilles,
la bouche.

Il faut se laver les *mains* soit à l'eau pure, soit au savon tous les matins, avant chaque repas et toutes les fois que l'on a touché les objets d'une propreté douteuse.

Le *visage* réclame également des soins journaliers. On doit se laver le visage tous les matins avec de l'eau froide mélangée de savon.

Les *cheveux* retiennent facilement les produits de la sécrétion et les poussières de l'air. La tête doit être peignée et débrouillée tous les jours et, au moins une fois par semaine, savonnée à l'eau tiède. Les enfants doivent porter des cheveux courts ou ras, en raison de la facilité avec laquelle se transmettent les affections du cuir chevelu (*teignes*). Les brosses, les peignes seront nettoyés régulièrement et ne serviront jamais à plusieurs personnes. Il est préférable de conserver la tête nue, mais la coiffure s'impose souvent ; il faut la choisir légère, assez ample et perméable à l'air.

Les *oreilles* doivent être l'objet des soins assidus pour éviter la formation des dépôts de *cérumen*.

La *bouche* et *les dents*, de par l'importance de leurs fonctions, nécessitent des soins hygiéniques particuliers.

Le nettoyage et, mieux encore, la désinfection de la bouche s'imposent.

Il existe des solutions dentifrices qui produisent d'excellents résultats, mais on ne doit pas oublier que le meilleur dentifrice est le savon ordinaire.

Les lavages doivent être faits le matin et après chaque repas.

EXERCICES PHYSIQUES

L'observation nous apprend qu'un muscle qui travaille se développe. Les individus obligés par métier d'entretenir le jeu des muscles sont forts et vigoureux. Les individus ayant des occupations sédentaires, ou vivant dans l'inaction, ont des muscles peu développés et des articulations peu souples. Les exercices physiques, convenablement gradués, bien proportionnés à la force de l'individu et suivis d'un repas suffisant, activent la respiration et la circulation, régularisent la nutrition en général, donnent au corps plus de force et de beauté.

Les exercices naturels : la course, la natation, le canotage, l'escrime et la gymnastique, avec ou sans appareils, maintiennent l'harmonie dans la forme et le développement des muscles.

Dans tous ces exercices physiques, il faut éviter la fatigue dont les divers degrés, *lassitude*, *surmenage*, *forçage*, sont désastreux pour la santé.

Vêtements: ***Leur double rôle***. — L'Homme fait usage de vêtements pour se protéger contre les variations de température et pour mettre le corps à l'abri des poussières de l'air.

Tout en réalisant ce double rôle, les vêtements doivent assurer la libre circulation de l'air et l'intégrité des sécrétions de la peau.

Conditions que doit remplir le vêtement : *Ampleur, Texture, Couleur.* — Les vêtements sont faits avec des substances d'origine animale, *laine, soie, fourrures, cuir*, et avec des matières empruntées au monde végétal, fibres du *Lin*, du *Chanvre*, du *Coton*. Ces fibres sont tissées de manière à obtenir des étoffes plus ou moins épaisses.

La forme du vêtement varie suivant le climat, les mœurs, la fortune, etc.

Quels que soient les caprices de la mode, le vêtement doit être assez ample pour que la circulation ne soit pas entravée et que la respiration s'effectue sans la moindre gêne.

Le vêtement sera assez perméable pour favoriser les échanges gazeux dont la peau est le siège.

Les vêtements ayant pour but de maintenir la température du corps aussi uniforme que possible seront appropriés au climat et à la saison.

Il y a lieu de tenir compte de la *texture* et de la *couleur*.

Les fibres du Lin sont plus conductrices que celles du Coton et celles-ci plus que celles de la soie.

Les tissus de laine, épais et souples, immobilisent autour du corps une masse considérable d'air. Ils constituent un *isolant thermique*. Ils conviennent aux habitants des pays froids, en s'opposant à la déperdition de la chaleur du corps vers l'extérieur, et à ceux des régions chaudes en protégeant le corps contre la chaleur extérieure.

Les fourrures, les vêtements pelucheux sont les meilleurs protecteurs contre le froid.

La couleur des vêtements n'est pas indifférente. Un tissu blanc absorbe très peu de chaleur et en émet très peu par rayonnement.

Les étoffes de couleurs sombres ont un grand pouvoir absorbant et émissif.

D'après Franklin et Davy, voici le classement des couleurs en commençant par celle qui absorbe le plus de calorique : *noir, bleu, vert, rouge, jaune, blanc.*

Coiffure. — La coiffure change suivant les pays et les saisons, car elle a un double objet : préserver la tête du froid et du soleil.

Le chapeau de feutre léger, à bords assez larges, est la coiffure idéale de l'Européen.

Toute coiffure doit être légère et perméable à l'air. Les chapeaux sont fréquemment munis de *ventouses d'aération*.

La température du milieu intérieur de la coiffure varie avec la forme et la nature de celle-ci.

Chaussures. — La chaussure a pour but de protéger les pieds contre les chocs et les frottements.

Elle doit toujours être assez ample et assez souple pour ne pas comprimer le pied et serrer les orteils les uns contre les autres au point de les meurtrir, être assez large pour permettre au gros orteil de garder sa place, avoir des semelles assez épaisses pour amortir les chocs sans fatiguer la marche, avoir des talons larges et bas pour ne pas déformer le pied.

34e LEÇON

Hygiène de la maison.

I. — ***CONDITIONS DE SALUBRITÉ D'UNE MAISON***
II. — ***ÉLOIGNEMENT DES NUISANCES***

L'habitation est un milieu artificiel construit par l'Homme pour se soustraire aux modifications de l'atmosphère capables d'exercer une influence nuisible sur la santé. Elle ne peut rendre ce service que si elle est maintenue dans un état constant de propreté ; et pour cela, il faut que tous les déchets de la vie, que les hygiénistes anglais désignent sous le nom de *nuisances*, soient facilement éloignés.

Nous devons donc étudier :

1° *les conditions de salubrité d'une habitation ;*
2° *l'éloignement des nuisances.*

Choix de l'emplacement : Situation, Orientation. —

L'emplacement est plutôt imposé par des conditions sociales et géographiques que par des raisons d'hygiène.

Situation. — En principe, il est préférable de bâtir sur les hauteurs que dans les bas-fonds. Mais l'eau jouant dans la vie un rôle capital, les hommes ont toujours recherché le voisinage des rivières afin de disposer des forces hydrauliques.

S'ils ont parfois élu domicile sur les sommets d'une colline, c'est surtout pour des raisons stratégiques.

Nature du sol. — La maison doit être établie autant que possible sur un terrain sec et assez perméable. Un sol sableux, calcaire peu compact, constitue une bonne assise, si la nappe d'eau n'est pas très profonde (5 *m. environ*).

Orientation. — L'orientation de la maison est subordonnée au climat. Dans les pays tempérés la direction méridienne est la meilleure; les deux façades étant tournées vers l'est et vers l'ouest et recevant les rayons du soleil presque normalement.

Dans les contrées méridionales, l'orientation nord-sud paraît s'imposer, car les rayons solaires frappent obliquement la façade sud sans atteindre la façade nord.

La maison doit recevoir pendant *quatre heures au moins* la lumière directe du soleil. Les statistiques récentes ont établi que la mortalité est plus grande dans les maisons où les pièces le plus souvent habitées sont exposées au nord que dans celles qui regardent le sud.

Matériaux de construction. — Les matériaux de construction doivent répondre à trois conditions principales :

1° *être réfractaires à l'humidité;*
2° *être mauvais conducteurs de la chaleur;*
3° *être perméables à l'air.*

Malheureusement il n'est pas toujours possible de se procurer les matériaux présentant tous ces avantages.

On cherche avant tout à utiliser les matériaux qui se trouvent à proximité et par suite les moins coûteux.

La pierre de taille, les moellons sont d'excellents matériaux; les briques creuses sont fréquemment employées, elles ont l'avantage d'emprisonner dans l'épaisseur des murs un matelas d'air très mauvais conducteur.

Les matériaux de construction doivent être perméables à l'air. On a trouvé que la quantité d'air qui passe en une heure à travers un mètre carré de surface, de 1 centimètre d'épaisseur, pour une différence de température de 1 degré, est pour :

le grès vert.	1me,60
le calcaire.	2me,23
la brique	2me,88
la brique poreuse.	5me,12

Le calcaire grossier des environs de Paris est à la fois très perméable et réfractaire à l'humidité.

A l'intérieur, les murs doivent être badigeonnés à la chaux.

Les plafonds doivent présenter peu d'anfractuosités et les planchers doivent être imperméables.

Hauteur. — D'après les règlements municipaux, la hauteur des maisons dans les villes est déterminée par la largeur des rues. En principe, elle ne devrait pas dépasser la largeur de ces dernières ; mais ce rapport n'est pas habituellement observé.

L'inconvénient des habitations très élevées c'est que les rez-de-chaussée et les étages inférieurs ne sont pas suffisamment aérés, ni suffisamment éclairés ; tandis que les étages supérieurs, limités par des murs trop minces, ne sont pas soustraits aux variations thermiques.

Nombre de pièces. — Une famille, même sans enfant, doit disposer de deux pièces ; ce minimum est loin d'être réalisé. Il existe à Paris près de 300.000 logements constitués par une seule pièce ; si certains sont habités par une seule personne, il y en a beaucoup qui abritent une famille de 3 et parfois 4 personnes. Ces conditions hygiéniques déplorables s'aggravent depuis l'exécution des grands travaux. La population pauvre émigre dans les quartiers excentriques et s'entasse dans de vastes immeubles ou dans de véritables cloaques.

Il importe surtout de combattre le surpeuplement.

D'après Bertillon, *on appelle surpeuplé tout logement dans lequel le nombre des habitants dépasse du double le nombre des pièces.*

Dans les maisons où chaque pièce a un usage différencié, la cuisine doit être largement aérée, les chambres, débarrassées de tentures et de rideaux, doivent être bien éclairées et facilement aérées par de larges fenêtres. Les salons, où l'on ne fait que passer, peuvent être relégués sur la cour.

La hauteur minimum des appartements est de 2 m. 70, mais ce chiffre devrait être porté à 3 mètres pour assurer un bon éclairage naturel et une bonne ventilation.

L'air des habitations s'altère rapidement. Les principales causes de viciation sont :

1° *la respiration;*
2° *le chauffage;*
3° *l'éclairage ;*
4° *les fermentations.*

Chauffage. — Le chauffage a pour but d'assurer dans nos habitations une température supérieure à celle de l'air ambiant.

La température la plus favorable est 16° dans un cabinet de travail ; celle des chambres de malades ne doit pas dépasser 18° à 20°.

Quel que soit le mode employé, il faut veiller à ce que les produits de la combustion : *l'acide carbonique, l'oxyde de carbone, l'hydrogène sulfuré,* ne vicient pas l'air.

Procédés de chauffage. — Les procédés de chauffage se divisent en 2 groupes :

le chauffage local ;
le chauffage central.

Chauffage local. — Il consiste à disposer dans les appartements un foyer destiné à chauffer par rayonnement ou par conductibilité les pièces habitées. Ce foyer est représenté par la *cheminée*, le *poêle* ou le *brasero.*

La ***cheminée*** (fig. 288) est l'appareil de chauffage le plus simple et aussi celui qui assure le mieux la ventilation. Mais son rendement calorique est faible.

Une cheminée se compose d'un foyer ouvert surmonté d'un tuyau par lequel s'échappent les produits de la combustion. Quand le *tirage* est satisfaisant, il se produit un appel d'air par tous les orifices.

Il en résulte des courants d'air froid. Cet inconvénient est atténué par le chauffage de l'air avant son entrée dans la pièce.

La cheminée constitue un appareil de chauffage très agréable et très sain.

Poêles. — Les poêles sont des appareils de chauffage dont le foyer, qu'on peut placer au milieu de la salle, est entouré d'un revêtement en métal ou en briques. Le rayonnement a lieu de tous côtés ainsi que par les tuyaux qui entraînent les produits de la combustion. Le rendement calorique est supérieur à celui des cheminées, mais la ventilation est moins énergique; de plus, l'air, s'échauffant, devient relativement plus sec et on est obligé de vaporiser un peu d'eau pour maintenir l'état hygrométrique à un degré convenable.

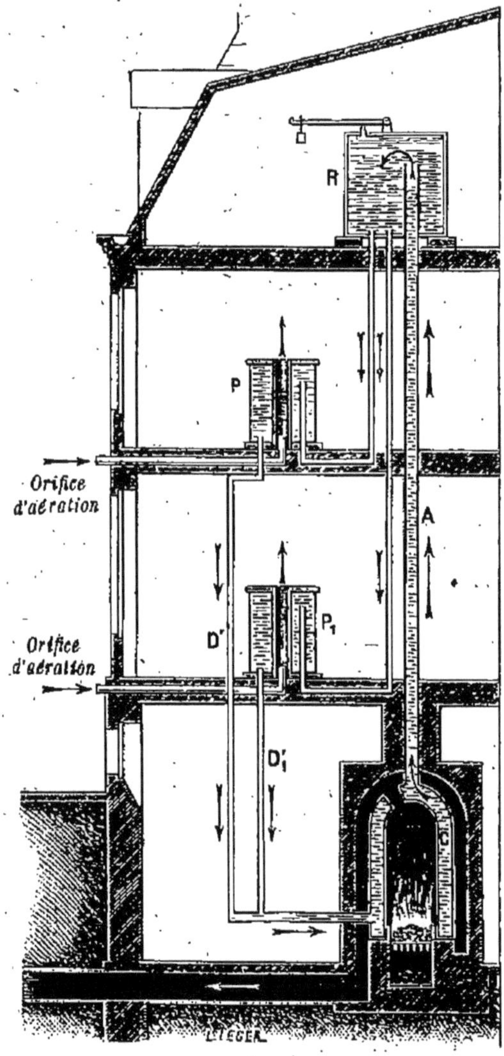

Les poêles économiques, dits à combustion lente, constituent un véritable danger; leur usage a été interdit dans tous les établissements publics.

Le Brasero, type de chauffage primitif, se compose d'un panier de fer dans lequel on brûle du bois ou du charbon.

Chauffage central. Ce procédé est employé pour chauffer un certain nombre de pièces et de grandes salles où se réunissent beaucoup d'individus.

On se sert à cet effet *de calorifères à air chaud, de calorifères à eau chaude, de calorifères à vapeur d'eau.*

Fig. 297. — C, chaudière; R, réservoir; A, tuyau; PP_1, poêles à eau chaude; $D'D'_1$, tuyaux ramenant l'eau refroidie à la chaudière.

Un calorifère comprend :

1° *un foyer destiné à chauffer l'air, l'eau ou à produire la vapeur;*

2° *un système de tuyaux pour distribuer le fluide chauffé dans toutes les parties de la maison.*

Le calorifère à air chaud a l'inconvénient de dessécher l'atmosphère de la pièce et d'entraîner trop souvent des poussières organiques.

Le calorifère à circulation d'eau chaude, plus coûteux que le précédent, est excellent ; il ne dessèche pas l'air et n'entraîne pas des poussières (fig. 297).

Éclairage. — « *Où la lumière n'entre pas, le médecin entre souvent* ». La question de l'éclairage est donc très importante.

Il faut distinguer *l'éclairage naturel* et *l'éclairage artificiel.*

L'éclairage naturel est fourni par le soleil. Les ouvertures de la maison doivent être assez nombreuses et assez grandes pour recevoir, soit *directement*, soit par *réflexion*, soit par *diffusion*, une lumière suffisante.

La lumière directe joue un rôle purificateur, car les rayons solaires atténuent rapidement la vitalité des Bactéries pathogènes.

La lumière diffuse, plus douce, convient pour les bibliothèques, cabinets de travail, salles de classe, ateliers, etc.

L'éclairage artificiel est fourni :

1° *par la combustion de certaines substances dans un milieu oxygéné : huile, pétrole, gaz d'éclairage, acétylène ;*

2° *par l'électricité.*

Tous les procédés d'éclairage par combustion ont l'inconvénient de vicier l'air et de dégager beaucoup de chaleur.

La lampe électrique à incandescence doit être préférée parce qu'elle fournit une lumière uniforme sans échauffer, ni vicier l'air.

II. — ÉLOIGNEMENT DES NUISANCES

Il faut entendre par *nuisances* tous les déchets, tous les matériaux usés qui peuvent s'accumuler dans la maison et devenir rapidement des foyers d'infection.

Il est donc indispensable de les faire disparaître au plus vite. Ce sont les *ordures ménagères*, les *eaux ménagères*, les *matières excrémentitielles* et les *déchets industriels*.

Ordures ménagères. — Dans les campagnes, et même dans certaines villes, on jette simplement les ordures ménagères : épluchures, produits de balayage, vieux papiers, *au ruisseau*, ou on les enfouit dans des trous peu profonds dans lesquels s'accumulent les eaux sales et les immondices de toutes sortes.

Ces procédés défectueux tendent heureusement à disparaître.

Dans les villes plus soucieuses de la salubrité, les ordures sont placées dans des récipients métalliques et ceux-ci sont disposés, le matin, devant chaque maison, au moment du passage des tombereaux. L'enlèvement est exécuté rapidement et les rues restent toujours propres. Ces ordures sont incinérées ou utilisées comme engrais. Paris en fournit environ, chaque jour, 18 000 tonnes.

Eaux ménagères. — Les eaux ménagères, chargées de matières organiques, se putréfiant rapidement, ne doivent jamais être déversées dans les ruisseaux ou dans des fosses situées près des maisons.

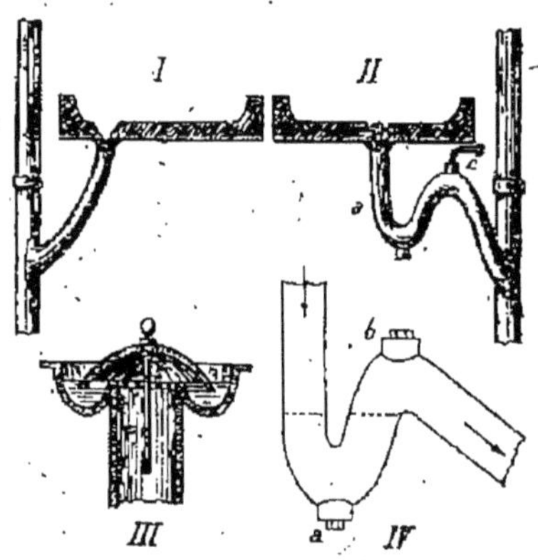

Fig. 298. — I, évier insalubre; II, évier salubre muni d'un siphon; III, obturateur à cloche; IV, modèle de siphon : *a*, orifice destiné à nettoyer le siphon; *b*, orifice de ventilation.

Dans la plupart des villes, une canalisation les conduit de l'évier à l'égout.

Il importe que l'évier soit muni d'appareils destinés à intercepter toute communication entre la canalisation et l'appartement. A cet effet, on se sert de *l'obturateur à cloche*, qui ferme l'orifice d'écoulement, et du *siphon* (fig. 298).

Matières excrémentitielles. — L'urine et les matières fécales représentent les déchets les plus dangereux; il faut les isoler le plus vite possible.

La quantité de matières fécales rejetées par l'Homme dépend du régime alimentaire. Elle est faible avec une alimentation exclusivement carnée, plus forte avec une alimentation exclusivement végétale.

La quantité d'urine émise en 24 heures dépend du volume des boissons ingérées; elle est en moyenne, pour un adulte, de 1200 grammes à 1500 grammes.

Toutes les matières excrémentitielles sont dangereuses par

les germes des maladies contagieuses qu'elles transportent et par les fermentations actives dont elles sont le siège.

Dans beaucoup de campagnes et dans certaines villes on pratiquait, il y a peu de temps, « *le tout à la rue* », coutume répugnante et dangereuse.

Pour éloigner les excrétions, on emploie actuellement les systèmes suivants :

1° *les fosses fixes;*
2° *les fosses mobiles;*
3° *le système diviseur;*
4° *le déversement à l'égout.*

Fosses fixes. — C'est le procédé le plus primitif. Il est utilisé dans les campagnes et dans toutes les maisons isolées. La fosse, à parois parfaitement étanches, doit communiquer avec l'extérieur par un tuyau d'évent qui part de la voûte de la fosse et s'élève jusqu'au-dessus du toit de la maison. Ce dispositif favorise le dégagement des gaz putrides (*sulfhydrate d'ammoniaque, hydrogène sulfuré, gaz carbonique, etc.*).

Les fosses fixes doivent être vidées et nettoyées fréquemment.

Fosses mobiles. — Les récipients placés sous le tuyau de chute sont enlevés tous les jours et nettoyés. Ce système a l'avantage d'éviter la stagnation des excréments, mais il exige un grand nombre de véhicules pour recueillir les fosses et les conduire loin des habitations.

Système diviseur. — Le système diviseur est ainsi nommé parce qu'il sépare les parties liquides des matières solides.

Il est réalisé à l'aide d'une *tinette-filtre* divisée en deux compartiments par une cloison percée de trous. La partie supérieure est en communication avec le tuyau de chute. Les matières solides sont retenues par la cloison tandis que les matières liquides s'écoulent directement dans l'égout.

Système du « tout à l'égout ». — Dans ce système, tous les détritus de la vie, sauf les ordures ménagères, dilués dans une grande quantité d'eau, sont entraînés dans des égouts collecteurs qui les déversent loin des habitations.

A Londres, à Berlin, à Bruxelles, on a adopté le *système unitaire* : une même canalisation conduit aussi bien les eaux pluviales que les immondices des habitants.

A Oxford et en Amérique, on a adopté le système à deux

canalisations : un tuyau à petite section reçoit seulement les matières excrémentitielles et les eaux ménagères.

Le « tout à l'égout » n'est applicable qu'aux villes qui disposent d'une grande quantité d'eau.

Destination des eaux d'égout. — Le système du tout à l'égout offre le grand avantage de débarrasser la maison de toutes les matières excrémentitielles, mais il soulève la question importante de la destination des eaux souillées.

Pour faire disparaître ou utiliser ces dernières, on dispose de plusieurs moyens :

1° *l'évacuation des eaux d'égout dans les cours d'eau ;*

2° *l'évacuation à la mer ;*

3° *utilisation des eaux d'égout* { *Dépotoirs,* *Épandage et irrigation,* *Purification biologique.*

Le déversement des eaux d'égout dans les fleuves et les rivières est très répandu. Les eaux d'égout de Paris débouchent en grande partie dans la Seine.

Dans les villes du littoral, les eaux souillées sont projetées dans la mer. L'inconvénient le plus grave consiste en ce que les marées amènent les immondices à la côte et les répandent le long du rivage.

Dépotoirs. — Les dépotoirs sont des établissements qui reçoivent les matières excrémentitielles pour les transformer en une substance sèche, appelée *poudrette*, utilisée par l'agriculture.

Épandage. — L'épandage le plus simple consiste à répandre les eaux d'égout sur les terres cultivées. Ce système a l'inconvénient de répandre de mauvaises odeurs et de contaminer les eaux terrestres voisines.

Il est préférable de soumettre les eaux polluées à une épuration rationnelle par l'*irrigation* et la *filtration*.

Irrigation. — Par l'irrigation, on cherche à épurer les eaux vannes et à utiliser les matières organiques qu'elles renferment

Filtration. — La filtration ou purification biologique repose sur le rôle de certains microorganismes du sol comme agents de transformation des substances organiques. On obtient de bons résultats par :

1° *filtration intermittente ;*

2° *les bassins septiques;*
3° *les lits de contact;*
4° *filtration continue.*

Dans la méthode de la filtration intermittente, on utilise à de courts intervalles l'action des *Bactéries anaérobies et aérobies.* Les eaux traversent successivement, et pendant un temps assez court plusieurs couches de sable.

Les Bactéries anaérobies réduisent les matières organiques et les liquéfient.

Les Bactéries aérobies oxydent les éléments liquéfiés et les transforment en gaz inoffensifs et en matières minérales.

Dans le deuxième procédé les deux réactions, réduction et oxydation, sont obtenues dans des bassins différents.

Dans un *bassin septique,* grande fosse où séjournent de 12 à 24 heures les eaux d'égout, les agents anaérobies réduisent les matières organiques, dans un second bassin, renfermant une assise d'un mètre de coke et de gravier, agissent les microbes aérobies.

Les *lits de contact* sont des bassins de 10 à 20 ares de superficie remplis, sur une hauteur de 1 mètre, de coke et de gravier. L'eau d'égout est versée rapidement dans ces bassins et enlevée après un *contact* de 2 heures. Chaque bassin ne peut servir que deux fois en 24 heures et doit rester en repos un jour sur sept.

La méthode de la *filtration continue* permet de gagner du temps et du terrain. L'intermittence de la filtration est supprimée grâce à une injection d'air dans les filtres.

LOI RELATIVE A LA PROTECTION DE LA SANTÉ PUBLIQUE

Loi du 15 février 1902.

Cette loi comprend 5 titres et 34 articles.

TITRE I. — Des mesures sanitaires générales (Art. 1 à 18).

Chapitre Ier : Mesures sanitaires générales.
Chapitre II : Mesures sanitaires relatives aux immeubles.

TITRE II. — De l'administration sanitaire (Art. 19 à 25).

TITRE III. — Dépenses (Art. 26).

TITRE IV. — Pénalités (Art. 27 à 30).

TITRE V. — Dispositions diverses (Art. 31 à 34).

UN DÉCRET DU 10 FÉVRIER 1903 a fixé la liste des maladies auxquelles sont applicables les dispositions de la loi du 15 février 1902.

ART. 1er. — La liste des maladies auxquelles sont applicables les dispositions de la loi du 15 février 1902 est fixée ainsi qu'il suit, en vertu des articles 4, 5 et 7 de ladite loi.

Première partie. — Maladies pour lesquelles la déclaration et la désinfection sont obligatoires :

1° La fièvre typhoïde; — 2° le typhus exanthématique; — 3° la variole et la varioloïde; — 4° la scarlatine; — 5° la rougeole; — 6° la diphtérie; — 7° la suette miliaire; — 8° le choléra et les maladies cholériformes; — 9° la peste; — 10° la fièvre jaune; — 11° la dysenterie; — 12° les infections puerpérales et l'ophtalmie des nouveau-nés, lorsque le secret de l'accouchement n'a pas été réclamé; — 13° la méningite cérébro-spinale épidémique.

Deuxième partie. — Maladies pour lesquelles la déclaration est facultative :

14° la tuberculose pulmonaire; — 15° la coqueluche; — 16° la grippe; — 17° la pneumonie et la broncho-pneumonie; — 18° l'érysipèle; — 19° les oreillons; — 20° la lèpre; — 21° la teigne; — 22° la conjonctivite purulente et l'ophtalmie granuleuse.

ART. 2. — Pour les maladies mentionnées dans la deuxième partie de la liste ci-dessus, il est procédé à la désinfection après entente avec les intéressés, soit sur la déclaration des praticiens visés à l'article 5 de la loi du 15 février 1902, soit à la demande des familles, des chefs de collectivités publiques ou privées, des administrations hospitalières ou des bureaux d'assistance, sans préjudice de toutes autres mesures prophylactiques déterminées par le règlement sanitaire prévu à l'article 1er de ladite loi.

ART. 3. — . . . .

ART. 6 *de la loi du 15 février 1902.* — La vaccination antivariolique est obligatoire au cours de la première année de la vie, ainsi que la revaccination au cours de la onzième et de la vingt et unième année.

Les parents ou tuteurs sont tenus personnellement de l'exécution de ladite mesure.

Un règlement d'administration publique, rendu après avis de l'académie de médecine et du comité consultatif d'hygiène publique de France, fixera les mesures nécessitées par l'application du présent article.

POLICE SANITAIRE DES ANIMAUX

Loi du 21 juillet 1881 sur les épizooties.

Cette loi a pour objet de déterminer les mesures d'hygiène qu'il convient d'appliquer pour prévenir et combattre les maladies contagieuses animales. Elle comprend 5 titres et 41 articles.

TITRE I. — Maladies contagieuses des animaux et mesures sanitaires qui leur sont applicables.

TITRE II. — Détermination des indemnités allouées par l'État aux propriétaires d'animaux abattus dans le cas de peste bovine ou de péripneumonie contagieuse.

TITRE III. — Importation et exportation des animaux (*visite sanitaire, mise en quarantaine, abatage sans indemnité, etc.*).

TITRE IV. — Pénalités pour infractions à la loi.

TITRE V. — Dispositions générales (*frais d'abatage et d'enfouissement, désinfection, etc.*).

Loi du 21 Juillet 1881. — ART. 1er. — Les maladies des animaux qui sont réputées contagieuses et qui donnent lieu à l'application de la présente loi sont :

La *peste bovine* dans toutes les espèces de ruminants;
La *péripneumonie contagieuse* dans l'espèce bovine;
La *clavelée* et la *gale* dans les espèces ovine et caprine;
La *fièvre aphteuse* dans les espèces bovine, ovine, caprine et porcine;
La *morve*, le *farcin*, la *dourine* dans les espèces chevaline et asine;
La *rage* et le *charbon* dans toutes les espèces.

(Le décret du 28 juillet 1888 a ajouté à la nomenclature des maladies des animaux qui sont réputées contagieuses et qui donnent lieu à l'application de la loi du 21 juillet 1881 : le *charbon symptomatique* ou *emphysémateux* et la *tuberculose* dans l'espèce bovine; le *rouget* et la *pneumo-entérite infectieuse* dans l'espèce porcine).

ART. 2. — . . . .

TABLE DES MATIÈRES

PREMIÈRE PARTIE — ZOOLOGIE

DEUXIÈME PARTIE — **BOTANIQUE**

TROISIÈME PARTIE — **GÉOLOGIE APPLIQUÉE**

QUATRIÈME PARTIE — **HYGIÈNE**

70 405. — Imprimerie générale Lahure, rue de Fleurus, 9, Paris.

Enseignemt prim. supr (cour. agrandi). 11-1911-30.000.

www.ingramcontent.com/pod-product-compliance
Ingram Content Group UK Ltd.
Pitfield, Milton Keynes, MK11 3LW, UK
UKHW020556230726
13926UKWH00005B/2048

9 782013 575805